_____ 님께

승자는 게임의 룰까지 바꾸어놓습니다.

이제부터 당신의 슬로건은

'이기는 습관'입니다.

_____ 드림

이 책에 쏟아진 뜨거운 찬사 – 승리의 맥을 잡고 싶은

고객의 10년 후, 20년 후까지 염려하며 든든한 인생 동반자가 되겠다는 마음가짐 없이는 어떤 분야에서도 성공하기 힘들다. 바야흐로 '현장 경영', '고객 중심'이라는 화두로 모든 기업이 움직여야 하는 시점에서, 그 방법론과 철학을 알려주는 살아 있는 안내서다. 나 역시 직원들에게 꼭 해주고 싶었던 이야기들이다.

– 삼성생명 대표이사 사장, 이수창

고객을 섬기는 열정 조직은 현재의 1등뿐 아니라 미래의 1등까지도 선점한다. 발로 뛴 경험으로부터 우려낸 전옥표 사장의 '고객에 대한 헌신과 집요한 실행력'은 변화를 갈망하는 필드 조직에게 명료한 행동지침을 제시한다. 모두의 일독을 권한다.

– KTF 사장, 조영주

발로 뛰는, 현장과 고객을 아는 사장이라면 누구나 관리자들이나 부하직원들에게 해주고 싶은 이야기가 여기 다 모여 있다. 기본 지키기부터 고객을 향한 집요한 후각, 그리고 미래를 향한 철저한 분석과 전략으로 무장하는 일에 이르기까지, 내가 현장에 당부하고 싶은 '업무태세와 일하는 방식'을 대신 모아 정리해준 듯하다.

– BMW코리아 사장, 김효준

사람이라면 반드시 읽어야 할 책!

'이기는 비즈니스란 고객의 꿈을 미리 포착해내는 예측력'에 달려 있다. 그러려면 고객의 잠꼬대까지도 듣는 진정한 경청의 자세가 필요하다. 저자는 그러려면 '무엇을 어떻게' 해야 하는지 집요하고도 현실적으로 꼬집어놓았다. 성공을 갈망하는 개인, 조직이라면 '무엇으로 나의 미래를 만들어갈 것인가?' 이 책과 함께 고민해볼 일이다.

— 성균관대학교 경영학과 교수, 한국미래마케팅 연구원장, 김정구

현장에서 성과란 리더의 역량과 철학과 직결되는 경우가 많다. 전옥표 박사는 '마케팅 전략가'로서의 역량, 말단 조직까지도 동고동락하며 일으켜 세운 '현장 리더'로서의 역량을 모두 갖춘 사람이다. 그의 승리의 경험이 녹아 있는 이 생생한 전략노트를 통해 '지금 바로' 실행할 수 있는 '성과 중심의 조직운용 방법론과 실천지침'을 배울 수 있을 것이다.

— 더퍼포먼스 대표, 《성과 중심의 리더십》 저자, 류랑도

전옥표, 그는 '고객과 현장의 흐름'을 특유의 감각으로 포착해내는 예리한 사람이다. 지난 몇 년간 현업에서 맹활약하면서도 틈틈이 써내려간 그의 책은 '동맥경화에 걸린 조직을 동사형으로 혁신'하고, 성취의 맥을 찾아내는 '독수리와도 같은 시야를 확보'하는 법을 균형 있게 짚어내고 있다.

— 전자신문 대표이사 전무, 금기현

이기는 습관

전옥표 지음

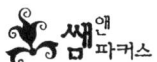

PROLOGUE

싸움의 룰까지도 바꾸어 놓는 '승자의 법칙'

바둑에서 '묘수를 세 번 두면 반드시 진다'는 말이 있다. 판이 잘 풀리지 않아 머리를 싸맨 끝에 두게 되는 묘수, 대세에 몰려 묘수에 묘수를 거듭해야 하는 판이라면 결국 지게 된다는 말이다. 수는 판이 밀리기 전에 두어야 한다. 그것이 곧 실력이며 습관이다.

　마케팅 수장으로, 유통 사령관으로, 기업의 경영자로 수많은 사람을 만나고 지휘해오면서 일도 인생도 비즈니스도, 습관이 결정한다는 사실을 절감해왔다. 1등도 해본 사람이 하고, 이기는 것도 이겨본 사람이 이긴다. 이기는 습관, 이기는 근성을 가진 사람들은 아주 보잘 것 없는 일에서조차도 끝장을 본다.

　현재에 붙들려 있거나 자신의 꿈을 방목한 채 적당히 안주하려는 사람들을 숱하게 만나왔다. 그 분들의 레퍼토리는 "그런 일을 왜 하려 하느냐?", "지금도 충분히 잘하고 있다", "그렇게 해도 안 될 게 뻔하다"는 것이었다.

　삼성전자라는 조직에서 마케팅 수장으로 있었을 때나, 또 유통 사령관으로서 침체돼 있는 판매조직을 설득해야 했을 때나 많은 사람들이 그 같은 핑계와 습성에 젖어서 머뭇거리고 있었다. 그 때마다 필자는 그들을 설득하고 동행시키고 보여주고 같이 뛰어서 '성공'을 움켜쥐게 했다. 조직 전체가 180도 달라지는 기적을 만들어냈다고 해도 과언이 아니다. 구제불능의 꼴찌 조직을 1등 조직으로 탈바꿈시킨 일도 비일비재했다.

결과로만 보면 아주 대단한 일이었다. 그 때마다 어떻게 그런 기적을 일구어 냈느냐, 대체 어떤 엄청난 전략이 있었느냐고 묻는 분들이 많았다. 하지만 해결방법은 너무도 간단한 것이었다. 그들에게 '해내려는 마음', '할 수 있다는 마음', '이기는 습관'을 심어준 것뿐이다. 어떤 문제를 가지고 있는 조직이든 그 해결 과정은 다 똑같았다. 인생의 향방은 아주 단순한 갈림길에서 갈라진다. 즉 어떤 카드를 선택하느냐 하는 것이다.

일단 그 카드를 뽑아들기만 하면 그 길을 향한 전략과 전술, 지독한 프로세스와 집요한 열정이 스스로 동반자가 되어 길을 밝혀준다.

사실 자나 깨나 따라다니며 '성과'와 '전략'과 '기본'을 부르짖는 필자가 얼마나 지긋지긋했던지, 처음엔 내가 뜬다는 소문만 들어도 피해 다니는 유통점 점장들이 수두룩했다. 하지만 적자에 허덕이던 매장이 지금은 월 매출 3억, 5억, 10억, 단골 충성고객만도 1천 명이 넘는 우량 점포가 되어, 매출신화를 이어가고 있고, 20평 남짓의 점포에서 근근이 먹고사는 데 만족했던 유통점 사장님들이 이제는 수입차를 몰고 다니는 거상이 되었다. 성공이 성공을 부른다고 그들 밑에서 기본기를 배운 노력파 직원들 중에서는 연봉 1억 원 이상 받는 20~30대 세일즈맨들도 속속 탄생하고 있다. 삼성전자 마케팅 팀장으로 있을 때도 마찬가지였다. 하도 날밤 새울 건수를 많이 몰고 다닌다고, 한때는 '골치 아픈 상사'로 찍히기도 했다. 하지만 그 때 필자가 그토록 괴롭혔던(?) 후배들과 점장들과 현장 실무자들은 지금, 모두 열렬한 나의 추종자가 되어 현장에서 자신이 배우고 만들어간 노하우를 열심히 실천하고 있다.

오랫동안 몸담았던 삼성을 떠나 경영자로서의 길을 걷기 시작한 지도 어언 1년이 되어간다. 필자의 조직에서도 그동안 정립해온 '승자의 법칙', '이기는 습관'은 어김없이 적용되고 있다. 이제 그 동안 필자가 습득해왔던 이기는 습관과 승리의 기억을 더듬어 이른바 '지속적으로 성공하는 사람, 지속적으로 성공하는 조직'의 해법을 독자 여러분과 나누고 싶다. 이 책 안에 흐르는 일관된 기조는 '열정을 가진 사람', '기필코 1등을 차지하고야 말겠다'는 집요함을 가진 사람만이 성공의 달콤한 열매를 맛볼 수 있다는 것이다. 그리고 그 집요함은 마치 습관과도 같아서 성취의 경험과 그것을 딛고 이어지는 끊임없는 실행을 통해서 점점 더 강해진다는 것이다. 처음 근육을 키울 때는 지난한 시간이 걸리지만, 일단 근육이 붙기 시작하면 조금만 운동을 해도 근육량이 부쩍부쩍 커지는 것처럼 말이다.

이 책에는 크게는 6가지, 세부적으로는 22가지의 '이기는 습관'이 제시되어 있다. 이 22항목은 지금까지 필자가 조직생활을 하면서 가장 중요하다고 생각되는 핵심사항만을 모아놓은 것이다. 특히 실행 중심적이고 곧바로 성과로 드러낼 수 있는 '동사형動詞形' 습관에 초점을 맞추었다.

이기는 사람은 샅바싸움에 능하다. 모래판이나 교과서에 적힌 딱딱한 원칙이 아니라, 어디를 잡아야 고객이 나에게 끌려오고 내 편이 되는지 실전을 통해 잘 알고 있다. 승리의 숨소리와 땀 냄새를 맡고 본능적으로 움직인다.

부족한 글이지만 부디 많은 분들이, 많은 조직이 이 책을 통해 '이기는 습관'을 터득하여 행복과 성취의 길을 함께 갔으면 하는 바람이다.

지은이 전옥표

PROLOGUE 싸움의 룰까지도 바꾸어놓는 '승자의 법칙' 006

PART 01 총알처럼 움직인다, 동사형 조직

이기는 습관 01 고객을 향해 움직이는 '동사형 조직'으로 변신하라 018
　　　　　　　내가 하는 모든 일을 하나님께 바치듯 하라 019

이기는 습관 02 이기는 조직은 열정의 온도가 다르다,
　　　　　　　일을 축제로 만들어라 028
　　　　　　　우리들은 '캐스트', 일터는 우리의 '스테이지' 029
　　　　　　　없는 열정을 만들어줄 순 없다 035

이기는 습관 03 시간이라는 무질서한 흐름에 조직을 놓아기르지 말라 040
　　　　　　　이기는 습관을 가진 사람 중에서 자신에게 관대한 사람은 아무도 없다 041
　　　　　　　조직의 경쟁력을 높이는 시간관리 044
　　　　　　　세상에서 가장 못난 변명, '시간이 없어서' 049

이기는 습관 04 고통이 따르는 창조적 혁신에 기꺼이 사활을 걸어라 054
　　　　　　　'만족'하는 순간이 쇠퇴의 시작 055
　　　　　　　'혁신'이 주는 달콤한 고통 057
　　　　　　　창조와 혁신을 위한 다섯 가지 절차 060
　　　　　　　변화에 적응하는 종만이 살아남는다 062

CONTENTS

PART 02 창조적 고통을 즐긴다, 프로 사관학교

이기는 습관 05 인생도 비즈니스도 셀프 마케팅이다 066
  인생은 셀프 마케팅의 연속 070

이기는 습관 06 세상에 없는 오직 하나, 제안서 한 장도 차별화하라 079
  보고서·제안서 한 장도 예술작품처럼 081
  나만의 강력한 무기, 차별화의 조건 084

이기는 습관 07 당신이 공부할 학교는 바로 지금 '이곳'이다 091
  바로 '이곳', 바로 '지금' 096
  아무도 대신할 수 없는 나만의 노하우 097

이기는 습관 08 조직이 직원에게 해줄 수 있는 최상의 복지는 지독한 훈련이다 101
  프로만이 살아남는다 107

PART 03 쪼개고 분석하고 구조화한다, 지독한 프로세스

이기는 습관 09 프로세스를 정착시켜 조직의 역량을 상향평준화하라 112
　　확립된 과정은 확립된 결과를 보장한다 114
　　세상은 프로세스의 힘으로 돌아간다 116
　　합리적인 프로세스 수립은 어떻게? 117
　　지식공유로 역량을 상향평준화하라 121

이기는 습관 10 목표는 원대하게, 평가는 냉혹하게 128
　　5% 성장은 불가능해도 30% 성장은 가능하다 129
　　안 되는 조직일수록 리더의 인심이 후하다 130
　　측정은 공정하게, 평가는 냉혹하게 132
　　평범한 성장은 '성과'가 아니다 139

이기는 습관 11 디테일의 힘, 1미터씩 쪼개고 잘라서 관찰하라 143
　　사소한 것이 큰 차이를 만든다 146
　　분석하고 분석하고 또 분석하라! 147
　　잘라서 보라! 그러면 해결책이 보인다 152

이기는 습관 12 실패는 가장 좋은 교재, '실패노트'를 공유하고 학습하라 159
　　이기는 사람은 자신의 실패를 떳떳이 인정하고 공개한다 160
　　실패를 인정할 수 있는 조직문화가 중요하다 165
　　지식 공유의 딜레마, "이건 내 지식인데요!" 167

PART 04 마케팅에 올인한다,
체화된 마케팅적 사고

이기는 습관 13 모든 구성원들이 마케팅 전략의 귀신이 되라 170
전직원이 마케터다 171
남다른 전략가들의 5가지 비밀법칙 176

이기는 습관 14 돈은 가장 낮은 곳으로 흘러들어온다,
현장에서 답을 찾아라 179
현장에서 답을 찾기 위해서다 183
잘못된 판단을 하지 않기 위해서다 183
자신의 성장지도를 그리기 위해서다 184

이기는 습관 15 고객보다 유능한 마케터는 없다,
고객의 잠꼬대까지 경청하라 189
고객의 불만은 사라지지 않는다, 다만 진화할 뿐이다 191
고객의 우는 소리는 맨 나중에 들린다 196
내 월급은 사장이 아니라 고객이 준다 199

이기는 습관 16 CRM은 소프트웨어가 아니라 습관이다 202
누구나 1대1을 원한다 207
내가 기억하면 고객도 나를 기억한다, 고객의 꿈속까지 동행하라 208
내가 번 것은 반드시 고객에게 돌려주라 213

PART 05 기본을 놓치지 않는다, 규범이 있는 조직문화

이기는 습관 17 인사도 제대로 못 하는 조직은
'무덤'이나 다름없다 218
　　인간에 대한 첫 번째 예의, 인사 221
　　언제나 준비된 사람, 단정함으로 무장하라 226

이기는 습관 18 자본이 필요 없는 투자, 웃음이 돈을 부른다 233
　　서비스 조직에서의 '웃음'은 생명줄과도 같다 236
　　일터를 신나는 놀이터로 239

이기는 습관 19 전략과 함께 하루를 열고,
확실한 마무리로 골 결정력을 높여라 244
　　성패를 가르는 아침의 미학, 하루를 전략과 함께 열어라 246
　　골 결정력을 키우는 마무리 습관, 성과로 연결시켜라 251

PART 06 끝까지 물고 늘어진다, 집요한 실행력

이기는 습관 20 바탕 없는 재기발랄함은 수명이 짧다, 성실함을 견지하라 258
물은 깊을수록 소리가 없다 259
'성실' 없이 진정한 성공은 불가능하다 263
성실한 사람일수록 자신에겐 철저하고 고객에겐 관대하다 266

이기는 습관 21 잘하는 사람을 무작정 따라 하는 것도 탁월한 전략이다 270
배움을 청하고 도움을 청하라! 272
잘하는 사람을 따라 하는 것만으로도 반은 성공한다 274

이기는 습관 22 집요하게 물고 늘어지는 자가 결국은 큰일을 이룬다 279
집요함이 만든 한 편의 드라마 같은 성공 280
117번 방문하는 끈기와 집념 284

EPILOGUE 현장에서 땀 흘리는 사람을 위한 승리의 정공법 291

총알처럼 움직인다,
동사형 조직

'동사형'이란 단순한 움직임(moving)을 일컫는 것이 아니다. 목적도 체계도 없이 공연히 분주하기만 하고, 진정한 성과와는 거리가 먼 일에 매달리느라 밤을 새고, 쓸데없이 우르르 몰려다니고, 자신이 무슨 일을 하는지도 모르는 채 머리를 쓰고 팔다리를 움직이는 것은 진정한 동사형 행동(action)이 아니다. 내가 지금 하고 있는 이 일의 목적지가 어디이며 그 목적지에 도달하기 위해 어떻게 해야 하는지를 뚜렷하게 인식하고, 주도적으로, 실질적으로 수행하는 것이 참다운 동사형 행동이다. 이러한 공유된 인식 하에 전 구성원이 일사불란하게 움직이고 각자 맡은 바 업무에서 뚜렷한 성과를 만들어내는 조직이 바로 '동사형 조직' 이다.

PART 01
WINNING
HABIT

고객을 향해 움직이는
'동사형 조직'으로 변신하라

다리를 움직이지 않고는 아무리 좁은 도랑도 건널 수 없다.
— 알랭Alain de Lille, 프랑스의 시인이자 신학자

실행이 곧 전부다, 이것이 나의 지론이다. 아이디어가 전체 업무에서 차지하는 비중은 5%에 불과하다. 아이디어의 좋고 나쁨은 어떻게 실행하느냐에 따라 결정된다고 해도 과언이 아니다.
— 카를로스 곤Carlos Ghosn, 닛산 자동차 사장

여러 사병들이 커다란 통나무를 힘들게 낑낑대며 옮기고 있었다. 그런데 상사 한 명은 그 옆에 서서 고함만 지르고 있었다. 이때 말을 타고 가던 한 신사가 물었다.

"상사님, 당신은 왜 함께 통나무를 운반하지 않습니까?"

이 물음에 상사는 "나는 이 사병들을 감독하는 상사니까요."라고 대답했다. 신사는 말없이 말에서 내리더니 웃옷을 벗고 사병들과 함께 열심히 통나무를 나르기 시작했다. 일이 끝나자 그는 서둘러 가던 길을 재촉하며 이렇게 말했다.

"상사! 앞으로 통나무를 나를 일이 있으면 총사령관을 부르게!"

병사들은 그제야 자기들과 함께 통나무를 나른 신사가 미군의 총사령관 워싱턴 장군임을 알았다.

미국의 초대 대통령 조지 워싱턴의 이야기다. '움직이는 조직'을 만드는 리더의 모습을 잘 보여주는 사례다. 조직이든 개인이든 실패에

빠지는 가장 큰 이유는, 성공하고 싶은 '마음'만 굴뚝같고, 그것을 실행할 '몸'은 전혀 움직이지 않는 데 있다. 쉬운 말로 '구슬이 서 말이라도 꿰어야 보배'라고 했다. 아무리 많은 전략과 아이디어가 있다고 해도 그것이 즉각적으로, 그리고 저 밑바닥까지 구체적으로 실행되지 않으면 '공염불'이 되고 만다.

모든 기업의 목표는 동일하다. 많이 팔고 이익을 극대화하는 것. 그것을 가능하게 해주는 것은 바로 고객이다. 그러므로 모든 것을 '고객'에 집중해서 생각하면 해답은 간단하다. 즉 "어떻게 해야 고객이 원하는 제품을 만들 수 있고, 어떻게 해야 고객에게 우리 상품을 잘 알릴 수 있으며, 어떻게 해야 고객이 원하는 최상의 서비스를 제공할 수 있는가?"이다. 너무 뻔한 얘기라고 생각되는가? 그런데 이 뻔한 사실을 많은 경영자와 구성원들이 현장에선 망각해버리고 만다. 그러고선 그들은 책상머리에 앉아 오늘도 골똘히 생각한다. "어떻게 해야 많이 팔까? 어떻게 해야 매출을 올릴까? 어떻게 해야 수익을 극대화할까?"

문제를 바라보는 관점을 근본으로 되돌려야 한다. 그럴 수만 있다면 모든 문제는 실타래가 풀리듯 저절로 풀리게 되어 있다.

내가 하는 모든 일을 하나님께 바치듯 하라

로리 베스 존스Laurie Beth Jones가 쓴 《영적 기업가 예수》라는 책에 보면 "당신이 하는 모든 일을 하나님께 바치듯 하라."라는 구절이 있다. 참으로 폐부를 찌르는 말이 아닐 수 없다. 만일 의자를 만드는 목공이 그 의자를 하나님께서 사용하실 물건이라고 생각하고 만든다면 어찌 하겠는가? 그 의자의 재질이며, 모양이며, 견고함이며, 편안함이며, 어느 것 하나 소홀히 하겠는가? 또 매장의 점원이 방문한 고객을 하나님이라고 생각하고 모신다면 어떻게 하겠는가? 물건을 찾기에 불편하지는 않으신지, 혹시라도 매장이 불결하지는 않은지, 너무 덥거나 너무 춥지는 않은지, 응대하는 나의 복장이나 말씨가 단정하고 예의바른지, 남이 지적하지 않아도 스스로 고민하지 않겠는가? 하나님의 명령을, 하나님의 요청을, 하나님에 대한 응대를 어찌 하나라도 소홀히 하겠는가?

문제는 '오늘 이 시간', '바로 여기'에서 그 중요한 사실을 구성원들이 잊고 있다는 것이다. 자신이 지금 하는 일이 얼마나 중요한 일인지를 제대로 인식하지 못하고, 그냥 우리 팀의 일, 내게 주어진 일, 시키니까 해야 하는 일, 눈치 보며 적당히 하는 일, 오늘 못하면 내일 해도 되는 일, 먹고 살기 위해 어쩔 수 없이 하는 일로 생각한다는 말이다.

그렇다면 왜 그렇게 안 되는 것일까? 한 마디로 '힘들기 때문'일 것이다. 더 많이 고민하고, 더 열심히 발로 뛰고, 더 치밀하게 준비해야 하기 때문이다. 하지만 고객의 마음을 제대로 알고, 고객이 원하는 것을 적시에 제공해주려면 남다른 열정과 헌신 없이는 불가능하다.

해법은 한 가지다. 처음엔 힘들지 몰라도 한번 익숙해지고, 노하우가 생기고, 자신감이 붙으면 그 다음에는 당연하게 습관으로 자리 잡게 된다. 그런 사람이 모인 조직은 자연스레 남들보다 한 차원 높은 경쟁력을 갖게 되고 그러한 경쟁력은 행복한 선순환 속으로 그들을 안내한다. 고객에 대한 열정과 헌신의 습관이야말로 앞서간 회사들, 성공한 회사들이 갖고 있는 '보이지 않는 힘'이다.

삼성전자에서 매장 현장경영을 주도하던 시절, 사람들이 필자에게 '호황을 누리는 매장, 잘 파는 사람'의 비결이 무엇이냐고 물으면 주저 없이 이렇게 대답했다.
"고객을 향해 끊임없이 움직이는 것!"
그러나 너무도 많은 조직들이 '명사형 목표'만 두고 실제로 고객을 향해 움직이지 않는다. '고객 중심의 서비스'를 논하면서도 자세히 들여다보면 자신들에게 편한 원칙을 정해놓고 한 발짝도 움직이려 하지 않는다. '한다'는 실행이 뒤따르지 않는 약속, 혹은 '했다'는 검증이 이루어지지 않은 수많은 명사들과 미사여구들이 우리에게는 얼마나 많은가? 오히려 '현장 중심'이니 '고객 중심의 사고'니 '정도正道 영업'이니 하는 슬로건이 넘쳐나는 매장일수록 자신들이 실제로 그것을 뼛속까지 실천하고 있는지 진지하게 돌아볼 일이다.

당신의 조직을, 당신의 매장을 최고의 성과조직으로 만들려면 추상적인 슬로건이 아니라 바닥에 떨어진 머리카락을 줍는 마음가짐을 갖도록 구성원들을 이끌어야 한다. 고객에 의해, 그리고 고객을 위해 일사불란하게 움직이는 조직, 명사화된 구호나 모토가 아니라 현장에서 즉각 실행 가능하고 구체적으로 움직일 수 있게 하는 지침을 가진 조직, 필자는 그것을 '동사형 조직'이라고 부른다.

여기서 말하는 '동사형'이란 단순한 움직임(moving)을 일컫는 것이 아니다. 목적도 체계도 없이 공연히 분주하기만 하고, 진정한 성과와는 거리가 먼 일에 매달리느라 밤을 새고, 쓸데없이 우르르 몰려다니고, 자신이 무슨 일을 하는지도 모르는 채 머리를 쓰고 팔다리를 움직이는 것은 진정한 동사형 행동(action)이 아니다. 내가 지금 하고 있는 이 일의 목적지가 어디이며 그 목적지에 도달하기 위해 어떻게 해야 하는지를 뚜렷하게 인식하고, 주도적으로, 실질적으로 수행하는 것이 참다운 동사형 행동이다. 이러한 공유된 인식 하에 전 구성원이 일사불란하게 움직이고 각자 맡은 바 업무에서 뚜렷한 성과를 만들어내는 조직이 바로 '동사형 조직'이다.

물론 동사형 조직을 만들기 위해서는 경영상의 여러 조건이 수반되어야 한다. 명확한 비전과 미션의 공유, 합리적이고 체계화된 프로세스, 기본을 놓치지 않는 조직문화, 끊임없는 혁신과 창조적 발상, 고객을 향해 움직이는 전사적 마케팅 문화, 그리고 끝까지 집요하게 물고 늘어지는 실행력, 그리고 그것을 구성원들이 기꺼이 믿고 수행하게끔 만드는 투명하고 공정한 성과평가시스템 등이 그것이다. 각각의 항목에 대해서는 앞으로 이 책에서 좀더 자세히 살펴볼 것이다. 여기서는 일단 각 조직 단위에서나 부서, 혹은 매장 단위에서 어떻게 해야 고객만족을 극대화하고 또 최고의 성과를 창출하는 '동사형 조직'으로 변신할 수 있는지를 집중적으로 고민해보도록 하자.

우리가 매일같이 상대하는 고객들은 특히나 항상 동사형으로 움직인다. 그들은 볼펜 하나를 사더라도 가격과 성능, 디자인을 비교해보며 수없이 고민한다. 심지어 같은 제품도 10원이라도 더 싸거나 같은 가격이라도 매장의 분위기나 서비스가 좋은 곳에서 구매하려 든다. 즉 제품과 서비스를 만들고 판매하는 쪽보다 그것을 선택하고 구매하는 쪽인 고객들이 훨씬 더 많은 정보를 갖고, 더 많이 고민하며, 더 많이 움직인다. 게다가 매장은 한 곳에 머물러 있지만 고객은 여러 점포를 직접 방문하거나 수많은 선택지 중에서 특정한 곳을 골라 들어온다. 그러니 고객이야말로 고객서비스에 관해서는 누구보다 뛰어난 최고의 전문가다. 어설픈 지식이나 경쟁상황에 대한 정보를 가지고 '우리가 고객응대 전문가요' 하고 안주하는 게 얼마나 우스운 노릇이며, 얼마나 자신의 경쟁력을 갉아먹는 짓인가? 그렇다면 진정으로 고객을 향해 움직이는 맹렬조직을 만들려면 어떻게 해야 할까? 안전지대에 머물거나 허울 좋은 껍데기에 치중하지 않고, 진정한 성과를 위해 웅대한 도약을 하는 방법은 무엇일까?

모든 일을 측정가능한 '동사형'으로 표현하라

전략을 수립할 때부터 '명사형' 사고방식이 아니라 '동사형' 사고방식을 앞세워야 한다. 전략화, 현지화, 집중화, 시스템화…. 이런 표현은 그럴듯하기는 하나, 어디를 향해 어떤 자세로 뛰어야 할지 명확한 방향을 제시해주지는 못한다. 그러니 전략화는 '살 길을 찾는다', 현지화는 '권한을 위임한다', 집중화는 '힘을 모은다' 등으로 누구나 쉽게 공유할 수 있고 움직임이 있는 표현으로 바꾸자. 움직이지 않는 선언은 글자에 불과하기 때문이다. 또 '청결'이나 '고객감동' 같은 뻔한 문구도 '매장에 머리카락 한 올, 휴지 한 장 떨어져 있지 않게 한다', '하루에 2명 이상의 고객을 방문하고, 가망고객 10명 이상의 정보를 확보한다'와 같이 구체적이고 측정이 가능한 표현으로 바꾸어본다.

통째로 된 계획을 '동사'로 쪼개라

'잘하자', '노력하자'와 같은 선언만으로는 안 된다. 반드시 무엇을 어떻게 해서, 어떤 결과를 얻는다는 구체적인 목적과 방향이 나와야 한다. 매출목표 달성이든 고객서비스든 판촉활동이든 항상 이 원칙을 기본으로 계획을 수립해야 한다. 즉, 통째로 된 계획을 상세히 쪼개야 하는 것이다.

만약 금년 매출목표가 100억 원이라고 하면, 얼마짜리 물건을 몇 개나 팔아야 하는지, 구매고객의 수와 방문고객의 수는 얼마나 되어야 하는지와 같은 세부적인 달성계획이 수립되어야 한다. 또한 그 세부적인 계획을 달성하기 위해서는 어떤 제품과 서비스로 고객을 감동시켜야 하며, 그 제품과 서비스를 어떻게 차별화해야 하고, 또한 그것을 저 밑바닥까지 철저하게 어떻게 실행에 옮기도록 할 것인지를 진지하게 고민해야만 허공에 뜬 계획이 아니라 바로 실행할 수 있는 계획이 된다.

나아가 매출목표 설정도 '연간 100억 원 달성', '수익률 15% 상승', '1등 조직' 등과 같은 총체적이고 광범위한 것만으로는 부족하다. 연간목표를 다시 월간목표, 주간목표, 일일목표로까지 세분화하여 달성해야 할 숫자를 명시해놓아야 한다. 사실 조직의 특성에 따라 그것이 시나리오에 불과한 경우도 있다. 하지만 불가사의한 것은 그렇게 목표를 세분화해서 명시해놓으면 하루하루 그 숫자를 맞추기 위해 최선을 다하게 되고 결국 계획과 가까운 결과치가 나온다는 사실이다.

이때 일일목표나 지침, 전략방향도 모두 행동과 측정이 가능한 형태로 구성해야 한다. 판촉활동을 예로 들자면, '매주 월요일과 화요일에는 매장 상권 중에서 중위권을 차지하고 있는 상권에 자체 제작한 전단을 150매씩 포스팅한다', '매주 수요일과 목요일에는 가망고객에게 해피콜을 하고 단골고객에게는 SMS를 보낸다', '매주 금요일에는 업체활동을 한다' 등과 같이 구체적으로 행동계획을 세워야 한다.

이처럼 철저한 계획수립과 구체적인 실천지침은 조직을 일사불란하게 행동하도록 변화시킨다. 즉 허공에 뜬 모호한 목표가 아닌 구체적인 성과와 실제 고객을 향해 역동적으로 움직이게 만들어주는 것이다.

'성과'라는 나침반을 새로운 전략지도로 삼아라

실행계획을 세운 다음에는 반드시 어느 시점에 어떤 기준으로 그 계획을 평가할 것인지에 대해 미리 규정해두어야 한다. 그리고 평가의 항목이나 보상 기준도 이미 세부적으로 설정되고 공유되어 있어야 한다. 구성원들은 자신의 일이 투명하게 드러나고 또 공정하게 평가받는다고 느낄 때에야 비로소 동사형으로 움직인다. 경영자가 아닌 다음에야 누구 하나 알아봐주는 사람도 없고 그에 대한 보상도 따라주지 않는다면 누가 제 일처럼 열심히 하겠는가. 동사형 조직을 실질적으로 만들어가는 사람은 바로 '직원'들이다. 그러므로 한 사람 한 사람이 동사형 조직에 걸맞은 동사형 인간으로 변신해야 함은 두말할 필요가 없다.

조직의 동사화는 어느 날 갑자기 '짠' 하고 저절로 만들어지는 것이 아니다. 모든 구성원들이 동사형으로 생각하고 동사형으로 실행해야만 한다. 그러기 위해서는 직원들도 고객의 니즈를 향해 발 빠르게 움직이는 성과 중심의 실행력을 갖추어야만 한다. '고객에게 사랑받고 만족을 준다'는 비전을 가지고 실천하는 기업과 개인은 결코 망하지 않는다. 우리가 고객을 통해서 이익을 얻고 고객에 의해 존재하는 한, 고객의 형편과 사정에 대해 깊은 관심을 갖고 관찰하지 않고서는 살아남을 수가 없다. 이를 위해 직원들 각자가 스스로 고객의 입장이 되어서 그들의 시각으로 평가하고 관찰하고 참여하여 지속적인 변화와 혁신을 추구해야 할 것이다.

톰 피터스Tom Peters는 탁월한 발상가의 사고 메커니즘을 설명하면서 "명사가 아닌 동사로 생각하는 사고방식이야말로 '물건'이 아닌 '경험'을 디자인하기 위한 핵심이다. 우리는 물건을 보지 않는다. 그보다는 인간을, 그리고 좋든 나쁘든 그들이 겪는 모든 경험을 관찰한다."라고 말한 바 있다.

100% 공감이 가는 말이다. 경험이란 바로 '동사'로만 표현될 수 있기 때문이다. 위대한 비전, '고객만족'의 성취를 위해서는 일관성을 가지고 끈기 있게 기업의 철학을 지켜나가야 함은 물론이고, 그러기 위해서는 최고 의사결정자의 흔들림 없는 신념과 구성원들의 뜨거운 참

여가 필요하다.

  고객들로 하여금 기꺼이 우리 제품이나 서비스를 '사고 싶게' 만들고, 사용하면서 아주 즐겁고 신나게 만드는 것, 고장 나도 걱정 없이 믿고 맡길 수 있고 제품을 폐기하는 순간까지도 '잘 샀다'고 느끼게 만드는 것, 즉 고객의 만족한 경험을 만들어내는 것, 이것이 바로 돈과 성공을 부르는 고객서비스의 비전이며, 동사형 조직의 진정한 모습이다.

● Insight in Story ●

그 구석진 곳에 보이지도 않는 그림을?

미켈란젤로가 시스티나 성당의 천장벽화를 그릴 때의 일이다. 벽화는 크기가 183평방미터나 되는 대작이었다. 하루는 그가 사다리 위에 올라가서 천장 구석에 인물 하나하나를 꼼꼼히 그려 넣고 있었다. 한 친구가 그 모습을 보고 이렇게 물었다.

"이보게, 그렇게 구석진 곳에 잘 보이지도 않는 걸 그려 넣으려고 그 고생을 한단 말인가? 그래봤자 누가 알겠는가?"

미켈란젤로가 대답했다.

"내가 알지."

그렇다. 동사형 조직은 보이지 않는 구석구석까지, 말단의 직원 하나하나가 누가 알아주든 알아주지 않든 스스로 움직이는 조직인 것이다.

이기는 조직은 열정의 온도가 다르다, 일을 축제로 만들어라

성공이란 당신이 가장 '즐기는 일'을 당신이 '감탄하고 존경하는 사람들' 속에서
당신이 가장 '원하는 방식'으로 행하는 것이다.
― 브라이언 트레이시 Brian Tracy, 미국의 자기계발 전문가이자 작가

어떤 일이든 열정만으로 90%의 문제를 해결할 수 있다.
― 도널드 트럼프 Donald Trumph, 미국 최대의 부동산 재벌

"칭기즈칸에게 '열정'이 없었다면, 그는 평범한 양치기에 불과했을 것이다."

얼마 전 텔레비전을 보다가 이 광고카피에 무릎을 탁 치며 감탄했다. 광활한 대륙을 포효하며 질주하던 칭기즈칸의 모습이 돌연 양떼를 몰고 가는 양치기로 변하며 들려주는 이 말은, 순간 폭소를 자아내면서도 듣는 이의 가슴을 쿡 찌른다.

열정이란 무엇인가? 돈도, 지식도, 훈련된 기술도, 경험도 따라잡을 수 없는 그 불가사의한 힘! 보잘것없는 목동 다윗이 팔척거구 골리앗을 쓰러뜨리게 만든 그 도깨비 같은 힘! 오직 인간에게만 있는, 저 마음 속 깊은 곳에 자리한 이 뜨거운 용광로의 정체는 대체 무엇일까?

무언가를 성취하거나 일찍이 성공의 반열에 오른 이들은 하나같이

뜨거운 열정의 소유자들이었다. 랄프 왈도 에머슨 Ralph Waldo Emerson 은 "열정 없이 얻을 수 있는 위대한 것은 존재하지 않는다."고 했고, GE사의 전 회장 잭 웰치 Jack Welch 도 리더가 갖추어야 할 네 가지 덕목 중 첫 번째로 열정(Energy)을 꼽았다.

그만큼 삶과 비즈니스에 있어서 열정이 가진 힘은 막강하다. 아닌 게 아니라, 잘 되는 회사는 들어서는 순간 그 에너지가 몸으로 확 느껴진다. 경쾌하고 잰 걸음으로 바쁘게 움직이는 그들의 걸음걸이에서는 '슈수숙~' 소리가 난다. 당당한 자부심으로 어깨는 봉긋 솟아 있으며, 눈에서는 열정과 집념의 광채가 난다. 누가 시켜서, 월급을 받기 때문에 일하는 것이 아니라, "이 일은 나의 예술이며, 나의 자부심이다."라는 표정이 역력하다. 그들은 자신이 하는 일에 신명이 나서 '목표'라든가 '해야 한다'는 당위가 없어도 알아서 스스로 움직인다. 그래서 그런 사람들이 모인 조직은 열정의 온도부터가 다르다. 결국 열정이란 '꿈이 가리키고 있는 방향으로 열과 성을 다해 노력하는 육체적·정신적 힘의 원천'이라고 할 수 있다.

우리들은 '캐스트', 일터는 우리의 '스테이지'

국내의 어느 기업보다 자기정체성을 잘 정의하고 그것에 의해 신명나게 움직이는 조직 중 하나가 삼성의 에버랜드다. 그들은 자신들의 업종을 '서비스업'이 아니라, '인류평화'에 기여하는 일이라고 여긴다. 그래서 에버랜드에 가면 비단 '놀러 왔기 때문'에 즐거운 것이 아니라,

얼굴 가득 기쁨과 생기로 찬란한 빛을 내뿜는 직원들의 에너지 때문에 저절로 즐거워진다.

에버랜드에서는 각 리조트 별로 포스트가 사방에 산재해 있고 팀도 여럿으로 나뉘어져 있지만, 매일 아침 251개 포스트에서 동일한 시각에 일제히 조회가 열린다. 물론 이들은 '조회'라는 딱딱한 용어를 사용하지 않는다. 모두가 하루의 일과를 시작하기 전에 다 같이 공유하는 잔치라고 해서 '굿모닝 페스티벌'이라고 부른다. 얼마나 신나는 말인가? 굿모닝 페스티벌은 춤과 노래를 섞어가며 신바람 나게 하는 아침 미팅이다. 이 자리에서는 그날의 운영지침을 공유하는 것은 물론이고, 점검할 사항이라든가 우수한 서비스 사례들을 수평적으로 공유한다.

또한 에버랜드의 직원들은 스스로를 '캐스트cast', 즉 '배역'이라고 부른다. 그리고 에버랜드라는 놀이공원은 이들에게 '스테이지stage', 즉 '무대'다. 무대에 서는 것으로 하루를 시작하고 그 위에서 하루 종일 자신이 맡은 역할을 멋지게 소화해낸다. 하루를 시작하고 마감하면서도 '어떻게 하면 방문객을 좀더 즐겁게 해드릴 수 있을까?'를 놓고 즐겁게 골몰한다. 연극배우들이 대사를 연습하듯이, 개그맨들이 새로운 코너에 대한 아이디어를 짜내듯이, 이들의 아이디어 발상은 무궁무진하다.

몇 가지 예를 들어보자. 에버랜드 하면 떠오르는 것이 아마 양손을 귀 옆에 붙이고 전구를 끼우듯이 손목을 빠르게 돌리면서 하는 '핸드롤링hand-rolling' 인사일 것이다. 이 인사법은 사실 직원들끼리 서로 사기를 돋우기 위해 주고받던 자기들만의 신호였다. 서로 사인을 주고받으며 '힘내'라고 하는 상징적인 행동이었던 것이다. 그런데 어느 날 한 고객이 그것이 자신에게 한 인사인 줄 알고 즐거워하며 똑같이 따라 하는 게 아닌가? 그날부터 직원들은 이 인사법을 전체로 확대시켰다. 인사하는 모습만 봐도 생기가 넘치고 일상에 지친 고객의 피로까지도 확 가시는 느낌이 들게 만들기 때문이다.

핸드롤링과 함께 이들은 또 '매직스펠magic spell', 즉 고객들에게 즐거움을 주는 마법의 말을 큰소리로 복창하며 인사한다. "환상의 나라 에버랜드, 야~호!" 하는 식으로 말이다. 또 방문객들이 어색해하거나 자칫 직원들을 어려워하게 된다는 우려 때문에, 긴 의논 끝에 '고객'이라는 호칭 대신 방문객을 '손님'이라고 부르고, '감사합니다' 하는 인사 대신 '고맙습니다'라는 친근한 인사말로 바꾸기도 했다. 경직된 자세로 깍듯이 예의를 지키기보다는 오늘 하루만이라도 손님들 모두가 해방된 느낌을 갖기를, 돈을 지불하고 서비스를 제공받는 '직원 대 고객'이라는 느낌보다는 기꺼이 나와 놀아주는 친구로 자신들이 받아들여지기를 바라기 때문이다. 그래서 에버랜드에 있는 동안만은 나이도 잊고 직원들의 방긋 웃음과 손짓을 따라 하며 누구나 어린아이가 된다.

에버랜드가 창립된 지도 어언 30년이 넘었다. 그 역사 가운데 잊지 못할 일화도 많다. 한번은 가족들과 함께 놀러온 부인이 실외에 설치된 간이화장실 변기에 그만 반지를 빠뜨리고 말았다. 부인은 발만 동동 구르며 속상해서 어쩔 줄 몰라 했다. 이 소식을 전해들은 유해원 대리는 망치를 가져와 간이화장실 벽과 변기를 부수기 시작했다. 그러곤

마침내 배설물들이 바닥에 질펀하게 드러나자 일일이 손으로 변을 골라가며 2시간여를 헤집은 끝에 기어이 반지를 찾아내 부인에게 전해 드렸다. 이 사건은 에버랜드의 전설적인 일화로 회자되고 있다. 또 언젠가는 맨발로 소변을 보는 남자아이의 발이 시릴까 봐 자신의 손바닥을 아이의 발밑에 깔아준 직원의 이야기도 감동적으로 전해지고 있다. 고객을 내 가족이라고 생각하는 마음, 자신의 일에 대한 열정과 헌신이 없었다면 불가능했을 일이다.

아무리 능력이 뛰어나고 지식이 출중해도 의무감으로 일하는 구성원들에게는 열정이 솟을 리 없다. 그리고 열정이 없는 곳에 고객이 찾아올 리도 없다. 일터의 도미노 법칙을 깨뜨리지 않으면 성공은 찾아오지 않는다. 그렇다면 어떻게 해야 에버랜드처럼 열정이 넘치는 조직, 일을 축제처럼 즐기는 조직이 될 수 있을까?

가슴이 뛰고 심장이 두근거리는 '꿈'을 공유하라

앞의 에버랜드 사례처럼 자신들의 일을 단순한 서비스업이 아니라 '인류의 평화와 즐거움에 기여하는 일'로 정의하면, 자신의 일을 바라보는 시각 자체가 달라진다. 즉 구성원 스스로가 자신이 하는 일이 어떤 일이고, 무엇을 위해 하는 일이며, 궁극적으로 자신이 도달하고 이루고자 하는 것이 무엇인지를 마음 속 깊이 깨닫고 있어야 한다. 구두를 수선하고 닦는 일조차도 생계 때문에 어쩔 수 없이 하는 일이 아니라, 사람들의 발을 편안하고 아름답게 해주어 인류의 건강과 행복에 기여하는 일이라고 생각한다면 그 일이 마냥 하찮고 힘들게만 여겨지지는 않을 것이다.

이는 우리가 흔히 말하는 조직의 미션^{mission}이라고도 할 수 있다. 열정이 넘치는 조직이 되려면 일단 전 구성원이 쉽게 이해하고 동의할 수 있는 구체적이고 올바른 미션이 수립되어 있어야 한다. 아직도 많은 회사들이 '인화'니 '단결'이니 하는 경영이념을 회사의 미션으로 착각하는 경우가 많은데, 이런 무미건조한 단어들을 듣고 가슴이 뛰고 심장이 두근거릴 직원들이 얼마나 될까? 미션이라는 것은 직원 한 사람 한 사람의 가슴을 두드릴 수 있어야 하며, 회사와 구성원들의 존재이념이 가시적이면서도 명쾌한 한 문장으로 표현되어 있어야 한다. 그리고 그 같은 토대 위에 각 부서 단위, 팀 단위, 구성원 개개인의 미션이 수립되어야 한다. 자신이 하는 일이 가치가 있다고 느끼고, 자신의 꿈이 회사의 미래와 일치되어 있어야 열정도 솟는 법이니까 말이다.

어디로 가는 배인지 그 '목적지'를 보여줘라

1년 안에 우리 조직이 어떤 모습, 어떤 수준으로 성장해 있을지, 그리고 그 안에서 우리 팀과 나 자신은 얼마만큼 꿈과 가까워져 있을지를 알고 일하는 것과 모르는 것에는 엄청난 차이가 있다. 마찬가지로 현재 우리가 어디까지 도달해 있고, 궁극적으로 우리 조직이 다다르려고 하는 목적지, 즉 '비전'이 무엇인지를 알면 구성원들의 열정이 달라지기 때문이다.

그런데 이때, 그 '목적지'라는 것이 너무 단기적인 매출목표나 외형적인 성장에만 치우쳐도 곤란하고, 반대로 무모한 장밋빛 청사진이나 막연한 그림만 가지고는 제대로 납득시킬 수 없다. 단기 비전에서 중장기까지 단계적으로 올라갈 수 있도록 구체적이면서도 원대한 비전을 설정해야 한다. 그리고 미션과 마찬가지로 팀이나 직원들 각자의 비전도 수립하고 선포해야 일사불란하게 시너지를 낼 수 있다.

제대로 '평가'하고 확실히 '보상'하라

뒤에 나올 10장(목표는 원대하게, 평가는 냉혹하게)에서도 자세히 다루겠지만, 아무리 좋은 미션과 비전, 목표가 있더라도 구성원 개개인에 대한 투명하고 공정한 성과평가와 보상이 이루어지지 않으면 직원들은 움직이지 않는다.

"그래, 그건 회사의 비전이지, 그게 나하고 무슨 상관이야!", "열심히 일하면 뭘 해! 다 남 좋은 일만 시키는 거지.", "그건 너희들만의 리그지, 우리들은 빽도 없고 연줄도 없어."라면서 그저 시키는 일이나 마지못해 하거나 언젠가는 이곳을 떠나리라 마음먹으며 하루하루를 연명할 것이기에 평가와 보상에는 항상 '제대로'라는 잣대를 겸비해야 한다.

창의성과 열정을 깨울 수 있는 '조직문화'를 만들어라

비전도 좋고, 미션도 좋고, 공정한 성과평가시스템이 갖추어져 있다 해도, 투우장의 소처럼 언제까지나 목숨 걸고 일만 할 수는 없다. 그건 단기레이스에서나 가능한 일이다. 일과 휴식의 경계도 있어야 하고, 스스로 미래를 위해 학습하고 재충전하며 자신을 계발할 시간도 주어져야 한다. 그래야만 창조적 발상도 더욱 풍부하게 나올 수 있고 꺼져가던 열정도 다시 불타오른다. 시시포스^{Sisyphos}처럼 끝도 없이 바위를 굴려 올리게 해서는 1, 2년도 채 못 가 지쳐 떨어지게 된다. 공정한 업무분배와 합리적인 프로세스 확립, 그리고 탄력적이면서도 규범 있는 조직문화를 구축해, 일을 더 하고 싶어 안달하고, 일을 하면 할수록 즐거움을 느낄 수 있는, 창의와 열정으로 가득한 조직문화를 만들어야 한다.

없는 열정을 만들어줄 순 없다

그러나 아무리 회사가 노력하고 열정을 심어주려고 해도 결국 구성원 개개인이 스스로 열정의 도화선을 갖고 있지 않으면 시쳇말로 '죽은 자식 나이 세고 있는' 격이다. 그들에게는 아무리 좋은 환경도, 아무리 좋은 조건도, 궁극적인 열정을 뿜어내게 하는 단초가 될 수 없다. 구성원들 스스로 자신의 능력을 계발하고 성과를 향상시키는 데 힘쓰고, 끊임없이 자기를 혁신해가려는 마인드를 갖추어야 한다. 원하는 것을 얻으려면 기꺼이 자신을 변화시키고 손에 쥔 것들을 내주어야 한다는 이야기다.

  조직이 해야 할 일은 그들 안에 있는 '열정'을 끌어내주는 것이지, 애초에 있지도 않은 열정을 억지로 주입시키는 것이 아니다. 짐 콜린스$^{Jim\ Collins}$도 《좋은 기업을 넘어 위대한 기업으로》에서 이렇게 말하지 않았던가? "적합한 사람을 태우라"고.

사람을 뽑을 때 학벌이나 능력보다 그 사람이 얼마나 열정적인 사람인지를 보라는 이유가 그것이다. 열정적인 사람들은 회사가 조금만 동기부여를 해주어도 마치 스위치가 올라간 것처럼 스스로 그 열정을 100배, 200배까지 자가발전시킨다. 필자가 아는 후배 하나도 대표적인 '열정맨'인데, 그는 오히려 문제가 생기고 숙제가 많아지기를 은근히 기대하며 취미생활 하듯이 일을 한다. 물론 성과도 대단하다. 그가 일을 보는 태도는 문제의 핵심, 고름을 송곳으로 직격해 터뜨려버리는 식이다. 제품출하가 때맞춰 안 되면 비행기를 타고라도 즉시 공장으로 내려가 기어이 성공시킨다. 불가능한 일은 없다고 믿으니 그의 주변에는 늘 기적이 일어난다.

그러나 우리 주변에는 그 반대인 경우가 더 허다하다. 왜 사는지, 회사에 일하러 오는지 놀러 오는 건지 모르는 사람, 아무리 끌고 독려해 주어도 요지부동인 사람, 일이 잘못되면 뒤로 숨기 바쁘고, 걸핏하면 상사나 동료 탓이라며 면피하려는 사람, 자신은 할 만큼 했는데 더 이상 어쩌라는 것이냐며 무대포로 버티는 사람, 무늬만 요란하고 열정적이지 실제로는 대강대강 적당히 해치우고 건들거리는 사람…. 필자 역시 그런 사람들을 무수히 보아왔다.

최상의 복지수준과 선진 시스템을 누리고 싶다면, 직원들 자신도 그에 걸맞게 변해야 한다. 말로만 자율과 창의를 부르짖고, 실제 자신의 마인드와 행동은 60년대 단순노동자 같은 생각을 하고 있다면 이 세상의 어떤 조직도, 어느 누구도 그를 책임져줄 수 없다. 자율도 창의도 끝까지 물고 늘어지는 집요함과 일의 기본원칙을 놓치지 않는 데서 출발하기 때문이다.

회사는 개인의 인생을 무한히 책임지는 곳이 아니다. 충분히 조건을 갖추어주고, 기다려주었는데도 변하지 않는 사람이라면 회사는 그들을 버릴 수밖에 없다. 그런 사람들은 오히려 열정적인 사람들의 힘을 빼앗고 조직 곳곳에 암세포처럼 도사리고 앉아 에너지를 갉아먹는 뱀파이어들이기 때문이다.

위에서 시키는 일만 차곡차곡 하는 수동적인 사람들도 에너지 뱀파이어 못지않다. 창의적인 아이디어를 생각해낸다거나 새로운 일에 도전하지 못하기 때문에 현재 상태를 벗어나 한 단계 위로 도약하는 데 한계가 있다. 만약 당신이 조직의 구성원이라면 회사나 환경을 탓하기 전에 스스로 자신을 돌아보며 자신이 다음 항목들에 얼마나 부합되는 사람인지 검증해보아야 할 것이다.

[열정을 가진 진정한 프로들의 특징]

1. 윗사람이 시키는 것만 하지 않는다.
2. 나름대로 나만의 손끝 감각이 살아 있다. 프로 농구선수가 손끝의 볼 감각만으로도 골인을 감지하듯, 초밥달인이 손끝만으로도 지금 쥐고 있는 밥알의 개수를 맞추듯이 말이다.
3. 언제나 새로움을 환영한다. 새로움을 발견하고 그것을 통해 자신의 현재를 반추한다.

4. '비용 대비 이익'의 개념이 철저하다. 내게 지불되는 비용보다 내가 만들어내는 이익이 많아지도록 아이디어를 생각해내고 스스로 집행한다.
5. '내가 경영자이며 일의 주체'라고 생각한다. 그러므로 문제가 주어지면 항상 주도적으로, 능동적으로 의사결정을 하며, 끝까지 물고 늘어져 해결해낸다.
6. 끊임없는 연습을 통해 비범함을 갖춘다.
7. 당장의 이익보다 먼 미래에 맞춰 내가 서 있을 자리를 염두에 두고 생각하고 행동한다.
8. 내가 하고 있는 일에 청춘과 인생을 건다. 신기록을 낸다.
9. 동료관계가 진실하다. '사이좋음'에 그치지 않고 언제나 채찍질과 경쟁과 학습의 상대가 되어준다.
10. 실패를 두려워하지 않는다. 지금의 단계를 뛰어넘는 미래의 모습이 언제나 나 자신의 경쟁상대라고 생각한다.

미래는 강자에게는 기회를, 약자에게는 위협을, 준비된 자에게는 도전을 준다. 세상에 공짜는 없다. 가만히 앉아서 구경만 해도 목표가 달성되리라 믿는 것은 자기 스스로를 시궁창에 떠미는 것이나 진배없다. 땀과 열정, 그리고 철저한 헌신이 있어야 비로소 우리가 이루고자 했던 일들을 120% 달성할 수 있다. 놀면서 즐거움을 찾는 사람에게는 더 큰 기쁨이 오지 않는다. 가장 힘든 '지금'이 있어야만 가장 값지고 기쁜 '미래'를 껴안을 수 있다. 세상은 '자신에게 호되고 남에게 후한 자'에게 궁극적으로 성공이라는 단어를 선물한다.

• *Insight in Story* •

'세일즈의 신'이 된 비결

일본에서 세일즈의 신이라고 불리는 하라이치 헤이가 은퇴 후 기자회견을 가졌다. 한 기자가 영업을 잘하는 비결을 묻자 그는 이렇게 대답했다.
"저는 그저 남보다 많이 걷고 뛰었을 뿐입니다."
그러고는 양말을 벗어 발톱이 뭉개지고 굳은살이 두껍게 붙은 발을 보여주었다.
그는 덧붙여 "세일즈를 하고 있지 않을 때는 세일즈에 대한 이야기를 했습니다. 그리고 세일즈에 대한 이야기를 하고 있지 않을 때는 세일즈에 대한 생각을 하고 있었습니다."

성공도, 업적도 자신의 일에 미친 사람들이 만든다.

시간이라는 무질서한 흐름에
조직을 놓아기르지 말라

시간의 걸음은 세 가지다. 미래는 머뭇거리며 오고,
현재는 화살처럼 날아가고, 과거는 영원히 정지해 있다.
– 프리드리히 쉴러Friedrich Schiller, 독일의 작가

인간은 항상 시간이 모자란다고 불평을 하면서도 마치 시간이 무한정 있는 듯이 행동한다.
– 세네카Seneca, 로마의 웅변가이자 철학자

"우물쭈물 살다가 내 끝내 이렇게 될 줄 알았지."

희곡작가 조지 버나드 쇼George Bernard Shaw의 비문은 이처럼 위트가 넘친다. 누구보다 치열하게 살았고, 세계적인 작가이자 위대한 비평가로 명성이 자자했던 그마저 이렇게 말했다면 나 같은 사람은 대체 나중에 비문에 뭐라고 써야 할지 모르겠다.

《게으름뱅이 나무늘보 우화》라는 동화책에는 평생 '나중에'를 연발하며 낮에는 자고 밤에는 빈둥거리고, 그래서 다시 머리가 무거워져 낮에 또 자다가 결국 아무것도 할 수 없게 되어버린 게으름뱅이 나무늘보의 이야기가 나온다. 정도의 차이야 있겠지만 우리네 일상도 이 나무늘보를 흉볼 처지는 아닐 것이다. 끊임없이 '나중에'를 연발하다 결국엔 포기하고 만 일이 얼마나 많았던가?

이기는 습관을 가진 사람 중에서
자신에게 관대한 사람은 아무도 없다

많은 사람들이 쉽게 착각하는 것 중 하나가 "시간이 우리를 성장시켜 준다."라는 믿음이다. 나이를 먹고 경험이 쌓이고 세상 사는 일에 노하우가 생기게 되면, 예전보단 더 많이 지혜로워지고 더 많이 성장하게 될 거라는 믿음 말이다. 정말 그럴까? 그렇다면 왜 우리 주위에는 나이 들수록 더 많이 비굴해지고, 더 많이 고집스러워지고, 점점 더 많은 편견에 사로잡혀가는 사람들이 많은 걸까?

아마도 시간에 대한 유일한 진리는 '시간은 모든 것을 낡게(혹은 늙게) 만든다'는 것뿐이리라. 너무도 당연한 얘기지만 우리의 성장동력은 바로 나 자신이 만들어낸 엄격함으로부터 시작된다. 이기는 습관을 가진 사람 중에서 자신에게 관대한 사람은 없다. 귀찮을 정도의 집요한 자기규제와 자기관리가 모든 성공의 기본 요소이기 때문이다.

조직도 마찬가지다. 오늘 하루를 무사태평으로 안일하고 방만하게 보낸다면 그 결과는 부메랑이 되어 여지없이 돌아온다. 서서히 온도가 올라가는 냄비 속에서 자신이 죽는지도 모르고 느긋하게 삶아져가는 개구리처럼.

요즘 일반기업의 평균수명, 즉 한 기업이 창업을 하고 융성하게 활동하다가 문을 닫을 때까지의 기간이 약 30년이라고 한다. 최근에는 10년도 넘기기 힘들다는 얘기까지 나오기도 한다. 세상은 점점 급변하고 있고, 요즘의 '하루'는 예전의 '한 달'과 거의 맞먹는 듯하다. 아니 어쩌면 그 이상일지도 모른다. 하루아침에 법이 바뀌고, 자고 일어나니 세계정세의 판도가 뒤집혀 있는 경우도 허다하다. 동남아에서 지진이 나거나, 중동에서 전쟁이 터지거나, 미국 금융시장이 출렁이거나 새로운 정보기술이 출현했다거나…. 한 마디로 정신을 차릴 수가 없다. 예전과 달리 이제는 직접적으로 관련된 업종이 아니어도 그런 사태들의 영향은 일파만파로 우리들 삶에 전해져온다. 당장 유가油價가 그렇고, 달러환율이 그렇고, 국제금융금리가 그렇다. 이렇게 숨 가쁘게 돌아가는 상황 속에 있다보니 오늘의 안녕은 더 이상 내일의 안녕을 보장해주지 않는다. 조직들은 하루하루 시장상황에 따라 새로운 전략을 수립하고 시도 때도 없이 대책회의를 열어야만 한다.

당신의 조직을 흐르는 시간 속에 방치해두어서는 절대로 이 거친 파도를 헤쳐 나갈 수 없다.

초기에 회사를 창업했을 때는 하루를 24시간이 아니라 48시간처럼 살면서 사장을 비롯한 전 직원이 이리 뛰고 저리 뛴다. 하지만 어느 정도 회사가 안정기에 들어섰다 싶으면 모두들 허리띠를 느긋하게 풀어놓기 시작한다. 여기에 바로 함정이 있다. 성공했다고 생각할 때가 사실은 위기의 시작이기 때문이다. 그건 이미 자리가 잡힌 회사라 할지라도 마찬가지다. 리더나 직원들이 시간을 효율적으로 관리하지 못하고 어영부영 뭉그적거리기 시작하면 그나마 조금 쌓이기 시작한 성과들도 금세 무너져 내리기 시작한다.

더욱이 회사가 어느 정도 성장하면 직원들의 역량도 함께 성장해야 한다. 회사의 규모나 매출이 급격하게 커짐에 따라 그들에게 요구되는 직무수행능력이나 역량도 점점 수준이 높아지기 때문이다. 설립 초기의 신규 조직일수록 이는 더욱 극심하게 나타난다. 아직은 인력풀이 넓지 않기 때문에 대부분 초창기 멤버 중에서 일반사원이 대리급으로, 또 대리급 사원이 팀장 등의 위치로 단시일 내에 승진하며 그 업무를 떠맡게 된다. 또한 회사의 업무량이나 일의 범위도 급속도로 넓어지게 마련이다. 심지어 한 사람이 전혀 다른 두 가지 역할을 떠맡게 되는 경우도 있다. 그건 경영자도 예외는 아니다. 이렇게 외적으로나 내적으로나 구성원들에게 요구되는 역할과 역량은 단기간 내에 급속도로 높아지는데 그 일을 맡은 사람이 과거 수준에 머물러 있거나 오히려 초심을 잃고 방만해져 있다면 이 조직은 우왕좌왕하다가 스스로 좌초되고 말 것이다. 성공의 단 꿀을 채 맛보기도 전에 말이다. 이처럼 많은 경우, 위기는 바깥에서 오는 것이 아니라 해이함이나 의욕상실과 같은 내부적인 붕괴에서 온다.

따라서 리더들은 어떻게 하면 조직의 시간을 효율적으로 관리할 수 있을지를 심각하게 고민해야 한다. 리더 자신은 물론이고 구성원 한 사람 한 사람의 시간까지도 현재와 미래의 가중치에 따라 배분하고 경쟁력 있게 사용할 수 있는 방법을 항상 강구해야 한다. 시간관리가 곧 업무관리이자 품질관리고 경쟁력관리다. 그리고 미래 자산관리다. 효율적이고 합리적인 시간관리를 통해 조직의 경쟁력과 성과를 높일 수 있는 몇 가지 방법을 소개한다.

조직의 경쟁력을 높이는 시간관리

시간의 엥겔지수를 낮추어라

출근부터 퇴근까지 8시간이라는 근무시간을 어떤 업무에 어떻게 쓰고 있는지 파악하는 것은 매우 중요한 일이다. 직원들에게 시간을 어떻게 사용하고 있는지를 각자 적어서 제출하도록 한 뒤 이를 다시 팀 단위나 부서 단위로 모아서 분석해보도록 한다. 보고가 길어진다거나 회의가 너무 잦거나, 혹은 결재가 지연되어서 쓸데없이 많은 시간을 소모하고 있는 것은 아닌지 점검해볼 필요가 있다. 이때 주의할 것은 도표에 나타난 시간의 양만 측정해서는 안 된다는 점이다. 일상적인 업무와 특별한 창의성과 집중력을 요하는 업무를 나누고 그것들이 적절한 시간에 배분되어 있는지, 그리고 한 가지 일에서 다른 일로 넘어갈 때 '몰입상태'로 집중하는 시점까지의 리스크를 고려해서 현재의 방식에 문제가 없는지를 따져 보아야 한다. 가령 아침 미팅이 길어지면 집중도가 높은 오전시간을 허비할 가능성이 높고, 또 회의나 보고가 너무 잦거나 사내 커뮤니케이션을 위해 이동해야 하는 시간이 길어지면 다시 업무에 복귀하여 몰입하기까지의 시간이 리스크로 발생할 확률이 상당히 높다.

각자의 시간사용을 체크해보고, 팀 혹은 부서 단위의 시간사용 내역을 분석해보면 전사적으로 개선해야 할 점이라거나 팀 단위의 개선사항, 개인 단위로 코칭해야 할 점 등을 쉽게 알 수 있다. 그런 데이터를 바탕으로 새로운 프로세스를 만들고 확립할 필요가 있다. 또 인트라넷을 구축해서 전달, 보고, 결재, 지시사항 공유 등을 전자문서로 대체하면 효율적인 업무처리로 경영자나 직원들의 시간손실을 상당부분 줄일 수 있을 뿐만 아니라 사내정보나 지식도 효과적으로 축적·공유할 수 있다.

직원들의 시간을 영양가 있게 운영하라

지금은 '주5일근무제'가 보편화된 추세지만, 이에 대해서는 아직도 찬반이 엇갈린다. 이틀을 마냥 쉬고 오면, 월요일 오전은 거의 비몽사몽 하는 직원들이 많다. 금요일 오후는 또 어떤가? 여행갈 생각에 일이 손에 잡히지도 않고, 시계만 쳐다보며 대강 시간을 때우거나 온갖 핑계를 둘러대며 일찌감치 여행지로 줄행랑(?)을 치려는 사람들도 있다.

주기적인 휴식은 필수다. 그러나 업무에 대한 정확한 책임한계도 없고 프로페셔널 의식이 확고히 자리 잡지 못한 사람에게 갑자기 주어진 이틀의 시간은, 오히려 많은 회사와 직장인들을 혼란에 빠뜨리고 있다. 주5일근무제의 취지는 시간을 좀더 짜임새 있게 쓰고 알차게 보내자는 것이다. 즉 짧은 시간에 집중적으로 일하고 그 외의 시간에는 자기계발을 하거나 재충전을 하라는 것이다.

그런데 실상은 어떤가? 일에 투자할 시간은 짧아졌는데 그 시간에 업무에 몰입하는 집중도도 떨어지고, 업무의 연속성까지 방해받는 현상이 일어나고 있다면 이는 심각한 문제가 아닐 수 없다. 많은 조직의 리더들이 실제로 이 문제로 고민하고 있는 것으로 알고 있다. 물론 이에 전혀 해당되지 않거나 주5일제의 근무시간을 아주 효과적으로 잘 활용하고 있는 조직도 많을 것이다. 요는 주5일제의 일반적인 장단점이 아니라 이것이 자신의 조직이나 업종, 개인의 업무 스타일과 얼마나 잘 맞느냐는 것이다.

전체적인 근무시간을 늘일 수는 없다 해도 좀더 탄력적으로 생각해볼 수 있지는 않을까? 가령 무조건 일주일에 이틀을 특별한 계획도 없이 쉬는 게 아니라, 격주로 토요일에 쉬고 나머지 이틀을 적립해 자신이 원하는 날이나 휴가에 덧붙여 쓴다든지, 팀의 성격이나 업무 스타일에 맞춰 차별적으로 운용하는 방법들을 모색해보자는 것이다. 또 출퇴근시간도 무조건 '9시 출근, 6시 퇴근'에 맞춰 일률적으로 적용시키는 방식이 아니라 업종이나 업무에 맞게, 혹은 개인의 라이프스타일을 고려하여 좀더 합리적인 방안을 모색해볼 수도 있을 것이다. 휴식이 휴식다워야 하고, 그것이 재충전의 기회로 활용될 수 있어야만 직원도 회사도 더 많은 에너지를 공급받을 수 있기 때문이다.

조직의 현재 가치와 미래 가치를 분석하라

매출이나 목표달성에만 치우치다보면 나무만 보고 숲은 보지 못하는 우를 범할 수 있다. 가령 히트상품 하나가 폭발적으로 매출을 올리는 경우, 단기적으로나 표면적으로는 회사가 비약적으로 성장하는 것처럼 보일 수 있다. 그러나 조직의 내부를 들여다보면 미래를 대비한 신상품 개발이 전혀 진척되지 못하거나, 마케팅 부서를 비롯한 여러 다른 부서들도 저절로 팔리는 상품 덕에 긴장감이 사라지고 기강이 해이해질 수도 있다. 게다가 직원들은 적당히 회사 분위기도 좋은 것 같고 별로 긴장해야 할 이유도 없는 것 같아 우왕좌왕하며 그럭저럭 시간을 보낸다. 당연히 학습이나 자기계발은 남의 얘기다. 이래서는 조직의 경쟁력도 미래도 없다.

그러므로 조직의 현황을 세분화해서 주기적으로 체크해야 할 필요가 있다. 가령 현재 가치와 미래 가치를 따져 업무를 분류하고 여러 측면에 대해 다면적으로 세분화하는 것이다. 신상품 개발, 마케팅, 조직 관리, 인재양성, 직원들의 학습과 성장 등으로 업무를 나눠서 각각을 주기적으로 관찰해보라. 그리고 이를 다시 그래프화하거나 도식화하면 조직이 성장하고 있는지, 머물러 있는지, 아니면 도태하고 있는지를 한눈에 파악할 수 있다. 아울러 이를 팀장 단위 혹은 전 구성원들에게 공표하고 독려해야만 한다.

긴장감이 사라지면 몰락이 시작된다

카를로스 곤 닛산자동차 사장은 "회사가 위기의식을 유지하지 못하면 직원들의 의욕이 저하되어 수익성 있는 회사를 만드는 데 방해가 된다. 그러므로 위기감을 체계적으로 관리하는 일은 기업 경영에서 매우 중요한 요소이다."라고 했다.

무릇 사람이란 안전하다고 느끼면 좀처럼 움직이려 들지 않는다. 그리고 쉽게 매너리즘에 빠져 든다. 사람들은 편안함이라는 대중성을 선호하고 특별함이라는 불편과 고통을 기피하려는 경향이 있기 때문이다. 따라서 조직 전체의 위기감을 조성하든, 팀이나 개인 단위로 긴장할 만한 과제를 던져주든, 필요에 따라 없는 위기도 만들어내야 하는 것이 리더의 일이다.

리더의 시간은 소중하다

　직원들은 '경영자는 항상 시간도 많고 여유로울 것'이라고 생각한다. 경영자, 즉 CEO는 자기 시간을 가장 자유롭게, 자율적으로 쓸 수 있을 것처럼 보이기 때문이다. 그러나 작은 조직이라도 경영을 해본 사람이라면 이 말에 백이면 백 다 쓴웃음을 지을 것이다. 대부분의 조직에서는 위로 올라가면 올라갈수록 오히려 업무량이 많아지고 잡다한 업무에 많은 시간을 빼앗기게 된다. 일례로 어떤 CEO가 최근 3달 동안 자신이 사용한 시간(근무일 기준)을 분석해보았더니, 자신의 의제 연구에 10%, 다른 사람들과의 만남에 70%, 생산성이 낮은 활동에 20% 정도의 시간을 사용했다 한다. 이처럼 따져보고 진단해보면 의외로 많은 경영자들이 실제로는 가치가 낮은 활동에 아까운 시간을 낭비하고 있다는 사실이 드러난다.

　경영자의 시간관리는 곧 조직의 존폐를 좌우할 수도 있는 문제다. 경영자가 가치 있는 일에 얼마나 시간을 쓰느냐가 궁극적으로 그 조직의 향방과 성패를 가름할 수도 있기 때문이다.

　따라서 일주일 중 특정한 날이나 특정한 시간은 자신의 가장 중요한 의제에 몰입할 수 있도록 규정을 만들어놓고, 직속 부하직원에 대한 코칭, 면담시간도 따로 정해두어야 한다. 그 시간만큼은 다른 일에 방해받지 않고 반드시 수행해야 하는 일에 집중할 수 있도록 구성원들로부터 일종의 배려를 받는 것이다. 결재나 여러 이해당사자 그룹들과의 미팅시간과 빈도에 대해서도 미리 규칙을 만들어놓으면 시간낭비를 많이 줄일 수 있다.

역량 있는 직원들이 강한 책임감을 갖고 일을 처리한다면 리더의 시간은 보다 가치 있는 일에 쓰일 수 있을 것이다. 따라서 경영자들은 직원들과 신뢰관계를 만들고, 직원들의 역량개발 시간을 우선적으로 배정하는 것이 중요하다.

세상에서 가장 못난 변명, '시간이 없어서'

처음 회사에 들어간 신입사원은 비록 아직 경험과 노하우는 부족해도 하루 24시간을 정말 열심히 산다. 그러나 어느 정도 일을 좀 배웠다 싶고 회사생활에도 익숙해졌다 싶으면 어느새 매너리즘에 빠져 퇴근 때까지 소위 '시간 죽이기'로 어영부영 시간을 흘려보낸다.

동서고금을 막론하고 시간을 적당히 흘려보내고 성공한 이는 아무도 없다. 나태하자고 마음먹으면 얼마든지 풀어질 수 있는 게 사람이다. 조직이나 상사에게 한 약속만이 중요한 것이 아니다. 내가 나 스스로에게 한 약속, 앞으로 5년 후에는 어떤 단계로 발전할 것이고 그것을 위해 올해에는 무엇을 할 것인지, 또 이번 달, 그리고 오늘 무엇을 놓치지 않아야 하는지에 대해서 끊임없이 고민하고 스스로에게 각인시키지 않으면 안 된다. 오늘을 대충 보내고, 오늘 할 일은 내일로 미뤄두고, 하긴 해야 하는데 귀찮으니까 술 한 잔 먹고 잊어버리고…. 그러다보면 내가 꿈꾸던 것과는 정반대의 모습으로 나락에 빠지고 있는 스스로를 발견하게 될 것이다. 그리고 그렇게 한 번 쇠락의 길에 발을 들여놓으면 속수무책으로 굴러 떨어지는 것 역시 얼마든지 가능한 일이다.

사람들이 둘러대는 변명 중에서도 가장 어리석고 못난 것은 '시간이 없어서'라는 변명이라고 했다. 시간은 우리가 가장 원하는 것이면서도 또한 가장 잘못 쓰고 있는 것이기도 하다. 시간을 방목하지 말라.

시간을 관리하는 데 있어 가장 중요한 것은 바로 '자기체크'다. 매일 잊지 않고 체크해야 할 기준을 자신에게 적용하고 스스로에게 관대해지려는 습성을 없애라는 것이다. 오늘 처리해야 할 일일 업무 체크포인트, 하루 동안 만나고 전화하고 챙겨야 할 일일 고객 집계표, 이런 툴을 계속 만들어서 시스템화 시켜야 한다. 타임스케줄러 스케줄 체크리스트, 월간 일정표, 일일 주요 업무 스케줄 등을 표준화시키고, 실제 목표와 성적을 매일 매일 체크하고 하루 동안 만나고 접촉해야 할 고객 리스트를 만드는 것을 습관화해야 한다. 성과관리의 경우에도 월별 시트를 만들어주고 본인이 열람하고 체크할 수 있도록 독려해야 직원 개개인도 스스로 철저하게 자기관리를 할 수 있다.

데일 카네기$^{Dale\ Carnegie}$는 시간관리의 중요성에 대해 이렇게 설파했다.

"현재의 이 시간이 더할 수 없는 보배다. 사람은 그에게 주어진 인생의 시간을 어떻게 이용하였는가에 따라서 그의 장래가 결정된다. 만일 하루를 헛되이 보냈다면 큰 손실이다. 하루를 유익하게 보낸 사람은 하루치 보배를 파낸 것이다. 하루를 헛되이 보내는 것은 내 몸을 소모하고 있다는 것을 알아야 한다."

•Insight in Story•

나는 어떤 타입? - 유형별 시간관리 요령

1. 목표 없는 '열심히형'

많은 사람들이 중국어를 꼭 배워야 한다기에 새벽에 일어나 중국어 강의를 듣는다. 요즘에는 또 웰빙이 키워드라고 한다. 트렌드에 뒤처지지 않기 위해 웰빙족들이 많이 배운다는 요가를 배운다. 앞의 예처럼 자신의 목표가 있어서가 아니라 남들이 하기에 무언가를 열심히 하고 있는 당신, 당신은 목표 없는 '열심히형'이다.

물론 이와 같은 활동 자체에 문제가 있는 것은 아니다. 하지만 지금 당신이 열심히 하고 있는 여러 활동들이 더 큰 목표를 달성하기 위한 일부가 아니라면, 이것은 상호간의 시너지 효과를 낼 수 없는, 시간만 빼앗는 단절된 활동에 불과하다. 일을 함에 있어 '현재 내가 무엇을 위해 일을 하고 있는지'를 잊지 말도록 하자. 이를 위해서는 중·장기적인 목표를 세워야 할 것이다. 큰 계획이 있어야만 세부적인 계획도 정해지기 때문이다.

2. 뭐든지 내가, '만능해결사형'

중요도가 낮은 것에 귀중한 시간을 소비하고 있다. 꼭 자신의 일이 아니더라도 흥미가 있는 일을 해버리는 편이다. 완벽하게 할 필요가 없는 것도 완벽하게 하지 않으면 마음이 흡족하지 않다. 사원들이 말을 듣지 않으면 솔선하여 일을 시작한다. 누군가 일 관계로 문제를 안고 있으면 언제나 도와주고 싶다는 생각이 든다.

위 사항에 해당된다면 당신은 자칭 '만능해결사형'이다. 시간은 한정돼 있고 모든 일을 다 완벽하게 처리하기란 쉬운 일이 아니기에 이 중 포기할 수 있는 부분은 과감히 포기해야 한다. 이들이 시간을 효과적으로 이용할 수 있는 방법 중에 하나는, 모든 일을 다 할 수 없다고 자신에게 말하는 것이다. "모든 것을 다 할 수는 없다. 모든 것을 다 읽을 수는 없다. 모든 것을 다 배울 수는 없다."

3. 하다보면 되겠지, '무계획형'

가장 좋은 진행방식을 생각하기 전에 일에 돌입한다. 하던 일을 중단하고 종종 다른 일에 손을 댄다. 한번에 몇 가지 문제를 동시에 다룬다. 상황이 변화하고, 예상할 수 없는 것에 대해 매일 계획을 세우는 것은 무리라고 생각한다.

위 사항에 해당된다면 불행하게도 당신은 '무계획형'이다. 당신이 하는 일은 대부분 십중팔구 마감시간을 넘기고 있을 것이다. 이렇게 확언을 하는 데는 세 가지 이유가 있다.

첫째, 많은 일들이 서로 엉켜버려 필요 이상의 시간이 걸리게 된다. 둘째, 끝까지 완성되는 일이 거의 없기 때문에 짜증이 나서 일을 중간에 그만 두고 잊어버리고 만다. 마지막으로 겨우 일을 마친다고 하더라도 '그 일은 시간이 오래 걸려', '그 일은 정말 짜증나' 등 두렵고 짜증스러운 부정적 생각들이 마음 속 깊숙이 자리 잡게 되어 일을 자꾸 미루게 되고 결국에는 시간관리에 실패하게 된다. 이들이 반드시 해야 할 일은 계획을 세우는 습관 다지기다.

이런 유형의 사람들에게 '뒤에서부터 시간계획 짜기'를 권한다. 만약 1월 15일까지 마감해야 하는 프로젝트가 있다면, 우선 일주일 전(1월 8일)까지 프로젝트를 마감하기로 결정하고 역순으로 일정계획을 세우는 것이다.

4. 거절할 수 없어, '예스맨형'

"아니오."라고 똑 부러지게 거절하지 못하고 언제나 어영부영 모든 일을 스스로 맡아버린다. 이런 사람들은 주변사람들에게 항상 '좋은 사람'이 되기를 원하며, 야비하거나 이기적인 사람, 혹은 무신경한 사람으로 비춰지는 것은 상상할 수도 없다. 또한 자신이 "아니오."라고 대답하는 것이 누군가를 모욕하는 것은 아닐까 심려하고 있다.

급하기는 하지만 중요하지 않은 일들로 하루를 보내는 사람들의 상당수가 다른 사람의 요구를 다 들어주려는 예스맨들이다. 이러한 유형의 사람들은 도와달라는 요청을 어떻게 거절해야 할지 잘 모른다. 그러나 당신도 살면서 어떤 요청을 했을 때 다음과 같은 정중한 거절을 받아 본 경험이 있을 것이다. 이렇게 말해보자.

"저도 영업실적 보고서에 들어갈 자료를 찾는 일을 도와주고 싶지만, 그럴 수가 없네요. 이번 주는 저도 무척 바쁘거든요. 다음 기회에 제가 두 배로…. 미안합니다.", "미안하지만, 지금은 이야기할 시간이 없군요. 시간이 빠듯해서요. 조금 있다가 제 쪽에서 전화를 드려도 괜찮을까요?"

고통이 따르는 창조적 혁신에 기꺼이 사활을 걸어라

세상에는 세 가지 종류의 기업이 있다. 일을 꾸미는 기업,
일이 벌어지는 것을 지켜보는 기업, 무슨 일이 있었나 의아해 하는 기업.
— 필립 코틀러 Philip Kotler, 미국의 마케팅 전문가

성을 쌓고 사는 자는 반드시 망할 것이며,
끊임없이 이동하는 자만이 살아남을 것이다.
— 칭기즈칸 Chaingiz Khan

이기는 사람은 현재의 성적이 평균 이상이라 해도 거기에 만족하지 않는다. 보이지 않는 기회, 포착하기 힘든 변화의 바람소리를 미리 듣고 먼저 움직인다. '만족'이라는 따뜻한 요람에 머무는 사람은 결코 1등이 될 수 없다.

세계적인 프로 골프선수 타이거 우즈는 20대에 일찌감치 전 세계 골프대회를 제패하고 1997년도까지 한 번도 마스터즈 대회에서 우승을 놓친 적이 없었다. 300야드라는 경이로운 드라이브 샷 비거리에다 퍼팅했다 하면 무조건 인^{in}이 되곤 했던 1997년, 그것도 2위와 큰 격차로 우승을 한 직후에 그는 자신의 실전 비디오를 분석하고는 '자신의 스윙이 형편없으며, 이대로 가면 앞으로는 가망이 없겠다' 고 스스로를 질책했다.

그러고는 코치에게 전화를 걸어 "내 경기의 비디오테이프를 보니 너

무 엉망이어서 스윙 방법을 바꾸어야겠다."고 했다. 코치는 "그렇게 하려면 오랜 시간 피나는 노력이 필요한데 그것을 감내할 수 있겠느냐?"고 물었다. 피나는 연습이 필요할 뿐 아니라 바꾼 스윙방법에 적응하기까지 당분간 우승은 꿈도 꿀 수 없다고 했다. 실제로 스윙방법을 바꾸는 2년 동안 그는 거의 우승을 하지 못했다. 그러나 그 후 그의 결심, 그리고 그에 따른 피나는 훈련은 진가를 발휘했다. 훗날 타이거 우즈는 이렇게 회고했다.

"당시 스윙 방법을 그대로 유지했다면 몇몇 경기에서는 우승할 수 있었을지 모른다. 하지만 장기적으로는 살아남지 못했을 것이다."

잘나갈 때 경쟁자에게 추월당할 것을 염려하지 않고 마냥 방심하여 훈련을 게을리 하다가 경쟁에서 낙오되어버리는 풋내기 프로선수들이 의외로 많다. 한때 명성을 날렸던 그런 선수들은 결국 대중의 기억에서도 잊혀지게 된다. 하지만 진정한 프로는 오히려 잘나갈 때가 최대의 위기순간이라고 판단하고 더욱 긴장을 늦추지 않고 훈련의 고삐를 바짝 잡아당긴다.

'만족'하는 순간이 쇠퇴의 시작

왜 한때 최고를 구가했던 많은 기업들이 과거의 영광을 뒤로 하고 멸망해갔겠는가? 위대한 비전을 갖고 있어도 그것을 하나하나 행동으로 옮기지 못한다면 아무 소용이 없다. '이 정도면 됐다'고 만족하는 순간부터 쇠퇴는 찾아온다. 많은 기업들이 고객만족을 부르짖으며 '고객은 왕'이라고 하면서도 실제로는 '고객은 그저 돈벌이의 수단'이라고 생각하는 경우가 많았다. 심지어 '살아 있는 경영의 전설'로 불리는 잭 웰치의 '경영 7원칙'도 불과 몇 년 사이에 퇴물로 취급받고 있는 상황이다. 최근 미국의 경제전문지 〈포춘Fortune〉은 이제는 시대 흐름에 따라 잭 웰치의 경영방식에 도전하는 새로운 전략이 필요하다며 잭 웰치의 경영원칙을 정면으로 뒤집는 '7가지 안티 잭 웰치 경영원칙'을 제시했다. 한때 비즈니스계에서는 생존의 바이블처럼 여겨졌던 잭 웰치의 경영원칙이, 채 한 세기도 지나기 전에 뒤집히게 된 사건이었다. 급변하는 시장환경 속에서 생존하려다보니 이처럼 혁명적인 시각전환이 이루어진 것이다.

영원한 성공의 룰rule은 없다. 시대의 움직임에 따라 변화하는 포인트를 포착하기 위해서는 오로지 스스로의 실행과 검증에서 출발해야 한다. 농경사회에서는 체력이 국력이었고 산업사회에서는 규격화된 인재가 중요했지만, 지식정보화사회에서는 디지털·글로벌·유비쿼터스 인재가 필요하다. 이에 따라 변화의 거대한 파도를 즐겁게 타는 것, 즉 '움직이는 것'의 중요성이 하루가 다르게 강조되고 있다. 21세기는 IQ와 EQ를 넘어 CQ(Change Quotient)의 시대다. 주체적으로 변해야 하고, 그 변화에 적응해야 하며, 나아가 변화를 선도해야 한다. 변화에 적응하고 앞서가기 위해서는 기존의 상식과 습관의 틀을 깰 줄 아는 지혜, 권위주의적 패러다임을 바꿀 줄 아는 용기가 필요하다. 그 키워드가 바로 앞서 말한 '동사화'다. 우리는 많은 것을 이야기하고도 그것을 '동사화' 하는 것을 잊어버리곤 한다. 아날로그 시대는 경험과 근면성을 중시했지만, 디지털 시대는 두뇌와 스피드가 중요하다. 그래서 디지털 시대에 인정받는 유능한 인재는 위대한 비전을 품은 '실천가'다.

"우리는 새로운 창조적 혁신의 물결을 맞이하고 있다. 영원한 1등은 존재하지 않고, 여기에는 삼성도 예외일 수 없다. 우리만의 경쟁력을 갖추지 못하면 정상의 발치에서 주저앉을 것이다."

삼성그룹 이건희 회장의 2007년 신년사 내용이다. 이건희 회장은 '창조경영'을 천명하면서, "무에서 유를 만들어내는 것도 창조이지만, 기존 것에서 새로운 것을 발견하는 것 역시 창조다."라고 정의했다.

때로는 '반대'를 무릅쓴 진보 역시 창조를 위한 단초가 되어주기도 한다. 극단적으로 어떤 일을 반대한다는 것은 달리 해석하면 극단적으로 찬성한다는 이야기나 다름없다. 반대하는 사람을 무조건 배척하기만 할 것이 아니라 효과적으로 활용해야 한다는 소리다. 더욱 탄탄한 논리로 그의 반대논리를 극복할 수 있다면 오히려 반대의견은 엄청난 위력을 발휘한다. 반대에 부딪혔던 많은 일들이 훗날 성공의 열쇠가 된 예는 많다. 거꾸로 모두가 지름길이라고 믿는 길이 오히려 고통의 길이 될 수도 있다.

'혁신'이 주는 달콤한 고통

모든 혁신에는 고통이 따른다. 오죽하면 '혁신革新'이란 한자의 뜻을 그대로 옮기면 '가죽을 벗겨 새로운 것을 만드는 것'일까. 마케팅 전략의 진화를 선도해온 삼성전자의 고객서비스 전략의 변화과정은 이러한 창조적 혁신이 무엇을 의미하는지 여실히 보여준다. 한때는 삼성 내부에서도 '매출목표 달성'이 그 어떤 구호보다 앞서는 최고의 가치였다. 그러나 매출 드라이브로 영업조직을 움직이다보니 정도正道가 아닌 편법이 잠식해 들어오기도 했다. 특히 직영점이 아닌 경우에는 업계에서 비일비재하게 일어나는 밀어내기나 덤핑판매 때문에 자사 제품을 보호하기도 쉽지가 않았다. 실제 소비자에게 팔린 것도 아닌데 장부상에는 매출로 기록된 상품들이 유통점 창고에 쌓여 있다보니 재고부담으로 인해 유통점이 도산하거나 과중한 자금부담을 안게 되는 일도 생겨났다.

하지만 업계가 총체적인 부실이라고 해서 상품까지 도매금으로 넘길 수는 없었다. 전사적으로 '질質 경영'을 선언하고 적정 수준으로 판매가격이 유지되도록 수급을 조절했으며, 이를 위해 고객에게 정확히 판매된 만큼만 생산하도록 '후보충 생산 시스템'까지도 도입했다. 유통점은 재고부담을 없앴고 생산파트 역시 판매량에 맞춰 생산량을 조정하자, 매출상의 거품이나 유통 왜곡현상이 제거되기 시작했다.

삼성전자 국내영업에서는 아예 '매출목표'를 영업평가 기준에서 없앴다. 오로지 고객만족도를 뜻하는 CSI(Customer Satisfaction Index)만을 평가의 잣대로 삼았다. 그렇게 2년 정도 고객관리에 집중하다보니 오히려 애써 강조하지 않아도 매출이 저절로 상승하는 결과를 가져오게 됐고, 삼성 제품을 취급하는 사람들은 고객의 신뢰를 받으며 탄탄한 수익을 올릴 수 있는 구조 속에 안착하게 되었다. 이른바 '삼성다움', 즉 삼성의 제품은 어디서 사든 믿을 수 있는 가격으로 살 수 있고, 고객서비스도 철저하게 제공받을 수 있다는 믿음이 형성되었다. 팔리는 만큼 생산하는 시스템이 완전히 정착되고 나니 정확한 수요 예측도 가능해졌다.

배송과 설치 부분에서도 지속적인 혁신이 이루어졌다. 몇 년 전까지만 해도 삼성의 유통점에서 혼수용 가전제품을 구입한 사람들은 불만이 이만저만이 아니었다. 설치의 전문영역이 다르다는 이유로 컴퓨터, 에어컨, 텔레비전 설치기사가 따로따로 파견되었고, 유통점에서 직송되는 제품과 물류센터에서 배송되는 제품이 모두 제각각 도착하는 것이었다. 그런 비효율을 해결하기 위해 삼성전자는 시스템을 완전히 뜯어고쳤다. 믿을 만한 배송업체에 배송과 설치를 일임하여 고객이 원하는 날짜에 한꺼번에 배송하고 설치까지 마치게 된 것이다.

이런 배송 시스템의 혁신을 위해서 당시 남부지사장으로 있었던 필자는 기존 유통점들과의 지난한 싸움을 직접 경험하기도 했다. 각 유통점들은 자체 재고를 가지고 자체 배달기사를 통해 직접 배송을 했었는데, 필자는 그들에게 재고를 없애는 한편 창고와 배달·설치 업무를 맡고 있던 장비와 인력을 영업 분야로 전환 배속시키도록 주문했다. 반대가 이만저만이 아니었다. 고객들은 이제까지 해왔던 대로 구입 당일에 바로 제품을 설치해달라고 요구하는 경우가 많은데다, 배달과 설치를 외부 협력업체로 일임한다는 것은 내 고객에 대한 장악력을 잃어버리는 일로 여겨졌던 것이다. 그러니 그런 과거의 습성에서 벗어나게 하기 위해서는 길고 힘든 설득작업이 필요했다. 필자는 우선 한 개의 점포를 공략대상으로 삼았다. 한 달 동안 새로운 방식으로 운영을 해보니 재고부담이 줄고 부대비용도 줄어 실제로 1천만 원 이상의 비용개선 효과가 나타났다. '이렇게 해도 장사가 되는구나….' 하는 깨달음과 함께 점점 더 많은 점포 경영자들이 이 혁신의 대열에 속속 동참하기 시작했다. 그렇게 해서 유통점 경영은 차츰 안정되어갔고 수익률도 월등히 개선되었다.

창조와 혁신을 위한 다섯 가지 절차

조직의 성공을 위해서는 현장에서 맞닥뜨리게 되는 반대를 오히려 즐겨야 할 때도 많다. 고통과 인내를 통해서만이 새로운 도전과 성취를 이룩할 수 있기 때문이다. 일선의 지점장이나 현장 담당자들을 논리적으로 설득하기란 상당히 힘든 일이지만 그래서 더 귀중한 결과를 가져오기도 한다. 돈이 되는 중요한 아이디어가 번쩍 하고 떠올랐다면, 그것을 지체 없이 실행하고 현장에 접목시켜야 한다.

 창조와 혁신을 잉태하기 위해 필자는 다음과 같은 다섯 가지 절차가 필요하다고 생각한다.

발견 : 흐르지 않는 것은 없다

 창조는 흐름을 관찰하고 무엇이 문제인지 발견하는 것에서부터 시작된다. 예를 들어 창고 안에 일정 기간 이상 재고가 보관되어 있다는 것은 돈이 썩고 있는 것과 다름없다. 바쁘게 걸어 다닐 일이 없다는 것은 반대로 발견해야 할 것투성이라는 증거다. 창조의 시발점은 발견에 있다.

주시 : 이 일의 본래 목적이 무엇인가?

일의 본래 목적과 왜 점점 멀어지고 있는 것일까? 본래 목적과의 갭gap은 왜 일어났는지를 살펴보라. 본래의 목적이란 개인에게든 사회에든 플러스 요인으로 작용하는 것이다. 그런데 고객과 기업, 혹은 이 사회에 제공하는 상품이나 서비스가 가진 유익성이 줄어들고 있다면 그 이유가 무엇인지 주시하라.

판단 : 이 절차가 없어져도 본래 목적을 달성할 수 있지 않은가?

절차를 재고하라. 버려도 되는 절차는 끄집어내 버려야 한다. 초일류 기업과 성공한 사람들의 공통점은 잘 버린다는 것이다. 자동차를 발명할 당시 과감히 마차를 버렸던 것을 기억해야 한다.

선택 : 내가 반대로 하면 누가 가장 격분할까?

지금까지의 관행을 바꾸면 분명 반대를 하고 분노하는 사람들이 생길 것이다. 이때 자신의 편이 되어주고 동의를 이끌어낼 수 있는 상대방을 선택하라. 그리고 가장 먼저 그를 설득하라.

실행 : 부작용과 반대를 무릅쓰고 결행하라.

시끌벅적하고 요란해야 진보할 수 있다. 기업의 구조조정도 시끄럽게 마련이다. 그러나 그런 시끄럽고 요란함에도 불구하고 결행해야 하는 일이 있다. 수술대에서 의사가 상처를 도려내듯이 말이다.

　이와 같은 다섯 가지 절차를 체질화시킬 때 창조가 가능하고, 그렇게 창조된 것은 효용가치가 높아진다. 보이지 않는다고 존재하지 않는 것이 아니다. 성공하기 위해 필요한 것들 중 좀더 중요한 것은 보이지 않는 것들이다. 그러므로 다른 사람들이 반대하는 것, 꺼리는 것, 시도하지 않은 것에 집중하면 창조의 시작점이 보일 것이다.

변화에 적응하는 종만이 살아남는다

또 한 가지 창조를 위한 단초는, 과거의 성공을 해체하는 것이다. 성공을 바라는 많은 사람들이 과거와의 연결 끈을 놓지 못해 자신을 해방시키지 못하고 계속해서 액셀러레이터를 밟아댄다. 그러나 '내가 왕년에….' 하는 생각은 제일 먼저 갖다버려야 한다. 어깨에 힘 빼고 허파에 바람도 빼고 눈부신 '왕년'의 영광도 해체하라. 가슴을 열고 새로운 출발선 앞에 선 지금, 지나간 영광에 젖어 있을 시간이 없다.

　기업이든 개인이든 흥망성쇠를 살펴보면, 망하는 개인과 망하는 기업의 특징은 서로 닮은 데가 많다. 첫째, 망하는 회사는 겉으로는 '고객이 왕'이라고 떠들지만 결국 자기중심성에서 빠져나오지 못하여 고객이나 시장이 변화하는 속도를 앞서가기는커녕 따라잡지도 못한다. 둘째, 본말이 전도된 경우가 많다. 물이 나올 만큼 한 우물을 깊이 파보지도 않은 상태에서 소소한 성공에 기고만장해서는, 될 것 같은 여러 우물을 기웃거린다. 셋째, 당대에 단시일 내에 성공하려고 서두른다. 눈앞의 성공에만 연연해서는 장기적이고 위대한 성공을 이루어내기란 불가능하다.

리엔지니어링의 창시자이자 《리엔지니어링 기업혁명》의 저자인 마이클 해머 Michael Hammer는 "변화를 두려워하고 현재 상황을 유지하려는 사람들이야말로 가장 위험한 내부의 적이다."라고 말했다.

맥도널드의 아성을 무너뜨리고 세계 최대의 외식업체가 되겠다는 토종 프랜차이즈 기업인 '제너시스'. 이미 동남아시아와 미주의 입맛을 사로잡고 있는 BBQ 등 10여 개의 프랜차이즈를 확보하고 있는 기업이다. 제너시스의 윤홍근 회장은 '고객이 외면하면 살아남을 수 없다'는 원칙이야말로 가장 중요한 명제라고 말한다. 하루에도 수십 번씩 변화하는 고객의 입맛을 사로잡아야 하는 격전장이 바로 외식산업이기 때문이다. 그래서 '고객만족'에 기업의 사활을 걸고 끊임없이 조직 내에 각인시키려고 노력하고 있다.

웰빙 푸드의 열풍 속에서 '기름 걱정 없이 치킨을 즐기고 싶다'는 고객의 니즈에 부합한 BBQ의 전략은 '올리브유 치킨'의 탄생으로 이어졌다. 기름 원가부담이 무려 6배나 늘었지만 희생을 통해 고객의 이익을 높일 수 있다는 결단의 산물이었다. 제너시스의 이러한 행보는 고객의 소리와 기업의 비전을 일치시켜나가며 끊임없는 창조와 혁신을 모색하는 여러 기업들의 본보기가 되고 있다.

삼성전자의 윤종용 부회장은 다윈의 《진화론》에 나오는 다음 구절을 즐겨 인용하곤 한다.

"결국 살아남는 종은 강인한 종도 아니고, 지적 능력이 뛰어난 종도 아니다. 종국에 살아남는 것은 변화에 가장 잘 대응하는 종이다."

당신과 당신 조직은 어떤 종인가?

• Insight in Story •

잭 웰치 원칙 VS. 안티 잭 웰치 원칙

1. 시장에서 1등 또는 2등이 되어야 한다. → 틈새시장을 찾아 새로운 것을 추구하라.
2. 몸집을 키워야 산다. → 몸집보다 민첩함이 중요하다.
3. 주주가 왕이다. → 고객이 왕이다.
4. 내부 긴축 경영을 하라. → 안보다 외연 확장에 신경 써라.
5. 우수한 인재를 고용하라. → 열정 있는 직원을 고용하라.
6. 직원들의 실력을 중시하라. → 직원들의 영혼을 중시하라.
7. 강한 카리스마를 갖춘 CEO. → 용기 있는 CEO.

창조적 고통을 즐긴다,
프로 사관학교

"세상은 절대적으로 잘하는 사람을 원하지도 필요로 하지도 않는다. 그냥 남보다 조금만 더 잘하면 된다. 그런데 다른 사람보다 잘하고 있는지 아닌지를 어떻게 판단하느냐? 그것은 남보다 좀더 하는 것이다. 인간은 다 거기서 거기다. 내가 하고 싶은 만큼만 하고 그 선에서 멈추면 남들도 그 선에서 멈춘다. 그러므로 남들보다 약간의 괴로움이 추가되었을 때라야 비로소 노력이란 것을 했다고 할 수 있다." 남들보다 10분만 더, 남들보다 1미터만 더 달려보라. 당신이 힘들 땐 남들도 힘들고, 그들이 거기서 멈출 때 당신은 1%의 프리미엄으로 100%의 경쟁력을 창출할 수 있다. 한 뼘 차이는 사소해 보이지만, 그것이 바로 인생의 커브를 바꾸어놓는다.

PART 02
WINNING HABIT

인생도 비즈니스도
셀프 마케팅이다

우리는 자신이 생각하는 모습 그대로 된다. 정신은 삶을 조정하는 핸들이다.
— 얼 나이팅게일 Earl Nightingale, 미국의 자기계발 전문가

진정 무엇인가를 발견하는 여행은, 새로운 풍경을 바라보는 것이 아니라
새로운 눈을 가지는 데 있다.
— 마르셀 프루스트 Marcel Proust, 프랑스의 작가

일찍이 나폴레옹은 이렇게 말했다.

"오늘 나의 불행은 언젠가 내가 잘못 보낸 시간의 보복이다."

음미해볼수록 모골이 송연해지는 이야기다. 사람들은 자신의 불행에 대해 흔히 남보다 못한 환경을 탓하거나, 주변의 누군가의 방해와 잘못 때문이라고, 혹은 지독히도 운이 없어서 그렇다고 치부해버리는 습성이 있다. 그러나 자연의 법칙은 공평하다. 당신의 내일은 어제와 오늘 당신이 살아온 '결과물'이라 하겠다. 간혹 부정한 방법으로 일확천금을 거머쥔 사람이나, 악한 사람이 떵떵거리고 잘 사는 것을 보면서, 혹은 정말로 열심히 사는데도 계속 불운만 겹치는 사람들을 보면서 우리는 세상이 공평하지 않다고 쉽게 말한다. 하지만 그것은 겉모습만 보고, 혹은 지금 눈앞에 펼쳐진 당장의 결과만 보고 내리는 우리들의 잘못된 판단이다. 인생은 언제나 진행형 아닌가.

필자 역시 적지 않은 세월을 살아오면서 제대로, 열심히, 현명하게 살아온 이들이 잘못되는 것은 본 적이 없다. 그들이 비록 엄청난 부나 명예를 축적하지는 못했다 하더라도 그들의 일상은 당당하고 평온하며 행복하다. 그리고 시간이 흐르면 노력과 인내에 합당한 성공과 명예, 분에 넘치지 않는 적당한 부도 누리게 된다.

죽어서만 천당에 가고 지옥에 가는 게 아니다. 우리가 오늘 한 일이 장차 우리를 천당으로, 혹은 지옥으로 데리고 간다. 성경에서도 말하지 않았던가! "뿌린 대로 거둘 것이다."

일본의 저명한 한 대학교수는 자신의 책에서 도산하는 기업과 살아남는 기업의 차이를 거론했는데, 의외로 '운'이 큰 영향을 미친다고 했다. 경영학이나 경제학의 논리로는 도무지 해석할 수 없는 이 '운'이라는 결정적인 변수가 성공과 실패, 길흉화복에 영향을 미친다는 것이다. 그게 말이 되느냐고 반문하고 싶지만, 실제로 우리 주변을 둘러보면 그 말을 인정할 수밖에 없을 때도 분명 있다.

하지만 이 '운'조차도 어떤 시각으로 보느냐는 사람에 따라서 천양지차다. 자신에게 일어나는 모든 일과 사건, 사고, 환경을, 어떤 이는 늘 긍정적으로 해석하고 어떤 이는 늘 부정적으로 해석한다. 어쩌면 성공한 사람들은 실제로 그리 운 좋은 편이 아닌데도 그것을 스스로 좋은 운으로 만든 사람들인지도 모른다. 범부들이 '성공하면 내 실력, 실패하면 운이 나빠서'라고 투덜거릴 때, 그들은 '성공하면 운이 좋아서, 실패하면 내 실력 탓'이라고 말할 줄 아는 사람들이다.

그런 의미에서 마쓰시타 고노스케는 정말로 탁월하고 존경할 만한 분이다. 마쓰시타 전기공업을 창업한 그는 경영의 신神이자, 일본 국민이 가장 존경하는 경제인이다. 그 분이 얘기하는 '내가 성공한 이유 세 가지'는 우리가 어떻게 인생을 바라보고 어떤 삶의 태도를 가져야 하는지 깨닫게 해주며 읽는 이의 가슴을 숙연하게 만든다.

> 나는 하느님이 주신 세 가지 은혜 덕분에 성공할 수 있었다.
> 첫째, 집이 몹시 가난해서 어릴 적부터 구두닦이, 신문팔이 같은 고생을 하였고, 이를 통해 세상을 살아가는 데 필요한 경험을 많이 얻을 수 있었다.
> 둘째, 태어났을 때부터 몸이 몹시 약해서 항상 운동에 힘썼으므로 늙어서도 건강하게 지낼 수 있게 되었다.
> 셋째, 초등학교도 못 다녔기 때문에 세상 모든 사람들을 스승 삼아 질문하며 열심히 배우는 일을 게을리 하지 않았다.

누가 마쓰시타의 이 이야기를 듣고 자신의 환경을 탓하고, 자신의 운을 탓할 수 있겠는가? 사람은 자신의 삶을 지배하고 통제하는 만큼 행복해질 수 있다. 최악의 믿음은 희망을 포기하는 믿음이다. 이런 믿음은 삶을 통해 대부분 잘못 형성된 것인데, 자신을 일정 수준 이하의 사람으로 머물게 한다. 남보다 지능이 부족하다, 창조적이지 못하다, 인격이 부족하다, 의사소통능력이 떨어진다, 돈 버는 능력이 부족하다… 등등 자신을 한계지우는 믿음을 갖게 되면, 그 결과 자신을 끊임없이 폄하하고 어떤 목표를 세우든 조그만 장애물만 나타나도 쉽게 포기하게 된다. 더욱 나쁜 것은 주변 사람들에게 스스로 자신이 무능한 사람이라고 말하는 사실이다. 이쯤 되면 당신의 믿음이 당신의 현실이 된다. "당신은 당신 본연의 모습이 아니라 당신이 생각하는 모습으로 존재하게 된다."

　내 몸값은 나 아닌 그 누구도 올려주지 않는다. 심한 말로 소나 돼지는 죽어서도 자신의 몸 값을 받아 그 동안 보살펴준 주인의 은덕에 보답할 수 있지만, 사람은 죽고 나면 고작 한 줌 재만 남을 뿐이다. 인간의 몸값은 살아 활동할 때만 그 진가를 발휘한다. 그렇지만 우리들 대부분은 자신의 가치를 높이기 위해 전력을 기울여 노력하기보다는 마냥 바쁘고 정신없는 상태로 하루하루 허덕거리며 시간을 보내는 게 사실이다. 그러다가 어느 날 그러한 사실을 문득 깨닫고, 더 이상 돌이킬 수 없는 자신의 젊은 날을 아쉬워하며 다시 붙들어보겠다고 야단법석을 떤다.
　그러므로 시간이 있을 때, 기회를 만났을 때 자신의 가치를 높여야 한다. 사람은 누구나 세상에 태어남과 동시에 '필요와 충족'이라는 사이클에 따라 살아간다. 갓난아기조차 엄마 젖을 한 번이라도 더 얻어먹기 위해 있는 힘을 다해 울고 보챈다. '필요'하다고 목청껏 외쳐야만 엄마도 아기의 필요를 젖으로 '충족'시켜주기 때문이다. 어미 새도 둥지 속에서 배고프다고 입을 벌리고 있는 새끼들을 보고 입을 크게 벌리는 순서대로 배고픔을 채워준다고 한다. 입을 더 크게 벌리고 더 보채는 새끼가 더 배고픔이 절박하다고 어미는 판단하기 때문이란다.

동물의 세계에서도 필요와 충족의 사이클이 이처럼 냉혹한데 하물며 인간사와 비즈니스의 세계는 어떻겠는가?

비즈니스의 세계는 끝없는 경쟁의 현장이다. 가히 전쟁이라 부름직하다. 자기 자신과의 치열한 싸움, 집단 내에서의 보이지 않는 경합, 사업영역을 확대하고 부가가치를 높이기 위한 성장경쟁 등 우리네 삶은 어느 한 순간도 경쟁의 장을 벗어날 수 없다. 어떤 형태로든지 경쟁의 논리 안에서 움직이는 것이다.

결국 인생 여정은 어찌 보면 끊임없이 자기 자신을 마케팅 하는 과정이라고도 볼 수 있다. 그러니 하루라도 빨리 시장을 선점하고 마케팅 포지션에서 우위를 차지하기 위해 자신의 강점을 파악하고 그것을 바탕으로 자신의 가치를 높여 나가는 자기 스스로에 대한 마케팅 활동을 강화해야 한다.

인생은 셀프 마케팅의 연속

우리는 흔히 '마케팅'이라고 하면 생산자가 상품 또는 서비스를 소비자에게 유통시키는 데 관련된 일련의 경영활동이라고만 생각한다. 그러나 우리 삶은 누군가와의 관계 속에서 이루어지고, 나라는 상품을 마케팅 한 '결과물'이라 해도 과언이 아니다. 결국 인생이란 끊임없는 셀프 마케팅의 연속으로 그 결과에 따라 행복과 불행이 결정된다고 하겠다.

생각해보라! 이 세상에 마케팅 아닌 게 어디 있는가! 미팅, 데이트,

연애, 그리고 결혼에 이르기까지 남자와 여자는 끊임없이 자신을 사달라고 상대에게 마케팅 활동을 한다. 설령 한쪽의 일방적인 구애처럼 보이는 경우에도, 그를 애타게 하는 상대방은 사실 한 단계 더 높은 고단수의 마케팅 전략을 구사하고 있는지도 모른다. 물론 자기도 모르게, 의도하지 않았는데도 그렇게 된 것인지 모르지만, 어쨌든 그를 더 가슴 설레게 하고 더 애타게 해서 더 비싼 값에 자신을 구매하도록 유도하고 있는 것이다. 결혼생활이 중도에 깨지는 것도 '이제는 마케팅을 할 필요가 없다'고 방심한 데서 비롯된 갈등 때문이 아닐까? 하물며 직장생활이나 비즈니스는 두말해 무엇 하랴!

치열한 경쟁 속에서 스스로를 훌륭한 상품으로 포장하고 가치를 상승시키는 셀프 마케팅 노력을 소홀히 한다면 당신이 설 자리는 점점 더 좁아지고 말 것이다.

셀프 마케팅의 성공요인은 기본적으로 자기 자신의 능력을 개발하고 필요한 역량을 갖추는 것에 더해 다른 사람과의 관계를 어떻게 형성하느냐에 달려 있다. 이러한 셀프 마케팅을 위한 이미지는 내면에서부터 창조되므로 기품과 지성이 저절로 흘러나오도록 부단히 자신을 고양시켜야 한다.

한국 L&B연구소 김학선 소장이 펴낸《키다리아저씨의 셀프 마케팅》이라는 책에서도 '나'를 팔리는 상품으로 만들기 위해서는 '나'라는 제품 자체가 주목받을 수 있도록 전문성과 상품성을 두루 갖춰야 한다고 주장한다. 저자는 특히 자신의 인생에 새로운 테마를 꿈꾸거나 지금 자신의 분야에서 한 단계 더 올라가 성공에 좀더 가까이 가고자 하는 사람이라면, 지금 당장 '전공서적 100권 읽기'부터 실행하라고 요구한다.

이 같은 내면적인 교양을 바탕으로 자기 자신을 셀프 마케팅 하는 데 필요한 기본적인 태도는 무엇일까?

외모는 가장 기초적인 마케팅 수단

당연한 얘기지만, 가까이 하고 싶고 자주 만나고 싶은 사람들은 자신의 외모에 나름대로 신경을 쓰고 열심히 가꾼다. 사과 한 알을 사더라도 좀더 반듯한 모양에 빛깔도 좀더 고운 것으로 고르는 게 당연하지 않은가? 외모는 가장 기초적인 마케팅 수단이다. 요즘 사람들은 외모지상주의다 뭐다 하면서 대부분 자신의 외모를 가꾸는 데 지나칠 정도로 집중하고는 있지만, 단순히 예쁘고 잘생겨 보이는 것이 전부는 아니다. 천편일률적인 예쁜 얼굴, 잘생긴 외모를 넘어서서 마케팅적인 '포장' 전략이 필요하다.

예를 들어 요즘 젊은 여성 직장인들 중에는 자신이 비즈니스 우먼인지, 쇼 프로에 나오는 연예인인지 분간을 못하고 무조건 유행을 좇아 화려하게 꾸미고 다니는 사람들이 많다. 그렇다고 꼭 고리타분한 비즈니스 정장만을 입으라는 얘기는 아니다. 다만 너무 요란스런 옷차림은 상대방으로 하여금 자칫 실제 자신의 업무능력이나 일에 대한 열정 등을 평가절하하게 만들 수도 있다는 얘기다.

사람들이 상대를 평가하는 데는 시각적인 이미지가 상당히 중요한 요소로 작용한다. 게다가 많은 사람들의 머리 속에는 이미 일정한 이미지들이 저장되어 있다. 넥타이를 맨 말끔한 정장 차림의 남자는 지적이고 능력 있는 사람이라는 이미지가 떠오른다. 또한 날씬한 검정 투피스 차림의 여성은 유능한 커리어 우먼의 상징이기도 하다. 많은 영화와 드라마들이 알게 모르게 그런 이미지를 우리 머릿속에 각인시켜 놓았는지도 모르겠다. 어쨌든 그런 연상작용 때문에 우리는 어쩔 수 없이 첫눈에 얼굴 생김새, 헤어스타일, 옷차림 등으로 상대를 짐짓 평가하게 되는 것이다.

그러므로 자신의 스타일이나 개성을 충분히 고려하되, 자신이 하는 일과 자신이 만나는 고객을 철저히 분석해 염두에 두고 '외모 가꾸기 전략'에 접근해야 할 것이다. 물론 너무 천편일률적이거나 구태의연한 스타일도 개성이 없어 보이거나 평범해 보일 수 있다. 그래서 때론 전혀 예상 밖의 파격적인 옷차림이 깊은 인상을 남기는 경우도 있다. 빨간 나비넥타이에 연미복 차림으로 자동차를 팔러 다니는 현대자동차의 판매왕 최진성 씨나 청바지를 입고 출근하는 CEO로 CF에까지 출연했던 모 회사의 대표가 그런 경우다.

요지는 설령 티셔츠에 청바지 하나를 입더라도 '전략적'으로 입어야 한다는 것이다. 즉 오늘은 왜 이런 차림이 좋은지, 오늘 만날 고객에게 어떤 인상으로 어필해야 할지, 다른 동료들에게는 내가 어떻게 보일지, 이 스타일이 나를 더욱 돋보이게 해주는지 아닌지 등을 충분히 고려한 최선의 선택이어야 한다는 것이다. 걸음걸이나 자세, 말씨, 표정 등도 마찬가지다.

인정하고 싶든 아니든 우리의 외모는 제품의 포장과 같아서 일단 상대를 선택하고 평가하는 데 많은 부분을 차지한다. 직장에 출근을 하거나 거래처에 사람을 만나러 가는데 아무 생각 없이 대충 챙겨 입고 나가는 사람은(일부러 안 꾸민 것처럼 수수하게 하고 나가는 것이 일종의 전략일 때도 있지만) 일단 총도 안 들고 전쟁터에 나가는 군인과 다를 바 없다. 그런 사람치고 일 잘하는 사람, 성공하는 사람 못 봤다. 한 번만 만나도 깊은 인상을 주는 사람, 가까이하고 싶고 만나고 싶은 사람으로 자신을 고양시켜야 한다. 그것이 일단 20%는 확보하고 들어가는 당신의 경쟁력이다.

이 세상에 둘도 없는 '나'라는 스페셜리스트

남들이 다하는 것, 남들과 비슷한 것을 가지고는 당신을 어필할 수 없다. 형제끼리도 부모님께 인정을 받으려면 차별화된 전략을 구사하며 경쟁한다. 돈 많은 형이 이것저것 해드리며 부모님의 환심을 사려 들면, 돈 없는 아우는 선물 대신 세심한 배려와 사근사근한 애교로 부모님의 인정을 받으려 할 것이다. 만약 돈 없는 아우가 형처럼 하려고 한다면 등골이 휘든지, 아니면 흉내만 내다가 별 소득도 못 얻고 포기하고 말 것이다.

직장에서도 상사의 인정을 받고 싶다면 다른 동료들이 할 수 없는 일을 하라. 당연한 얘기지만 아무도 할 수 없고 누구도 해주지 않는 일을 해냈을 때 인정받게 된다. 특별한 능력이 없다면 하다못해 매일 아침 제일 일찍 나와서 상사와 동료들의 책상을 깨끗이 치우는 일이라도 해보라. 그건 쉬운 일이긴 하지만 아무나 할 수 있는 일은 아니다. 최소한 당신은 회사에서 제일 일찍 오는 사람, 다른 동료들을 위해 봉사하는 사람이란 타이틀을 거머쥘 수 있을 것이다.

대개 많은 직장인들이 자기계발을 한다고 남들이 하는 것을 이것저것 다 따라하는 경향이 있다. 하지만 짧은 인생에서 모든 것을 다 할 수도, 잘할 수도 없다. 그러니 자신이 가장 잘할 수 있는 것, 자신이 가지고 있는 강점을 최대한 개발하고 부각시킬 수 있는 것에 집중해야 한다. 특히 지식정보화사회에서는 두루두루 적당히 잘하는 사람보다는 스페셜리스트를 원한다. 한 가지라도 똑 부러지게 잘해보라. 이 분야만큼은 내가 최고가 된다는 각오로 끊임없이 자신을 조련하라.

그러기 위해서는 자신의 강점과 약점을 냉철하게 파악할 필요가 있다. 자신이 새로운 아이디어를 내는 데 적합한 사람인지, 세일즈를 하는 데 적합한 성향인지, 무언가 만드는 데 소질이 있는 사람인지 들여다보라. 사람을 만나서 설득하는 것만큼은 자신이 있는지, 아니면 혼자 골방에 틀어박혀 무언가를 창조해내는 게 즐거운지 생각해보라. 신은 공평하게도 우리 모두에게 남이 가질 수 없는 나만의 특기 한두 가지는 다 부여했다고 한다. 그러나 우리 스스로가 어떤 특기를 받았는지 못 찾고 있을 뿐이다.

남들과 다른 1% '프리미엄' 전략을 가져라

자신이 하는 일에서 남들과 차별화될 수 있는 나만의 다른 길이 없는지를 항상 모색해봐야 한다. 언제든 '다른 방법, 다른 상품이 있다'는 것을 기억하라. 아주 미미한 일일지라도 누구도 손대지 않은 새로운 영역을 찾아내야 한다. 이것은 상품개발에만 해당되는 얘기는 아니다. 내가 제공하는 서비스, 배달, 설치, 심지어 청소 하나에도 이 세상에 없는 고객만족 신기록을 갱신한다는 기분으로 접근해보라. 남들이 다 '이만하면 괜찮다'고 할 때도 '아니다'라고 외칠 수 있는 마음의 코드를 가져야 한다.

'법조계의 팔방미인'이라는 별명을 가진 고승덕 변호사는 본업인 변호사 활동뿐만 아니라 방송인으로, 대학교수로, 1인 4~5역을 하면서도 항상 활력과 자신감에 차 있다. 고 변호사는 자신이 그 어려운 사법고시에 도전할 때의 마음가짐을 이렇게 들려준다.

"세상은 절대적으로 잘하는 사람을 원하지도 필요로 하지도 않는다. 그냥 남보다 조금만 더 잘하면 된다. 그런데 다른 사람보다 잘하고 있는지 아닌지를 어떻게 판단하느냐? 그것은 남보다 좀더 하는 것이다. 인간은 다 거기서 거기다. 내가 하고 싶은 만큼만 하고 그 선에서 멈추면 남들도 그 선에서 멈춘다. 그러므로 남들보다 약간의 괴로움이 추가되었을 때라야 비로소 노력이란 것을 했다고 할 수 있다."

정말 멋진 말이 아닌가! 남들보다 10분만 더, 남들보다 1미터만 더 달려보라. 당신이 힘들 땐 남들도 힘들고, 그들이 거기서 멈출 때 당신은 1%의 프리미엄으로 100%의 경쟁력을 창출할 수 있다. 한 뼘 차이는 사소해 보이지만, 그것이 바로 인생의 커브를 바꾸어놓는다.

자신을 마케팅 하는 데 있어서 무엇보다 중요한 요소는 '할 수 있다'는 내부의 신념이다. 많은 사람들이 성공하지 못하는 이유는 대부분 '성공'이 엄청나게 대단한 것, 나와는 거리가 먼 것이라고 규정하고 있기 때문이다. 성공이 자신에게 주어진 당연한 권리라고 생각하고 당당하게 앞으로 나아가라.

자기 자신을 팔 수 없다면, 이 세상의 어떤 것도 팔 수 없다.
먼저 자신을 이기는 상품으로 만들어라.

• *Insight in Story* •

운이 없어서 성공을 못한다고?

어느 날 부산에 있는 모 대리점 사장이 "저는 돈 벌 운이 없나 봅니다. 뭘 좀 해보려 해도 규모가 큰 다른 지점들에 비해 성과도 쉽게 오르지 않고, 매월 적자가 계속돼서 심한 정신적 고통을 받고 있습니다." 하고 고민을 털어놓았다.

월 평균매출이 3억 원이나 되는 100평 규모의 매장을 경영하는 사람이 할 말은 아닌 것 같았다. 그래서 필자는 잔소리 아닌 잔소리를 하게 됐다. "매장이 크다고 운이 좋아진다거나 매출이 올라가는 것은 아니지 않습니까? 매장도 하나의 생명체인데 제품에 먼지가 뽀얗게 쌓여 있고 살아있는 것 같지 않다면 누가 좋아하겠습니까? 이렇게 매장이 공동묘지 같아서야 어디 사람이 꼬이겠습니까? 운은 내가 만드는 것입니다. 기회는 누구에게나 찾아오는데 결국 그것을 좋은 운으로 바꾸는 사람은 '친절한 태도와 긍정적인 마인드, 해박한 지식으로 무장한 사람'이 아니겠습니까? 상품을 파는 것이 아니라 고객에게 꿈을 드리는 행복의 설계자라 생각하고 작은 것부터 최선을 다해 정성을 기울여보십시오. 그리고 어느 정도 이익이 나면 그 이상의 이익은 단골 고객에게 나누어주십시오. 나누어주다 보면 반드시 다시 돌아올 것입니다."

몇 마디 자문을 듣고 그 대리점 사장은 자신이 그 동안 잊고 있었던 소중한 진리를 상기하고는 초심으로 돌아가리라 결심하는 모습이었다. '마케팅 전쟁'의 시대라 할 만큼 고도의 상술이 발달된 요즘도 과거와 변함없이 동일한 것이 있다면, '우연'을 나의 노력으로 '행운'으로 바꿀 수 있다는 것이다.

이기는 습관 06

세상에 없는 오직 하나, 제안서 한 장도 차별화하라

진정한 천재란, 비범한 일을 수행하는 능력을 가진 자가 아니라 평범한 일을 비범하게 수행하는 능력을 가진 자를 말한다.
- 루이스 윌턴 Louis H. Wilton

존재하는 모든 훌륭한 것은 독창력의 열매이다.
- 존 스튜어트 밀 John Stuart Mill, 영국의 철학자이자 정치경제학자

모리타 아키오는 1946년 폐허가 된 도쿄 시내의 불타버린 백화점에서 자본금 19만 엔, 사원 20여 명의 구멍가게인 '도쿄통신공업'을 설립하였다. 당시 그의 나이는 고작 25세였다. 그러나 그는 이미 차별화된 제품의 경쟁력을 간파하고 있었다. 그는 창립 인사말에서부터 이렇게 말했다.

"큰 기업들이 하는 것을 흉내 내서는 절대 이길 수 없습니다. 우리는 큰 기업이 할 수 없는 일을 해야 합니다. 우리에게는 돈이나 기계는 없지만 머리와 기술이 있습니다. 이것을 활용하면 못할 것이 없습니다. 뛰어난 머리와 기술을 고작 다른 회사들이 하고 있는 일을 흉내 내고 추종하는 데 쓴다면 길이 열리지 않을 것입니다. 다른 사람이 하지 않는 일을 합시다. 그리고 조국 부흥에 기여합시다."

이렇게 출범한 도쿄통신공업은 설립 다음 날부터 전 직원이 전력을

다해 뛰기 시작하였다. 그 후 수많은 시련이 있었지만 다른 사람들이 만들지 않는 것을 만들자는 모토로 신상품 개발에 박차를 가한 결과, 전례가 없는 신제품을 끊임없이 시장에 내놓고 있다. 1958년 창업 12년 만에 도쿄통신공업은 회사명을 수출상품명으로 사용되던 '소니 sony'로 바꾸었고, 70년에는 일본 기업 중 최초로 뉴욕 증권시장에 주식을 상장함으로써 '세계의 소니'로 발돋움하게 되었다. 이렇듯 소니의 역사는 끊임없는 '차별화'의 역사다.

대졸 신입사원 채용을 위해 면접위원으로 참여할 때면, 필자는 몇 가지 필수적인 질문을 빠뜨리지 않는다. 그 질문은 다음과 같다.

- 1분 이내로 본인 PR을 해보시오.
- 10년 후 본인의 자화상은 어떤 모습이겠는가?
- 평생직업과 평생직장 중 어느 쪽을 지지하는가? 왜 그 쪽을 지지하는가?
- 학창시절 가장 몰입했던 것은 무엇이고, 그 과정을 통해서 본인이 얻은 것은 무엇인가?

요즘 대졸 신입사원 응시생들은 나름대로 면접준비를 철저히 하기 때문에 거침없이 활기차게 대답들을 잘한다. 하지만 왠지 대부분의 대답들이 판에 박힌 듯 비슷비슷하다. 소위 면접용 모범답안이라고나 할까? 다른 지망생들과 확연히 차별화된 대답이나, 나름대로의 가치관이 확립되어 있는 대답은 거의 찾아볼 수가 없다.

보고서·제안서 한 장도 예술작품처럼

마케팅에서 가장 핵심적으로 강조하는 문장은 바로 '전략을 차별화하라'는 것이다. 차별화 포인트를 찾아내는 것이야말로 경쟁에서 승리하기 위한 필수 불가결한 요소이기 때문이다. 이제는 평생직장이 아니라 평생직업의 개념이 자리 잡으면서 개인의 삶이든 비즈니스든 고도로 전문화되고 있기 때문에, 차별성은 더더군다나 생존에 필수적인 항목이 되고 있다.

필자는 최근에 50억 원 이상의 비용투자가 발생하는 신규 사업 프로젝트의 도입을 검토한 적이 있었다. 이미 개발된 완제품의 독점판매권을 체결하고, 계약과 동시에 20억 원 정도의 물량을 매입해야 하는 일이었다. 처음 접해보는 영역이라 사업의 미래성과 독창성, 안정성, 발전성 등을 주도면밀하게 검토해야 했다. 신중을 기하기 위해 두 개 팀에 시장조사 및 검토를 의뢰했다.

일주일 정도가 지난 후 첫 번째 팀에서 두 장짜리 시장조사 보고서와 도입 타당성 검토서가 올라왔다. 요지는 "너무 좋은 프로젝트다. 우리나라에는 이런 아이템이 없었으므로 성공할 것 같다. 다른 업체가 끼어들기 전에 독점계약을 추진할 필요가 있다."라는 것이었다. 필자는 "가격 경쟁력은 어떤가, 유사상품은 어떤 것이 있고, 판로는 어디가 적정하며, 재고 가용성과 구체적인 소비자들의 상품반응은 어떠한가?" 하고 세부 자료를 요구했다. 그랬더니 답변이 "그 부분에 대해서는 아직 조사를 못했다. 좀더 조사해보겠지만 이것저것 재다가 놓치면 큰일이니 속히 도입하는 것이 좋겠다."라는 것이었다.

같은 날 두 번째 팀도 보고서를 제출했다. 놀랍게도 두 번째 팀의 결론은 정반대였다. "도입하면 안 된다. 다른 유사제품들도 이미 많이 나와 있고, 그 제품들에 비해서도 가격경쟁력이나 품질경쟁력이 현저히 떨어진다. 게다가 우리 회사에만 거래제안을 한 것이 아니라 이미 다른 파트너들을 찾다가 여러 차례 실패했다는 정보도 얻었다." 조사 기간은 같았지만 후자는 각각의 증빙자료와 참고자료를 포함하여 논리를 지지해주는 구체적인 근거까지도 체계적으로 제시했다. 투자에 있어서 수반될 리스크에 대해 체계적으로 분석하고 적절한 의사결정을 했다는 면에서도 두 번째 팀이 돋보였지만, 무엇보다 감탄한 것은 더 이상 물어볼 것이 없을 만큼, 경영자가 주문한 그 이상까지 샅샅이 조사했다는 것이었다. 더욱이 그 팀은 사실 이 신규 프로젝트와 무관한 업무를 하고 있는 팀이었다.

차별화! 보고서나 제안서 한 장까지도 작품으로 승화시켜야 한다. 그저 일을 하는 데서 그치는 것이 아니라, 남이 따라 할 수 없는 수준까지 끌어올려야 비로소 일이 '예술'이 되는 경지에 오르게 된다.

차별화는 남과 다른 생각, 남과 다른 가치창조를 하는 데서 비롯된다. 《블루 오션 전략》의 저자인 김위찬 교수는 〈하버드 비즈니스 리뷰 Harvard Business Review〉지에 기고한 글에서 새로운 가치 창조란 감축, 향상, 제거, 창조의 사이클을 시행하는 것이라고 역설한 바 있다. 즉 감축(업계 수준 이하로 낮추어야 할 요소), 향상(업계 표준 이상으로 높여야 할 요소), 제거(업계에서 당연하게 생각하는 요소 중 제거해야 하는 것), 창조(업계에서 제공한 적이 없는 요소 중 새롭게 창출해야 하는 것), 이 네 가지 기준을 통해 끊임없이 자기 분야를 재해석해나가면 새로운 '가치'가 그 포문을 열어 보여준다는 것이다. 그가 논문에서 제시한 사례를 간략히 소개해보겠다.

1980년대 중반, 프랑스의 버젯(Budget, 중급)호텔 산업은 공급과잉과 불경기 속에서 불황에 허덕이고 있었다. 아코르^{Accor} 사의 공동 회장인 폴 뒤브륄$^{Paul\ Dubrule}$과 르가드 펠리송$^{Rerard\ Pelisson}$은 경영진들에게 기존의 통념을 깨고 완전히 기본에서 다시 출발해 고객을 위한 가치를 비약적으로 향상시킬 전략을 모색하라 지시했다. 그 결과 1985년, 아코르 사는 버젯호텔 체인망인 '포뮬^{Formule} 1'을 발족시켰다.

당시의 버젯호텔 시장은 두 가지로 양분돼 있었다. 하나는 낙후한 시설에 60~90프랑 정도의 저렴한 숙박료를 받던 저급 시장과 다른 하나는 별 두 개에 평균 200프랑 정도의 숙박비를 받는 중급 호텔 시장이었다. 저급 호텔을 선택한다면 지저분한 객실이나 소음쯤은 고객이 감내해야만 했다. 아코르 사는 고객이 원하는 것이 '저렴한 가격+쾌적한 숙박'임을 착안했다. 그리고 앞의 김위찬 교수가 정리한 것과 유사한 질문을 자사의 서비스를 향해 던졌다. 그 결과 고객이 원하지 않는 불필요하거나 형식적인 서비스나 호텔 간의 과당경쟁으로 인한 설비투자를 과감히 줄이고, 대신 고객이 숙박시설에 대해 실질적으로 원하는 것(청결한 침대, 조용함)만을 핵심적으로 만족시키면서도 숙박비는 저렴한 호텔을 탄생시켰던 것이다.

그렇게 탄생한 '포뮬 1'에는 값비싼 식당이나 화려한 라운지가 없다. 객실에도 불필요한 책장이나 장식품, 사무용품을 없애고, 옷장도 간소한 옷걸이로 대신했다. 또 데스크에서 직원이 일일이 입실이나 퇴실 수속을 해주지 않고 고객이 직접 하도록 했다. 하지만 고객이 원하는 것, 즉 쾌적한 숙박을 위해서 침대만은 특급호텔보다 훨씬 좋은 것을 설치하고 훨씬 청결하게 관리했다. 또 객실은 모듈 방식으로 설계해 공간의 효율을 높이되 객실 간 소음은 최소화했다. 그 결과 건축비와 인건비가 모두 줄어 숙박비는 최소화하되, 고객이 원하는 '쾌적한 숙박'이라는 요소는 침해받지 않도록 한 것이다. 이를 통해 저급호텔(=낮은 가격, 불쾌한 시설)도, 중급호텔(=높은 가격, 쾌적한 시설)도 아닌, 고객들이 가장 바라는 전혀 새로운 호텔체인, 포뮬 1(=낮은 가격, 쾌적한 숙박)이 탄생한 것이다.

나만의 강력한 무기, 차별화의 조건

차별화! 이처럼 자기 자신으로 하여금 세상에서 유일한 경쟁우위를 가질 수 있게 만드는 강력한 무기가 바로 차별화다. 그렇다면 '차별화'의 조건에 대해서 살펴보자.

이 세상에 없는 것에서부터 출발하라

불과 30년 전만 하더라도 뮤추얼 펀드니 휴대전화니 하는 것은 이 세상에 존재하지도 않았다. 그 어디에도 없던 것의 가능성을 포착해내는 것. 이것이 차별화의 제1포인트다.

　삼성에서 마케팅 팀장을 맡고 있을 때였다. 당시 세탁기 시장은 가전 3사 외에도 다른 업체들까지 끼어들어 치열한 각축전을 벌이고 있었다. 공장의 연구실에서 연구원들과 함께 밤을 새워가며 신상품 기획에 대해 갑론을박을 벌였다. 그러면서 나온 아이디어가 '이 세상에 없는 상품, 그러나 고객이 원하는 상품을 만들자'는 것이었다. 그 단 하나의 질문을 가지고 몇 주간을 씨름한 결과 도출된 의견이 '세탁이 되고 있는 모습을 언제든 확인할 수 있는 투명창'이었다. 지금은 대부분의 세탁기에 투명창이 달려 있지만, 당시만 해도 이것은 상당히 파격적인 아이디어였다. 당연히 그때 우리가 개발한 제품은 고객들의 인기를 한 몸에 얻었고 타사 제품을 따돌리고 선두에 설 수 있었다.

기존에 있던 것에서 무언가를 추가하거나 삭제하라

　고객이나 비즈니스 파트너를 상대로 진행하는 일에서 할 수 있는 차별화란 대개 다른 사람과 유사성을 지니되 한두 가지 요소를 추가하거나 삭제하는 것이다. 그렇게 함으로써 자신을 충분히 인상적으로 어필할 수 있다.

　조그마한 사업을 하다가 IMF라는 풍파를 만나 완전히 파산하고 좌절에 빠져 있던 34세의 젊은 가장이 판매사원을 모집한다는 광고를 보고 찾아왔다. 이정훈 씨. 명문대학의 전자공학과를 졸업한 수재였다. 면접에 무사히 통과하여 판매사원으로 채용되기는 했지만, 그는 여러

지점을 도는 동안 계속해서 성과를 내지 못하고, 늘 경쟁자보다 한 발 늦어 실패에 실패를 거듭하고 있었다. 어느 날 필자는 그를 불러 자초지종을 물었다. "정말 열심히 일했습니다. 밤 12시까지 고객과 상품에 대해서 연구하고 필요한 자료라면 달달 외울 정도로 말입니다."

하지만 대화를 나누다보니 그에게서 아주 중요한 결함을 발견할 수 있었다. 그가 고객에게 제출한 제안서에는 자기만의 독창성이 없었다. 그저 이쪽의 일방적인 메시지일 뿐 경쟁사와의 차별점이 전혀 드러나 있지 않았고, 제안서의 구성 자체에서도 자신만의 전문성이 두드러지게 나타나 있지 않았다. 필자는 그에게 '경쟁사에 대해서 좀더 깊이 연구해보고, 고객 관점에서 무엇을 차별화된 특징으로 부각시켜 제안할 것인지 검토해서 일주일 후에 보고하라'고 지시했다.

일주일 후, 그는 자기가 제안할 상품에 대해 별도로 자기만의 카탈로그를 만들어왔다. 경쟁사의 상품정보가 가지런히 비교되어 있었고, 제조부서와 연구 개발실까지 들러서 상품의 강점을 완벽하게 이해한 후 고객 제안서를 만들어온 것이다. 특히 가격과 기능에만 초점을 맞추었던 기존의 제안서와는 달리 내부 도면까지 보여주면서, 장기적인 관점에서 경쟁사 제품에 비해 우리 제품이 훌륭한 점, 호환성 측면이나 업그레이드 측면에서도 강점을 가졌다는 점, 다른 기기와 다양하게 연결시켜 사용할 수 있다는 점 등 새로운 관점을 담은 분석 포인트가 돋보였다. 그 후 그의 실적은 슬슬 올라가더니 곧 영업점에서 1등 자리를 차지했다.

항상 남들과 비교해서 무엇을 차별화시켜서 어필할 것인지 고민하는 습관을 갖게 된 이정훈 씨는 그렇게 해서 선순환 사이클에 성공적으로 진입하게 되었다.

껍데기가 아니라 속 깊이 파고드는 속성이 있다

껍데기만 새것으로 바꾸었다고 해서 차별화되는 것은 아니다. 고객은 껍데기만으로는 절대 차별성을 인정하지 않는다. 본질적으로는 기본에 충실하면서도 깊이 있는 고민을 거친 차별화, 이것이 고객이 인정하는 차별화의 가장 중요한 속성이다.

고급 PDP, LCD 등 AV기기에 있어서 단일 개인매장으로는 가장 많이 판매하는 사람인 이경준 과장. 그는 고객상담을 통한 판매성공률이 90%를 상회하는 우수 영업사원이다. 대체 어떻게 하면 그처럼 고급 텔레비전을 많이 판매할 수 있는지, 비결이 궁금하여 이틀 동안 이경준 과장과 같이 생활해보았다. 얼핏 보기엔 다른 사람과 큰 차이가 없어 보였다. 남들보다 특별히 일찍 출근하고 늦게 퇴근하는 것도 아니었다. 아니 사실 윗사람 눈치는 아랑곳 하지 않고 칼같이 출퇴근 하는 바람에 다른 동료들의 눈총을 받을 정도였다. 그러나 그가 판매왕의 경지에 이르기까지 나름대로의 차별성을 갖기 위해 얼마나 혼신의 열정을 다했는지는 의외로 보이지 않는 곳에서 드러났다.

그는 음악, 영화, 오페라에 대해서라면 거의 마니아 수준으로 철저하게 공부하고 있었다. 자신은 단순히 텔레비전을 파는 사람이 아니라 텔레비전이나 홈시어터를 매개로 사람들이 '고급 문화상품'을 만족스럽게 즐길 수 있는 환경을 구성해주는 컨설턴트라 여긴 것이다. 그래서 남다른 하드웨어의 힘을 물씬 느낄 수 있는 웅장한 영화나 음악, 오페라 장면을 모아 자기만의 DVD로 편집해서 그것을 고객들에게 실제로 보여주면서 제품의 장단점을 설명해줄 수 있었던 것이다. 영화를 좋아하는 고객은 고객대로, 음악을 좋아하는 고객은 또 그 고객대로, 이경준 과장을 존경어린 눈빛으로 쳐다볼 수밖에 없었다. 그런 철저한 장인정신이 AV기기와 홈시어터 영역에서 그를 우뚝 설 수 있게 만들었고, 하드웨어 판매가 아니더라도 어디서든 평생직업을 가질 수 있게 만들어준 것이다. 그렇다고 그가 문화상품에만 통달한 것은 아니었다. 적어도 자기가 미친 듯이 좋아하는 텔레비전에 관한 한 그를 따라갈 만한 전문가가 없다. 서비스 기술과정도 이수했기 때문에 최적의 세팅뿐 아니라 웬만한 고장 따위는 스스로 해결하는 수준이다. 영업에 R&D(연구개발) 개념을 접목해 차별화를 시도함으로써, 돈을 부르는 고객서비스를 실천한 것이다.

사실 그는 제품을 설치하러 가는 기사와 함께 고객의 자택을 직접 방문하기 위해 저녁이면 칼같이 퇴근을 하는 것이었다. 둔탁하고 육중한 모양의 기존 제품과 달리 인테리어 효과까지 발휘하는 요즘 제품의 특성을 디지털카메라로 찍어 와서, 구매상담을 할 때 '설치 전'과 '설치 후' 거실의 변화된 모습을 생생하게 보여준다. 가전 소매매장의 경우는 대부분 인근 아파트나 주택가에 거주하는 고객들이 자주 찾기 때문에, 유사한 평형과 구조를 가진 집에 각종 기기들이 어떻게 설치되어 있고, 인테리어 효과를 살리려면 어떤 배치가 더 유용한지까지 한번에 보여주는 것이다.

특히 그가 진가를 발휘한 순간이 또 있었다. 그에게서 텔레비전을 구매한 고객들이 '유선방송이 잘 안 나온다'며 항의한 적이 있었다. 몇 차례나 방문하여 고쳐봤지만 화질이 개선되지 않았다. 그런데 그가 직접 점검해본 결과 그 지역 유선방송국에서 송출되는 아날로그 방송은 60데시벨인데 비해, 디지털 방송에 맞춰진 최신형 텔레비전에 적합한 방송파는 70데시벨 이상이어서 원하는 만큼 화질이 나오지 않았던 것이었다. 결국 그는 지역 유선방송국과 협의하여 증폭기를 설치했고, 주민들에게 디지털 텔레비전을 마음 놓고 팔 수 있었다. 이처럼 자신의 일에 대해 철저히 파고들고, 최상의 전문가가 되어야만 남들과 다른 전략, 남들보다 뛰어난 실적을 올릴 수 있는 법이다.

'나'라는 히트상품을 만들기 위해 당신은 얼마나 많은 시간과 노력을 투자하고 있는가? 투자와 투입 없이 수익과 산출이 발생할 수는 없다. 남들은 할 수 없는 영역, 남들이 가보지 않은 곳까지 끈기와 투지를 발휘해 자신을 데려가라. 그것이 차별화의 시발점이다.

• Insight in Story •

침대의 다리를 자른 이유

한 남자가 정신과 의사를 찾았다.

"잠자리에 들 때마다 침대 밑에 누가 있는 것 같다는 생각에 잠을 잘 수가 없어요, 물론 침대 밑을 살펴보면 아무도 없지만…. 밤새 엎치락뒤치락 하다가 잠을 못 잔 지가 벌써 열흘이 넘었어요. 방법이 없을까요?"

"한 3개월 정도 저와 꾸준히 상담을 하시면 나을 수 있습니다."

"치료비는 얼만데요?"

"한 번 상담하실 때마다 3만 원입니다."

"좀 비싸네요. 생각해보고 다시 오겠습니다."

얼마 후 두 사람이 길에서 우연히 마주치게 되었다. 의사가 남자에게 물었다.

"왜 병원에 안 오셨어요?"

"좀 비싸서요. 하지만 병은 깨끗이 나았어요."

"어떻게요?"

"아, 제가 아는 친구가 방법을 알려줬죠. 침대 다리를 잘라버리라고 해서 그렇게 했죠."

"…."

다르게 접근하면 다른 생각, 다른 해결책이 나온다.

이기는 습관 07

당신이 공부할 학교는 바로 지금 '이곳'이다

행복한 사람은 어떤 특정한 환경 속에 있는 사람이 아니다.
오히려 어떤 특정한 마음 자세를 갖고 살아가는 사람이다.
— 휴 다운즈 Hugh Downs, ABC 방송국 앵커

실패자는 어쩌다 한 번의 기회를 꿈꾸지만, 성공자는 하루하루를 삶의 기회로 삼는다.
— 조 루비노 Joseph Rubino, 미국의 자기계발 전문가

페니실린을 발견한 알렉산더 플레밍의 연구실은 매우 열악하고 협소했다. 창문의 유리창은 깨져서 바람과 먼지가 들어왔다. 그는 이 연구실에서 곰팡이에 대한 연구에 몰두했다. 어느 날 그는 깨진 창문을 통해 날아온 곰팡이 포자를 현미경으로 관찰한 후 중요한 사실을 발견했다. 그 곰팡이에 페니실린의 원료가 숨어 있었던 것이다. 그는 그 곰팡이균을 가지고 페니실린을 만들었다.

몇 년 후 한 친구가 플레밍의 연구실을 방문하고는 깜짝 놀랐다.

"이렇게 형편없는 연구실에서 페니실린을 만들다니…. 만약 자네에게 좋은 환경이 주어졌다면 더 엄청난 발견들을 했을 텐데…."

그러자 플레밍은 빙그레 웃으면서 대답했다.

"이 열악한 연구실이 페니실린을 발견하게 해주었다네. 창문 틈으로 날아온 먼지가 바로 페니실린의 재료가 되었다네. 중요한 것은 환경이 아니라 강인한 의지라네."

우리는 자신이 무언가를 이루지 못했거나 성공시키지 못했던 이유, 또는 상황이 그렇게 될 수밖에 없었던 이유를 주로 밖에서 찾으려 든다. 그러나 같은 부모, 같은 환경에서 자란 형제들도 판이하게 다른 인생을 살아가는 경우가 얼마나 많은가. 똑같이 최악의 상황에 처해도 어떤 이는 더 많은 것을 배우는 기회로 삼고, 어떤 이는 '난 왜 이렇게 복도 지지리 없을까?' 푸념하며 세월을 보낸다. 그리고 똑같은 충고도 고마운 조언으로 받아들이는 사람이 있는가 하면, 귀찮은 잔소리로 여기는 사람이 있다.

인생은 그 자체가 학교다. 그리고 우리는 끊임없이 배우고 성장해야 하는 학생이다. 어디에 있건, 무슨 일을 하건, 삶은 하루하루가 배움의 연속인 것이다. 성공한 이들은 그것을 잘 알고 열심히 실천한 사람들이다. 그런데도 많은 사람들이 환경을 탓하며, 멀리 있는 무지개만 쫓느라 제자리에서 발을 동동 구르거나 다른 곳을 기웃거리느라 지금 여기서 배우는 일을 소홀히 한다. 그런 사람들은 다른 환경에 가서도 마찬가지다. 또 다른 곳을 기웃거리느라 그 일에 100% 올인하지 못한다.

필자가 잘 아는 여사장님 한 분은 동종업계에선 꽤나 잘 알려진 저명인사다. 마흔 중반이 넘은 나이에도 아직 곱상한 외모가 얼핏 보기엔 부잣집 외동딸로 부족함 없이 자랐을 것 같은 인상이다. 우연히 이야기를 나누다가 그분이 고등학교 졸업 후부터 집안의 가장 역할을 떠맡으며 온갖 고생을 다했다는 이야기를 듣고 깜짝 놀랐다.

그리고 더욱 인상적이었던 건 그녀가 대학 시절 레스토랑에서 웨이

트리스로 서빙 아르바이트를 했다는 대목이었다. 그녀가 어찌나 일을 열심히 했는지 아르바이트를 시작한 지 두 달만에 레스토랑 사장이 다른 아르바이트생들이 받는 금액의 2배나 되는 월급을 그녀에게 주었다는 것이다. 손님들이 입에 침이 마르게 칭찬을 하고, 심지어 그녀 때문에 기분 좋아서 이 식당에 다시 온다는 손님들까지 생겨났기 때문이란다.

친절하고 따뜻한 성품을 타고난 탓도 있었지만 그녀는 '기왕 하는 아르바이트, 열심히 하자'는 생각뿐이었고, 어차피 레스토랑에서 보내야 하는 시간이라면 즐겁게, 그리고 하나라도 배울 게 있다면 모조리 배우겠다는 심정으로 일했다고 한다. 그래서 남들보다 부지런히 움직이고, 손님들께는 정말 정성을 다해 친절하게 대해 드렸단다. 혼자 우두커니 기다리는 손님이 있다면 누가 시키지 않아도 무료해 할까봐 잡지나 신문을 가져다드리며 "차가 많이 막히나 봐요. 편안하게 기다리세요." 하고 친근하게 인사를 건넸다고 한다. 뿐만 아니라 손님들 테이블에 물이 떨어지지는 않았는지, 더 필요한 게 없는지 늘 유심히 살폈다가 먼저 말하기 전에 알아서 가져다드리고, 항상 방긋방긋 미소를 지으며 대해 드렸더니 손님들이 오히려 자신을 더 챙겨주시더라는 것이다.

그녀는 또한 그곳에서 많은 것을 배웠다고 했다. 고객서비스를 할 때 사람들이 어떻게 대하면 어떻게 반응하는지를 알게 되었고, 레스토랑 경영은 어떻게 이루어지는지, 식재료와 음료는 어디서 들여오고 마진이 어떻게 되는지도 알게 되었다. 주어진 시간을 그냥 대강 흘려보내는 것이 아니라 '이 현장에서 내가 배울 수 있는 것은 다 배운다'는 생각으로 모든 것에 관심을 가지고 배우려고 노력했기 때문이었다. 그러니까 자연스럽게 일도 즐겁고 레스토랑이 돌아가는 전체 원리도 꿰뚫어볼 수 있게 된 것이다. 그때만 해도 훗날 그것이 이렇게 큰 도움이 될 줄은 몰랐는데 몇 년 뒤 우연찮게 조그만 가게를 직접 운영하게 되면서, 뜻밖에도 그때 배운 것이 정말 많은 도움이 되었다고 했다.

그 분의 마지막 말이 아직도 기억에 생생하다.

"인생에서 '우연히' 되는 건 하나도 없는 것 같아요. 분명 내가 이 시점에 이런 일을 하고 있는 데는 다 이유가 있는 법이죠. 누구는 그것을 자산으로, 기회로 삼고, 누구는 그냥 흘려보내요. 그 차이가 우리네 인생을 가르는 것 같아요. 그때 전 고급 레스토랑에 와서 식사를 하는 또래 아이들이 하나도 부럽지 않았어요. 이렇게 생각했죠. '나는 경제적 능력 없는 부모 덕분(?)에 이렇게 그들보다 더 빨리 세상에 나와 많은 것들을 일찍부터 배울 수 있잖아!'라구요."

그렇다. 그런 정신이 수많은 시련과 도전을 꿋꿋이 이겨내고 지금 그 분을 그 자리에 서게 한 힘이다. 수영장에 갔으면 물에 풍덩 뛰어들어 수영을 해야 한다. 그래야 물이 차가운지, 적당한지, 풀의 깊이가 깊은지 얕은지도 알게 되고, 어떻게 숨쉬고 어떻게 팔을 저어야 헤엄을 잘 칠 수 있는지도 알게 된다. 수영복만 입고 왔다갔다하며 늘씬한 여자들 쳐다보기에만 바빠서는, 또 슬쩍 발가락만 물에 담그고 물장구만 치고 놀다가는 수영도 못 배우고 수영장의 진면목도 알 수가 없다. 안타까운 것은 많은 사람들이 후자처럼 직장에서도 발가락만 담그고 생활하면서 회사가 어떠니, 상사가 어떠니 불평만 늘어놓는다는 사실이다. 이들은 남의 흠집만 찾아내느라 제 눈에 박힌 대들보는 잘 보지 못한다.

요즘 젊은 직장인들을 보면 자기계발이다 뭐다 하면서 영어학원, 중국어학원은 기본이고 온갖 자격증 학원을 기웃거린다. 물론 인생을 살아가는 데 다양한 스킬과 자격증이 있다면 많은 도움이 될 것이다. 문제는 정작 자신이 인생의 무기로 삼아야 할 현업에서의 공부는 뒷전이라는 것이다. 회사 일이란 그저 세월 가면 저절로 배워지는 것이라고 생각하는 것일까? 아니, 배우는 게 아니라 그냥 돈 받았으니까 일을 하는 것이라고 생각하는지도 모르겠다. 그래서인지, 직장에 들어와 1~2년 다니다가 겨우 일을 좀 시킬 만하다 싶으면 훌쩍 사표를 쓰고는 "대학원이나 가야겠다."며 퇴사를 한다.

나중에 보면 정말 대학원에 진학하는 경우도 드물지만 대학원에 갔다가도 중도에 그만두는 경우가 대부분이다. 사실은 일이 힘들거나 하기 싫어서 도피했던 셈이다. 물론 현업에서 일을 하다 이론적인 지식이 좀더 필요하다거나 아니면 정말 자신의 경험을 체계적으로 정립하고 싶어서, 아니면 궁극적으로 정말 조직생활보다는 책상머리 공부가 더 적성에 맞는 사람들도 있긴 하다.

하지만 정작 귀중한 삶의 현장인 일터에서 더 많이 배우고 성장할 기회가 있는데도 대부분의 직장인들은 그것을 간과한다. 일이란 그저 생계유지를 위한 수단이라고만 생각하고 '공부'는 도서관이나 학교에서 해야만 하는 것이라는 생각에 사로잡혀 있는 것이다.

바로 '이곳', 바로 '지금'

필자는 신입사원들에게 종종 이런 말을 한다.

"회사는 정말 좋은 곳이다. 여러분은 돈 내고 학교를 다녔지만 회사는 돈을 줘가면서 여러분들을 가르치고 성장시켜주는 곳이다."

조직이나 회사는 평생 먹고살 기술과 지혜를 가르쳐준다. 그리고 가족이나 친구 사이에서는 결코 경험할 수 없는 것, 다른 사람과 더불어 지혜롭게 사는 길도 터득하게 해준다.

프로들은 어떤 일을 하든 최선을 다한다. 그리고 세상의 모든 일은 다 통하게 마련이다. 어떤 일에서 최선을 다하지 않고 자신의 책임과 의무를 저버리는 사람이 다른 일에서 성공하는 것을 본 일이 없다.

종종 필자는 "아마도 가수 조용필 씨나 배우 안성기 씨는 다른 일을 했어도 분명 성공했을 것이다. 지금 장사나 사업을 시작한다고 해도 아주 잘할 것이다."라고 말한다. 그러면 대부분 의아한 눈빛으로 "에이, 사람마다 다 적성이 있는데…. 그 분들이 가수나 배우로서는 몰라도…." 한다. 물론 맞는 얘기다. 자신이 하고 싶은 일, 잘할 수 있는 일을 해야 성공한다는 건 지당한 얘기다. 그러나 그분들이 만약 부득이 다른 일을 하게 될 수밖에 없다면 처음엔 좀 당황스러워할지 몰라도 금세 적응해서 잘해나갈 거라고 믿는다.

사람들과 만나 대화를 나누다보면 전혀 다른 업종에 몸담고 있는 사람들인데도 고수들끼리는 뭔가 통하는 게 있다. 각자의 분야에서 일가를 이루거나 정상에 서본 사람들은 그곳까지 도달하기 위해 뼈를 깎는 인내와 자기훈련을 해온 사람들이다. 그리고 이 세상 어떤 일도 정상에 오르기까지의 과정은 다 똑같다. 가수로서, 배우로서 그만한 입지에 오른 분들이 사업인들 적당히 대강 하겠는가? 비록 전문지식은 부족할지 몰라도 일을 어떻게 성취해나가는지를 아는 사람들은 항상 성공을 향한 해법을 찾아내게 마련이다.

아무도 대신할 수 없는 나만의 노하우

일본인 컨설턴트 야마모토 신지가 쓴 《일근육》이란 책이 있다. 운동을 많이 하면 근육이 붙고 근육이 붙으면 더 강건해지는 것처럼, 일도 비즈니스도 근육이 붙어야 한다는 요지의 책인데 매우 흥미롭게 읽었다. 특히 다음 대목에서는 많은 공감을 하며 고개를 끄덕였다.

> 자격증이다, 영어 실력이다, 하는 남들이 다하는 얄팍한 스킬을 쫓아가지 마라. 화려한 커리어를 쫓아 철새처럼 이동하지도 말라. 당신이 어느 조직에서건, 초기 '학습'에서 '성취'까지 하나의 사이클을 온전히 경험하지 않고는 진정한 프로페셔널이 될 수 없다. 정작 현업에서 필요로 하는 건 백과사전적 지식이나 스킬이 아니라 그 사람이 아니면 할 수 없는 능력이다. 그렇게 남들과 당신을 구분 지을 수 있는 차별점을 가지지 않고는 당신이 갖고 있는 지식이나 스킬, 커리어는 5년도 못 가 쓰레기가 되고 말 것이다. 당신이 20대에 꼭 키워야 할 것은 20년 후에도 당신의 생존을 책임질 수 있는 '일근육'이다.

인간은 성장을 멈추는 순간, 삶의 의미를 잃는다. 성공이 아니라 성장을 목표로 해야 진정한 성과를 거둘 수 있다. 일본의 후나이 종합연구소는 인간이 성공하기 위한 세 가지 요건 중 가장 중요한 것이 바로 '공부하는 것을 좋아해야 한다'는 것이라고 했다. 어떤 분야에서든 배워야 알 수 있다. 배운다는 것은 미지의 세계에 대한 개척이고 도전이며, 직·간접 경험을 통한 창의를 내포한다. 성장하기 위해서는 기업이든 개인이든 배우고 학습하는 것을 좋아하고 이를 습관화해야 한다. 자칫 학창시절 '수학 시간에 영어 공부하고', '영어 시간에 지리 공부하는' 열등생들처럼, 지금 여기에서의 성장이 아닌 다른 엉뚱한 간판에 공부의 초점을 맞추어서는 제대로 된 공부가 될 리 없다.

진정한 공부란 평생 먹고살 수 있는 자기만의 지식을 갖추는 일이다. 판매가 업이라면 판매 전문가가 되어야 한다. 매뉴얼만 달달 외워 얻게 된 교과서식 모범답안만 갖고 있어서는 전문가가 되었다고 할 수 없다. 판매를 잘하기를 바란다면 내 몸을 거기에 맞춰 하드트레이닝 시켜야 한다. 그렇지 않다면 전문가라 할 수 없다. 내 분야에 대해서는 그 누구도 따라잡을 수 없을 만큼, 한 권의 책을 쓰고도 남을 만큼, 다른 인력이나 조직을 컨설팅하는 것도 가능할 정도로 자신을 갈고닦지 않으면 안 된다. 스킬은 기계가 대치하고, 매니지먼트는 시스템이 해줄 수 있지만, 나만이 가진 노하우는 아무도 대신할 수 없을 정도로 만들어야 한다.

현업에서의 공부가 즐거운 이유는 바로 검증이 가능하기 때문이다.

배운 것을 현장에서 곧바로 적용해 결과를 도출하고 그 결과를 통해 또다시 지식을 축적해가는 과정만큼 흥미로운 일은 없다.

혹여 지금 자신이 하고 있는 공부가 '진정한 전문가가 되기 위한 것'인지, 아니면 '뭔가 그럴듯한 명함을 얻기 위함'인지 잘 판단해보라! 현대사회가 환영하는 인재는 실제 현실에서, 자기 전문 분야에서 활용할 수 있는 살아 있는 지식이 많은 사람, 즉 실용지능(PQ, Practical Quotient)이 높은 사람이다.

• Insight in Story •

세상은 당신이 보는 대로

마을이 훤히 내려다보이는 언덕 꼭대기, 한 노인이 길가의 나무 그루터기에 앉아 있었다. 그 앞을 지나던 어떤 여행자가 그에게 다가와 물었다.
"아랫마을에는 어떤 사람들이 살고 있나요?"
노인은 대답 대신 이렇게 되물었다.
"당신이 떠나온 마을에는 어떤 사람들이 있었소?"
"화를 잘 내고, 정직하지 못하고, 형편없는 삶의 낙오자들이오."
여행자가 대답했다.
"여기에서도 똑같은 사람들을 만나게 될 것이오."
노인이 말했다.

몇 년 후, 노인 앞을 지나던 다른 여행자가 같은 질문을 했다.
"아랫마을에는 어떤 사람들이 살고 있나요?"
노인이 그에게도 똑같이 물었다.
"당신이 떠나온 마을에는 어떤 사람들이 살고 있었소?"
"친절하고, 정직하며, 예의 바르고, 인정이 넘치는 사람들이오."
그러자 노인이 대답했다.
"이 마을에도 그들과 똑같은 사람들이 살고 있다오."

조직이 직원에게 해줄 수 있는 최상의 복지는 '지독한 훈련'이다

당신이 진심으로 성공하고자 한다면,
자기훈련을 두번째 사랑으로, 목표설정을 첫번째 사랑으로 삼아라.
- 월터 크라이슬러 Walter Chrysler, 크라이슬러 사의 창업자

훈련하는 데는 돈이 든다. 그러나 훈련을 하지 않으면 돈을 벌 수 없다.
- 부차한, 중국의 기업가

"지금 자면 꿈을 꿀 수 있지만, 안 자면 꿈을 이룰 수 있다고 생각했습니다. 연습에는 장사 없으니 죽을 만큼 노력하자, 안심하면 무너진다…. 그런 생각뿐이었죠. 제게는 노력이라는 칼이 있으니까 불안감을 연습으로 극복했습니다. 120%를 준비해야 무대에서 100%의 실력을 발휘할 수 있습니다. 준비가 되어 있지 않으면 저는 아예 시작도 하지 않습니다."

한국과 아시아를 넘어, 이제는 세계적인 가수로 발돋움하고 있는 월드스타 '비'가 인터뷰에서 한 이야기다. 처음 이 곱상하게 생긴 청년이 가수라고 나와서 노래를 부를 때만 해도 그저 젊은 여성들에게 인기깨나 끌겠다 하고 생각했지 이렇게 대성하리라고는 예상치 못했다.

지금은 중년 아저씨인 필자도 그의 열렬한 팬이다. 그에게서는 타고난 끼와 말로 표현할 수 없는 열정이 배어 나온다. 그러나 진정으로 그를 좋

아하게 된 것은 그가 지독한 '연습벌레'라는 사실을 알고서부터였다.

언젠가 한 텔레비전 프로그램에서 데뷔 시절부터 현재에 이르기까지 그의 성장과정을 다큐멘터리 형식으로 보여준 적이 있었다. 참으로 감동적으로 그 프로를 보고 나선 아예 그를 존경하게 되어버렸다. 그는 속된 말로 '뭘 해도 될 놈'이었다. 그의 부단한 노력은 일반인들의 상상을 훨씬 초월하는 것이었다.

지금은 그의 가장 큰 매력이라는 가느다란 실눈도 가수가 되려고 기획사를 찾아다니던 시절에는 '쌍꺼풀 수술'부터 하고 오라는 소리를 들을 만큼 약점이었고, 뭇 여성들의 가슴을 설레게 하는 그 곱상한 얼굴도 그 때는 "얼굴이 좀 딸리네." 하는 소리를 들었다고 한다. 수없이 거절을 당하면서도 그는 자신의 무한한 가능성을 스스로 굳게 믿었다. 그리고 그런 그를 알아봐주고 지독하게 훈련시킨 조련사가 바로 그의 소속사 JYP 엔터테인먼트의 박진영 사장이다.

필자 역시 신입사원 시절, 많은 선배들과 상사로부터 혹독한 조련을 받은 기억이 있다. 지금은 그 분들께 감사할 따름이지만, 어찌나 혹독하고 철저하셨던지 당시엔 참 야속하게만 느껴졌다.

한번은 이런 일이 있었다. 그러니까 지금으로부터 30년 전, 까마득한 그 당시에는 컴퓨터가 보급되기 전이라 중요한 문서는 필경사를 불러서 직접 손으로 썼으며, 일반적인 것은 먹지를 대고 타이핑을 해서 보고서를 만든 후 보고하던 때였다. 보고서나 기타 서류양식도 일일이 자를 대고 펜으로 그려야 했다. 어느 날, 과장이 나를 부르더니 여사원이 먹지를 대고 타이핑할 수 있도록 퇴근 후에 집에 가서 양식을 깨끗이 그려 오라고 했다. 그래서 나는 밤늦게까지 아내와 함께 자로 줄 간격까지 재어가며 일일이 줄을 쳐서 양식을 만들었고, 다음 날 그렇게 그린 양식 80여 장을 갖다드렸다.

그런데 과장이 한두 장 휙 넘겨보더니, 바로 눈앞에서 모두 찢어버리는 것이었다. 아내까지 동원해서 어렵게 그린 그 양식들을 말이다. 그리곤 호통을 치기 시작했다. "전 형! 이것도 양식이라고 그려 온 거요? 전부 볼펜 찌꺼기가 붙어 있고, 줄 친 것도 들쭉날쭉해서 어디는 굵고, 어디는 가늘잖아!"

기가 막혔다. 아무리 그렇더라도 밤늦도록 고생고생해서 작업한 것을 저렇게 박박 찢어버리다니…. 내가 이런 허드렛일이나 하려고 그 어려운 시험을 보고 이 회사에 들어 왔나 싶은 생각에 깊은 수치심과 회의가 밀려왔다. 자리에 돌아온 나는 그 길로 주섬주섬 짐을 챙겨 퇴근을 해버렸다.

퇴근시간도 안 되었는데 일찍 귀가한 나를 보고 아내는 깜짝 놀라 "회사에서 무슨 일이 있었던 거예요?" 하며 꼬치꼬치 캐물었다. 대충 얼버무리고 이런저런 생각을 하다 보니 저녁 7시가 다 되었다. 초인종 소리에 나가보니 과장과 대리가 함께 문 앞에 서 있었다. 아직 감정이 남아 있었지만 일단 집안으로 모셔 이야기를 나누었다.

"회사를 그만 둘까 합니다."

내가 먼저 입을 열었다.

"훈련의 과정은 언제나 어렵고 힘든 법입니다. 그리고 나는 전 형을 다른 사람보다 더 혹독하게 조련하려고 합니다. 그만한 재목이라고 처음부터 생각했으니까요. 앞으로 아무리 혹독한 과정이 있더라도 참고 견디고 인내해야 합니다."

과장은 그러면서 자신이 비서실에 근무할 때는 더욱 까다롭고 철저한 조련을 받았다고 얘기했다. 나는 옹졸하고 성급했던 내 자신이 부끄러워졌다.

그런 일이 있고 난 후 약 1개월 동안 같은 양식을 반복적으로 그리는 일에 몰두했다. 그리고 그 다음부터는 눈 감고도 양식의 간격을 자로 잰 듯 동일하게 지켜가며 깔끔하게 그릴 수 있게 됐다. 그 사건이 계기가 되어 과장과 더욱 친해졌고 우리는 많은 일을 같이 해결해나갔다. 환상의 콤비가 된 것이다.

그 후 필자는 마케팅 부서로 발령받아서 매주 '주간 시황 및 경쟁사 동향' 보고서를 작성해야 했다. 매주 작성해야 하는 것이라 직접 현장에 나가보지 않으면 작성할 수 없었다. 주말이건 일요일이건 현장을 방문하고 시장 상황을 체크하여 보고서에 담으면서, 사건이 일어나면 밤낮 가리지 않고 달려가는 신문기자들의 고충을 나름대로 이해할 수 있을 것 같았다. 아무것도 없는 상태에서 주요 이슈를 일일이 조사해 빈 공간을 채운다는 것은 정말이지 쉬운 일이 아니었다.

삼성전자의 초창기, 대우·금성과 경쟁할 무렵에는 세운상가 앞에서 덤핑차량을 잡으려고 새벽잠을 설친 일도 허다했다. 내 직속상사는 구조본부 출신이어서 매우 깐깐했고 승부욕도 무척 강했다. 무슨 일이든 항상 논리가 있어야 하고 항상 새로워야 하고 항상 도전적이어야 했던 그 분의 업무추진 방식을 두고 다들 '피도 눈물도 없는 사람'이라며 혀를 내두르고 손가락질까지 했으니 말이다. 그러나 지독한 선배, 현장 지향의 CEO들을 만나서 함께 현장에 나가 설명을 듣고 열정적으로 일하는 모습을 보면서 참 많이 배울 수 있었다. 밤을 새워서 열정적으로 일했던 선배들의 모습이 나에겐 무엇보다도 큰 자극이었고 덕분에 지금의 나를 훨씬 크게 만들어주었는지도 모르겠다.

무공전수(?)는 그렇게 계속 이어져 필자 역시 후배들을 무섭게 조련시키기로 유명한 사람이 되었다. 그리고 사소한 일로 갈등하고 번민하는 후배들을 보면 "후배여! 당신이 이 조직에서 더 오래 근무할 사람 아닌가? 더 힘을 내게!" 하며 격려를 보내곤 했다. 그들도 지금은 다 현업에서 내로라하는 자리들을 차지하고 있다. 참으로 이상한 것이 잘 대해주고 그냥 편하게 해준 후배들보다 혹독하게 훈련시키고 냉정하게 키운 후배들이 지금 더 많이 필자를 따르고 찾는다는 것이다. 이심전심이랄까? 나 역시 그 친구들에게 더 애정이 가고 생각도 많이 난다. 아닌 게 아니라 그만큼 키우고자 하는 열정이 커서 그랬던 게 아닌가 싶다. 그래서 지금도 필자는 이렇게 말한다.

"싹수가 안 보이고 별로 애정도 없으면 잔소리도 하지 마라. 그러나 정말 당신이 후배를 아끼는 마음이 있다면 지독하게 훈련시켜라. 그것이 선배로서의 도리다. 당신이 선배들에게 받은 것을 후배에게 돌려주라."

어렵고 가치 있는 일일수록 시련은 많은 법이다. 시련이라는 것도 성공으로 나아가는 거대한 사이클의 일부라고 생각하고 더 넓게 해석하는 지혜를 가져야만 우리의 삶과 비즈니스는 성공 영역으로 쉽게 안착할 수 있다.

인간은 태어나면서부터 생존에 위협이 되는 각종 바이러스와 세균들과 싸워 이겨야만 살아남을 수 있다. 뿐만 아니라 성장하는 동안에는 자기 자신, 또는 이웃과 경쟁관계에 맞닥뜨리게 된다. 우리의 삶은 마치 축구경기처럼 상대적인 게임의 룰을 적용받고 있다. 이러한 경쟁에서 이기기 위해서는 어떤 형태로든 남들과 다른 값을 치러야 한다. 세상에 공짜는 없다는 이야기가 새삼 기억난다. 그리고 이 말은 부자들이 가장 많이 하는 말 중의 하나이기도 하다.

고통을 감내하는 수준을 넘어서 아예 즐겁게 맞이한다는 것은 인간인 이상 누구에게도 결코 쉬운 일이 아니다. 대중은 평범함을 지향한다고 했던 누군가의 말처럼, 리더들이 특별함을 추구할수록 대중의 저항은 거세지고 인기가 없어지는 것인지도 모르겠다. 그렇다면 다음 이야기가 시사하는 바는 무엇인지 생각해보자.

> 두 명의 사령관이 있었다. 둘 다 전쟁에서 승리하기 위해 부대를 훈련시키는 일에 열중하였는데 한 사령관은 전쟁을 대비하여 매일 강인한 훈련을 시켰다. 그래서 병사들의 불평과 원성이 컸다. 반면 다른 사령관은 거의 매일 휴식과 여흥을 베풀어 병사들로부터 '인기짱' 사령관이 되었고 부대원을 대상으로 한 만족도 조사에서도 항상 1등을 차지했다. 그러던 어느 날 실제 전쟁이 일어났다. 강한 훈련을 받은 사단

은 병력 손실 없이 완승했다. 그러나 인기에 영합한 사령관 때문에 훈련보다는 놀기 바빴던 사단은 전멸하고 말았다.

일찍이 독일의 명장 에르윈 롬멜 Erwin Rommel 장군은 사령관이나 군대가 병사들에게 해줄 수 있는 가장 큰 복지는 '훈련'이라고 했다. 전장에 나가 죽지 않도록, 다치지 않도록, 패하지 않도록 평소에 그들을 단련시켜주는 것, 그것이야말로 진정한 사랑이 아니겠는가! 조직도 마찬가지다. 꼭 이 회사에 머물지 않더라도 그들이 인생과 비즈니스라는 험난한 전쟁터에서 살아남을 수 있도록 조련시켜주고 코칭해주는 것이 진정한 선배와 리더의 의무인 것이다.

그리고 후배들은 그런 상사나 선배의 혹독한 조련을 기꺼이 고맙게 받아들여야 한다. 차라리 마냥 친절하기만 하고 잔소리 한 번 안 하는 선배나 상사를 경계하라! 그들은 둘 중 하나다. 당신을 포기했거나, 자신밖에 모르거나.

프로만이 살아남는다

지독한 훈련으로 명성이 높았던 한 피아니스트는 자신이 하루도 빼먹지 않고 연습을 하는 이유에 대해 이렇게 말했다고 한다.

"하루 연습을 안 하면 내가 압니다. 이틀 연습을 안 하면 비평가들이 알지요. 그리고 사흘 연습을 안 하면 청중 모두가 압니다."

이것이 진정한 프로의 정신이다. 아마추어와 프로는 어떻게 다른가?

프로는 실력의 기복이 없이 일정하고 꾸준한 반면, 아마추어는 외부 환경변화에 따라 성과가 들쭉날쭉 한다. 프로는 절대적인 기준에 도전하는 반면, 아마추어는 그저 상대와의 격차를 조금만 벌여도 만족한다. 프로는 솔선수범하여 신화를 이루지만, 아마추어는 남들을 탓하고 환경을 탓한다.

용산에서 컴퓨터 판매를 하는 유충배 팀장은 항상 매출액에서 1등이다. 어떻게 그렇게 성적이 항상 우수하냐고 물었더니 매일매일 일과 후에 고객응대에 대해 유형별로 분석하여 다음 날 곧바로 개선할 수 있도록 '개인 성취 노트'를 만들어 공부한다고 한다. 그는 이미 이 점포에서의 전문 경험 7년을 합해 십수 년의 베테랑 접객 매니저가 되었지만, 매일 공부하기를 게을리 하지 않았고 그렇게 공부한 내용을 토대로 직원들과 정보를 공유하기도 한다.

같은 점포의 장호길 과장은 신상품 컴퓨터가 나오면 일단 카탈로그와 제품설명서, 서비스 요령, 설치시방서까지 샅샅이 공부한 후에 퇴근할 때 한 대를 자기 돈으로 사서 집으로 가져간다고 한다. 완전히 분해해서 다시 조립하며 이전 제품이나 경쟁제품과 어떤 차별성이 있는지 강점과 약점을 분석하기 위한 것이다. 이렇게 작성된 자기만의 비망록을 통해 그는 어떤 고객을 만나도 제품에 대해 자신 있게 설명할 수 있게 됐다. 당연히 그의 고객응대 구매성공률은 그 매장뿐만 아니라 인근 경쟁업체들 사이에서도 막강한 수준이다.

이처럼 그들이 하루하루 자신들의 생업 터전인 매장에 대해 연구하고 고객과 제품에 대한 공부를 계속하는 한 매출 1위라는 부동의 성공 신화는 앞으로도 지속될 것이다.

현재의 배고픔을 즐길 수 있는 두 부류는, 부자가 되고 싶어 하는 사람들과 다이어트를 하는 사람들이라고 한다. 이들의 공통점은 다가올 미래의 성공과 날씬하고 아름다운 몸매에 대한 기대 때문에 배고픔의 고통을 즐길 수 있다는 것이다. 브라이언 트레이시$^{Brian\ Tracy}$는 자신의 저서 《백만불짜리 습관》에서 "당신이 생각하고 느끼고 행동하고 성취하는 모든 것의 95%는 습관의 결과다. 어린 시절부터 당신은 거의 모든 상황에서 자동적으로 반응하는 일련의 조건반사를 발전시켜왔다. 간단히 말하면, 성공하는 삶은 '성공하는 습관'을 가지고 있고, 실패하는 사람은 '실패하는 습관'을 가지고 있다. 성공한 사람, 행복하고 건강한 성인은 딱 맞는 때에, 딱 맞는 방법으로, 딱 맞는 일을 쉽고도 자동적으로 하는 사람이다. 그 결과로 아직 이런 습관을 배우지도 행하지도 못하는 사람보다 10배, 20배의 성공을 거둔다."라고 설파하고 있다.

훈련이란 본능을 극복하는 행위이다. 편하게, 쉽게 살려는 저 밑바닥의 본능을 누르고 자신을 통제하고 훈련하는 사람만이 인생의 행복과 성공을 거머쥘 수 있다. 이 세상에 공짜는 없다. 철학자 니체의 말처럼 "자신에게 명령하지 못하는 사람은, 남의 명령을 들을 수밖에 없다."

• Insight in Story •

당신은 아마추어인가, 프로인가?

상대성 이론으로 유명한 물리학자 아인슈타인, 그는 음악 애호가이기도 했다. 특히 바이올린을 좋아해 시간이 있을 때마다 바이올린을 연습하곤 했다. 그는 평소 의례적인 인사보다 바이올린으로 멜로디를 한 곡조 연주하는 것으로 인사를 대신하는 것을 좋아했다.

한번은 그가 한 시골 대학에 초대를 받아 물리학 세미나를 끝내고 환영연에 참석했다. 이때도 아인슈타인 박사는 인사 대신 바이올린을 연주했다. 그런데 다음날 마을신문에 '아인슈타인 바이올린 연주회 대성황'이라는 제목으로 기사가 실렸다. 그리고 아인슈타인을 저명한 바이올리니스트로 칭하며 그가 물리학과 수리학에도 권위가 있는 사람이라고 적어놓았다. 시골마을의 기자는 아인슈타인을 잘 몰랐던 것이다. 그러나 아인슈타인은 이 웃지 못 할 오보(?)를 보고 즐거워하며 오히려 그 기사를 친구들에게 자랑했다.

그러나 아인슈타인은 자신이 음악의 프로라고 주장하지는 않았다. 많은 음악인들이 그의 이름을 빌리려고 제안했을 때도 그는 "내가 물리학은 좀 안다고 해도 음악은 그야말로 아마추어인데 아마추어가 그런 일을 하면 안 되지요."라고 이야기했다고 한다. 그렇다. 사실 그가 물리학이 아니라 음악으로 인정을 받기는 어려웠을 것이다. 그는 자신이 아마추어라는 사실을 잘 알고 있었다.

요즘은 그런 사실을 잘 모르는 사람이 너무 많다. 아마추어가 여가생활로 하는 것과 프로가 직업정신을 가지고 하는 것은 완전히 다르다. 그리고 이제는 프로만이 살아남는 시대다. 우리는 지금 바이올린을 조금 켤 줄 안다고 스스로를 프로 바이올리니스트라고 착각하는 것은 아닌가?

쪼개고 분석하고 구조화한다,
지독한 프로세스

프로세스, 룰, 시스템이 확실히 구축되어 있다면, 그 어떤 사람이 들어오더라도, 또 어떤 위기상황에 맞닥뜨리더라도 흔들림 없이 일관성을 유지하는 데 커다란 도움이 된다. 탕비실에 컵 하나 깨진 것조차 기록으로 남기고 직원들이 공유하도록 하는 것이, 장기적으로 보면 왜 이익인지를 명심해야 할 것이다. 최적화된 프로세스에 구성원 하나하나가 힘을 덧붙여 더욱 발전시킨다면 결국 그것은 강력한 집단적 파워를 발휘한다. 1+1=2가 아니라, 10이나 20이 될 수 있는 것이 바로 프로세스의 힘이다.

PART 03
WINNING HABIT

프로세스를 정착시켜
조직의 역량을 상향평준화하라

한 사람의 꿈은 꿈으로 남지만 만인의 꿈은 현실이 된다.
-손자孫子, 고대 중국의 병법가

한 가족이 같은 추억을 공유하는 것이야말로 가장 큰 행복이다.
-〈좋은 생각〉, 2004년 9월

일전에 직원들과 점심을 먹으러 어느 식당에 갔더니 손님은 고작 네 테이블 밖에 안 되는데, 서빙하는 아주머니 세 분이 우왕좌왕하며 어쩔 줄 몰라 하고 있었다. 붐비는 점심시간에만 시간제로 일하시는 분들 같았다. 주문을 하고 음식을 기다리는데 한참이 지나도 음식은 나올 생각을 안 하고 다른 아주머니 한 분이 와서 또 묻는다. "주문하셨어요?", "네, 벌써 했는데요."

이 아주머니는 또 다른 테이블에 가서 묻는다. 그쪽도 같은 대답이다. 한참 뒤에 음식이 나오는데 네 명 중 두 사람이 시킨 음식만 나오고, 나머지는 5분이 지나도록 또 나오질 않는다. 게다가 국도 나오지 않아 한 아주머니께 말씀을 드렸는데, 그것 역시 밥공기가 다 비어가도록 함흥차사다. 여기저기서 손님들이 급기야 화를 내고 소리를 지르기 시작했다. 가만히 보니 아주머니들은 아주머니들대로 주방을 오락

가락 하며 정신없이 바쁘긴 한데 뭐하나 제대로 되는 게 없다. 테이블에 함께 앉아 있던 직원들이 제각각 한마디씩 한다. "주문받는 사람, 음식 나르는 사람, 각각 맡아서 하든지, 테이블 당 한 사람씩 맡아서 하든지, 뭔가 체계가 있어야 될 텐데…. 정말 답답하네요.", "그래서 프로세스가 중요하다니깐…."

피식 웃음이 나왔다. 뭐 눈에는 뭐만 보인다고 그래도 늘 '프로세스, 프로세스…' 하면서 입버릇처럼 얘기했더니, 그들의 일하는 방식이 영 눈에 거슬렸던 모양이다.

회사를 뜻하는 'Company'라는 영어단어는 '함께'라는 뜻을 지닌 'com'과 라틴어로 '빵'을 의미하는 'pany'가 합쳐져서 만들어진 말이다. 즉 회사는 함께 빵을 먹고 살기 위해 모인 사람들이 만든 조직이다. 기업企業이라는 한자의 뜻도 사람(人)이 모여서(止) 함께 일(業)하는 곳이라는 뜻이다. 이처럼 함께 일해야 성과가 오르는 게 회사인데, 개성과 취향이 제각각 다른 사람들이 모여 있다보니 갈등이 생기고 문제가 벌어지는 것은 어찌 보면 당연한 일일 수도 있다. 그래서 회사에는 일하는 절차와 과정이 공유된 규약으로 대부분 미리 확립되어 있다. 명쾌한 프로세스가 정립되어 있어야만 우왕좌왕 하거나 같은 말도 제각각 다른 뜻으로 알아듣지 않고 효율적으로 결과물을 도출해낼 수가 있었음을 기업들은 잘 알고 있기 때문이다. 즉 확립된 프로세스가 확립된 결과를 장담한다.

확립된 과정은 확립된 결과를 보장한다

식당과 같은 서비스 업종이나 공장 라인과 같은 비교적 단순한 공정들은 프로세스가 잘 구축되어 있는지 아닌지가 금세 눈에 띄게 마련이다. 그러나 사무실에서 이루어지는 일반적인 업무에 있어서 잘못된 프로세스 때문에 얼마나 많은 리스크가 발생하고 있는지 심각하게 고민하는 사람은 그리 많지 않은 것 같다. 적절한 시점에, 가장 정확한 지침 아래에서, 가장 효율적인 라인의 검증을 거쳐, 가장 빠른 시간 내에, 가장 좋은 제품과 서비스를 창출해내는 게 '이기는 조직'의 경쟁력이다. 그러나 얼마나 많은 조직이 한 번 한 일을 또다시 하고, 어딘가에 일이 몰려 있거나 묶여 있고, 시간은 흘러가는데 결과는 안 나오고, 나는 아는데 너는 몰라서 서로 딴 짓을 하고 있는지 생각해보라. 그래놓고선 일이 잘못되면 서로 네 탓, 남 탓하며 얼굴 붉히고 불평불만을 늘어놓는 게 다반사다.

확립된 프로세스가 구축되어 있다는 것은 결국 확립된 결과를 기대할 수 있다는 말과 같다. 즉 표준화된 프로세스로 잘 정비된 조직은 제품의 납기나 품질 등에 있어 항상 일정한 결과를 내놓게 마련이고, 투입에 따라 일정한 결과가 보장된다는 것은 결국 조직이 안정되어 있다는 것을 의미한다. 항상 일정한 결과를 만들어낼 것이라는 믿음이 (생산과 운영, 그리고 그 결과에 있어 안정된 조직이라는 믿음이) 다른 업체들과의 협력, 제휴 및 고객의 신뢰에 중대한 영향을 끼친다는 것은 두말할 필요도 없다.

컴퓨터 네트워크는 정형화된 프로세스의 힘을 잘 보여주는 예다. 가령 내가 쓰고 있는 컴퓨터와 친구가 쓰고 있는 컴퓨터는 동일하지 않다. 거래처나 고객들의 컴퓨터도 마찬가지다. 구입 시기나 용도에 따라 버전이나 사양, 제조사가 각기 다를 수밖에 없다. 그런데도 우리는 이 각기 다른 컴퓨터들을 이용해서 이메일을 주고받고 은행업무도 처리할 수 있으며, 홈페이지에도 접속할 수 있다. 그것이 어떤 원리로 돌아가는지 따져보거나 의문을 품는 사람은 거의 없다. 그냥 당연히 '컴퓨터니까 그렇지' 하고 생각한다.

이것이 바로 '컴퓨터 네트워크'에 대한 공유와 신뢰다. 만약 이런 일을 할 수 없는 컴퓨터가 있다면 그놈은 불량이거나 고장이라고 생각할 것이다. 우리가 신뢰하고 있는 이 컴퓨터들은 기종은 달라도 이른바 '프로토콜(Protocol, 통신규약)'이라는 통일된 방식으로 대화를 진행한다. 간단히 말해 컴퓨터 간에 서로 '같은 나라 말'을 사용한다는 것이다. 이 언어는 IETF(Internet Engineering Task Force, 인터넷 표준안을 제정하기 위한 기술 위원회)라는 국제기구에 의해서 만들어지는데 이를 이용해 이메일을 송수신하거나 홈페이지를 볼 때 컴퓨터의 제조사나 기종에 관계없이 같은 형식으로 자료를 처리하도록 하고 있는 것이다.

이것이 바로 공유된 프로세스의 힘이다. 내가 공을 보내면 정해진 시간에 정확히 당신이 받을 수 있다는 것, 프로세스란 바로 그 믿음의 밑바탕인 것이다.

세상은 프로세스의 힘으로 돌아간다

사실 우리들의 삶은 수많은 프로세스 덕분에 움직이고 있다고 해도 과언이 아니다. 스위치를 켜면 전기가 들어오고, 정확한 시간에 전철이 도착하고, 인터넷으로 주문한 상품이 약속한 시간에 내 집에 도착한다. 만약 이 규칙들이 깨지면 불안해지고, 혼란스러워지고, 불평불만이 쏟아지게 된다.

우리 집에 전기가 들어오기까지, 그리고 정확한 시간에 전철이 도착하기까지, 얼마나 많은 사람들의 노력이 유기적으로 연결되어 있어야 하는지 아는가? 만약 이들 중 단 한 명이라도 정해진 업무를 수행하지 않거나 자리에서 이탈하면 우리 집 전깃불은 제대로 들어오지 않을 것이고, 전철은 늦거나 사고가 날 것이다.

조직 내부의 업무도 마찬가지다. 당장은 눈에 띄지 않거나, 대형사고가 터지지 않는다 하더라도 우리가 하는 업무들이 체계적으로, 유기적으로 연결되지 않았을 때 조직은 커다란 리스크를 안게 된다. 직원이 하는 일을 상사가 알 수 없고, 제조부서에서 언제 제품이 출하되는지 영업부가 알 수 없고, 위에서 언제 어떤 일을 시킬지 직원들이 알 수 없다고 생각해보라. 내가 이 일을 어디까지 어떻게 처리해야 하는지 혼란스럽고, 저 사람이 저 일을 제대로 하고 있는지 동료나 상사를 신뢰할 수 없으니, 그 조직은 늘 우왕좌왕하고 바쁘기만 하지 제대로 된 성과가 나올 리 만무하다.

프로세스가 잡히면 모든 공정이 효율적으로 움직이고 경영은 더욱 투명해진다. 어디서, 누가, 무엇 때문에 일이 막히고 있는지, 무엇을 개선해야 일이 더욱 효율적으로 진행될 수 있는지 쉽게 파악이 될 뿐만 아니라, 이로 인해 정확한 성과측정과 공정한 평가도 이루어질 수 있다. 또한 경영이 투명해지면 사람과 사람 간의 이해관계나 스타일에 가려져 자칫 보이지 않을 수도 있는 외부요인의 변화와 내부의 문제점까지 명확하게 드러난다.

하지만 프로세스 구축이 가져다주는 더 큰 소득은, 전사적인 지식의 공유일 것이다. 아무것도 모르는 신입직원이 들어와도 업무 프로세스 매뉴얼만 보면 일을 어떻게 시작해야 하는지, 어떤 과정을 거쳐 일이 진행되며, 누구의 조언과 결재를 받아 어떻게 일을 진행시켜야 하는지를 한눈에 파악할 수 있다. 결과적으로 불필요한 리스크도 사전에 방지되고, 코칭에 들이는 노력과 시간도 대폭 줄어든다.

이처럼 훌륭한 프로세스가 가져다주는 이점은 너무 많아서 일일이 열거할 수 없지만 크게 다섯 가지로 정리할 수 있을 것이다. 그 첫 번째는 신뢰이고, 두 번째는 효율성, 세 번째는 리스크 방지, 네 번째는 소통과 공유, 다섯 번째는 투명성이다.

합리적인 프로세스 수립은 어떻게?

그렇다면 어떻게 해야 효율적이고 합리적인 프로세스를 구축할 수 있을까? 업무 프로세스를 수립한다는 것은 건축물을 만들기 위해 설계도면을 그리는 작업과 여러 가지 측면에서 유사하다. 건축설계도를 떠올리면 이해하기 쉬울 것이다.

고객의 입장에서부터 역순으로 접근해야 한다

　건축사들이 설계도면을 작성할 때는 건축물의 가장 높은 층에서부터 가장 아래층까지 층별로 하중을 계산하여 각층의 기둥과 외벽이 얼마만큼의 하중을 견뎌야 하는지를 설계에 반영한다. 이와 마찬가지로 조직의 모든 프로세스 수립은 본래의 목적인 고객만족이라는 최종결과에서부터 출발해야 한다.

　프로세스를 구축할 때 흔히 저지르는 오류 중 하나는 조직내부의 업무방식에만 초점을 맞춘다는 것이다. 그러다보니 모든 공정이 원활하게 진행되었다 하더라도 프로세스의 마지막 단계인 고객과의 접점에서는 과부하가 걸리거나, 예상치 못한 문제가 발생해 결국 프로세스 구축의 본래 목적인 기업의 경쟁력 강화와 고객만족이라는 성과는 물 건너가는 경우가 많다. 따라서 프로세스는 항상 최종 결과에서부터 역순으로 수립해 들어가야 한다. 즉 고객 관점에서부터 시작해야 한다는 점이다. 가령 제조업체의 경우, 제품을 납기일에 맞추어 납품해야 한다면 그것이 적시에, 그리고 품질 면에서도 하자가 없도록 진행할 수 있는 방식을 고려해야만 한다. 그래야만 어느 한 쪽에서 과부하가 걸리거나 문제가 발생하는 사태를 미리 막을 수 있다. 또 이렇게 해야 하는 가장 중요한 이유는 모든 구성원들이 지금, 왜, 이 프로세스에 따라 자신이 업무를 수행하고 있는지를 깊이 인식하고 그것이 전사적으로 공유되어야만 하기 때문이다.

특히 고객서비스 업종의 경우, 자신들이 일을 빨리 끝낼 수 있도록 혹은 편하게 처리하기 위해 정작 고객은 여러 창구를 전전해야 하거나 장시간 기다려야만 하는 어처구니없는 프로세스를 구축해놓은 곳도 많다. 심지어 그런 프로세스를 만든 것이 마치 대단한 경영합리화라도 한 것처럼 착각하는 경우도 있다. 이는 넌센스 중의 넌센스가 아닐 수 없다. 대체 그런 정신 나간 프로세스는 무엇을 위한 프로세스란 말인가?

모든 역할이 정확히 규정되어 있어야 한다

건축물을 지으려면 거기에 동원되는 모든 사람들의 업무 범위와 내역이 설계도면에 정확히 규정되어 있어야 한다. 마찬가지로 조직의 업무 프로세스를 수립할 때도 하나의 프로세스에 관련되는 모든 참여자의 역할이 명쾌하게 규정되어 있어야 한다. 일반적인 기업이나 조직의 업무 프로세스는 여러 팀과 부서들뿐만 아니라 말단직원에서 상급자까지 많은 사람이 일련의 과정에 두루두루 참여하기 때문에, 업무를 수행하는 각 개인의 영역뿐만 아니라 언제, 누가, 어떤 활동을 할 것인지에 대해서도 뚜렷하게 명시되어 있어야 한다. 즉 이 시점에서는 어느 부서의 동의가 필요한지, 어떤 상급자의 검토나 결재가 필요한지, 그리고 어떤 사람들과 부서가 이 내용을 공유하고 있어야 하는지 등이 상세하게 규정되어 있어야 한다. 그리고 이 프로세스 도면이 업무 프로세스의 모든 활동을 주도해야 한다.

누구나 보고 쉽게 이해할 수 있어야 한다

　건축 설계도면은 유형의 결과물로 만들어져 내·외부의 모든 이들이 언제든 프로세스의 전 과정을 한눈에 알아볼 수 있다. 이처럼, 업무 프로세스도 반드시 유형의 결과물인 프로세스 맵map으로 알기 쉽게 표현되어 있어야만 한다. 그래야만 언제든 프로세스와 관련된 사람들이 이를 확인할 수 있고, 프로세스에 직접적인 관련이 없는 이들도 쉽게 업무 흐름을 파악하고 이해할 수 있다.

　최근 들어 많은 기업들은 제품의 경쟁력을 확보하기 위해 그동안 주력하던 자원관리를 통한 원가인하에 주력해왔다. 그러나 자원관리를 통한 원가절감은 이미 한계에 이르렀기에 새로운 경쟁력 확보의 방안으로 BPM(Business Process Management)이라는 방법을 도입하고 있다. 이는 업무 프로세스의 혁신을 통해 원가를 절감하고 경쟁력을 확보하려는 노력이다. 현재는 업무 프로세스의 수립과 관리가 기업과 조직의 혁신을 위한 기반인 것이다. 이런 새로운 전략을 도입하기 위해서라도 누구나 한눈에 알아 볼 수 있는 유형의 업무 프로세스는 반드시 존재해야 한다.

　물론 프로세스가 유형의 결과물로 존재하는 데서 모든 일이 끝나는 것은 아니다. 주어진 룰 속으로 모든 사람들이 들어와야만 한다. 작은 일이건 큰일이건 일을 쉽게 하는 방법은 표준화시켜서 그것을 따르게 하는 것이다. 표준화되어 있으면 업무수행도 매우 쉬워질 뿐 아니라, 평가도 공정하게 이루어질 수 있다.

　따라서 전사적인 업무 프로세스 맵과 더불어 각 팀 단위, 부서 단위에서도 이와 연동된 더욱 세부적인 업무 프로세스 맵과 매뉴얼을 작성해두어야 한다. 그래야만 신입직원이 들어오거나 내부에 문제가 생겼을 때도 혼란 없이 가장 빠르게 대응하고 적응할 수 있다. 업무의 기본에 대해 한 명 한 명 앉혀놓고 훈육하듯 가르치는 것은 어마어마한 시간낭비다. '매뉴얼' 한 권만 읽어도 어지간한 업무는 파악할 수 있는 장치를 마련해두자. 또한 매뉴얼은 내부 구성원 사이에서 원칙에 대한 룰이자 약속으로 사용되기도 한다는 사실을 명심하자.

또한 프로세스나 매뉴얼이 낡은 것이 되지 않도록 하려면 늘 브레인스토밍 등을 통해서 업그레이드해야 한다. 특히 '대고객' 영역의 프로세스는 '누구라도 알아들을 수 있는 쉬운 용어 사용'이 관건인데, 자칫 '요식적인' 수준이 되지 않도록 주의해야 한다.

지식공유로 역량을 상향평준화하라

1999년 잭 웰치 회장이 한국을 방문했을 때 한 경영자가 물었다.

"세계에서 가장 존경받는 기업의 경영자로 선정된 리더십의 비결이 무엇입니까?" 그 질문에 잭 웰치 회장은 이렇게 말했다.

"딱 한 가지입니다. 나는 내가 어디로 가는지 알고 있고, GE의 전 구성원은 내가 어디로 가는지 알고 있습니다."

성공하는 회사는 총체적인 목적에 관한 한, 최고 경영진부터 말단직원에 이르기까지 하나의 공감대를 이루고 있다. 아무리 현명한 경영전략이라도 직원들과의 공감대가 형성되지 못한다면 실패하고 만다. 일의 전체적인 구성과 절차를 알고 있는 상태에서 업무를 수행하는 것과 그렇지 못한 것은 성과 차원에서도 엄청난 격차가 생겨나기 때문이다. 일을 쉽게 하는 조직일수록 간단하고 명료한 프로세스를 확보하고 있으며, 한 명도 빠짐없이 일사불란하게 그 프로세스를 준수하고 있다.

우편발송을 많이 해본 사람은 자기만의 봉투 붙이기 노하우를 가지고 있다. 봉해지는 부분을 한꺼번에 접은 다음 내용물을 넣고, 풀칠을 해야 할 부분만 겉으로 나오게 일렬로 늘어뜨린 다음 쓱쓱 풀을 칠하고 한꺼번에 접어서 봉합을 한다. 물론 이런 단순한 작업 외에도 저마다 해당 업무에 대해 자기만의 노하우를 갖게 마련이다. 그런 사람들은 남들이 1시간 걸려 할 것을 10분이면 해치운다. 이게 바로 전문성이다. 이런 개인적인 노하우를 모든 사람들이 시행착오 없이 똑같이 수행할 수 있다면 업무효율이 얼마나 높아질지는 금방 상상할 수 있는 일이다.

얼마 전 자사 물류창고에 들렀더니 물건을 차량에 옮기고 내리는 곳에 적재선이 표시되어 있지 않았다. 물론 모두들 이 분야에 전문가들이라 적재선 표시가 없어도 능숙하게 적재할 수 있다는 얘기였다. 필자는 당장 페인트를 사다가 적재선을 그으라고 지시했다. 아무것도 아닌 것처럼 보이지만, 선 하나만 표준화해주어도 그것이 강력한 약속이 되어서 처음 해보는 사람이라도 아무런 부담 없이(스트레스 받지 않고) 업무를 수행할 수 있다. 전문가의 노하우는 누구나 알기 쉽게 보여주고 공개해야만 더 빨리 공유되고 확산되어서 쓸데없는 에너지 낭비가 줄어든다. 그리고 이제까지 엉뚱한 데 소모해온 에너지를 시장점유율과 고객확보율을 높이는 데 좀더 투여할 수 있다. 이렇듯 개개인이 자기만의 실수, 연습, 오랜 시간의 축적 과정에서 얻은 지혜를 프로세스에 녹아들게 하는 것이 바로 조직 차원의 혁신이다.

조직은 '어떻게 하면 모든 사람이 더욱 쉽게, 불필요한 혼란 없이 업무를 할 수 있게 할 것인가'를 끊임없이 고민해야 한다. 그래서 창의적인 발상이 더 높은 단계로 진화하도록 조직의 역량을 점점 상향평준화해야 한다. 아무리 좋은 전략이라도 직원들이 공유하지 못하면 전략으로서의 위력을 발휘할 수 없다. 전사적인 업무 노하우 개선을 위해서는 늘 공유와 점검을 통해서 공통의 지식수준을 높일 필요가 있다.

그렇다면 구축된 프로세스를 어떻게 공유할 것인가?

말단직원부터 CEO까지, 전사적으로 공유해야 한다

조직 내부에 있는 모든 사람들에게 공감대를 얻어내야 함은 물론이고, 더불어 어느 누구도 예외 없이 실행해나가는 일사불란함이 필요하다. 누구는 하고 누구는 안 해선 안 된다는 말이다. 삼성에는 SIMS라는 사무혁신 시스템이 있다. 그 안에는 최고 경영자부터 관리자에 이르기까지 1년 동안의 주요 업무 스케줄과 해야 할 일들이 차곡차곡 기록되어 있다. 아침에 출근해 시스템에 접속하면 각자 해야 할 일들이 명확하게 보인다. 뿐만 아니라 내 업무와 다른 사람의 업무가 어떻게 연관돼 있는지 정확하게 나타난다. 그러니 게으름을 피우려고 하거나 몇 가지 빼먹으려 해도 그렇게 할 수가 없다. 조직의 업무가 마치 혈관을 타고 혈액이 돌 듯 정체 없이 돌아가는 것은 물론이다.

특히 CEO나 상급자들이 직원들에게는 프로세스를 강조하면서도 자신들 스스로는 오히려 프로세스를 무시하고 일을 처리하려는 경우가 종종 있는데, 이렇게 되면 종국엔 아무도 프로세스를 준수하려 들지 않을 것이다.

또한 '이런 건 너무 형식적이다', '꼭 이런 절차를 밟아야 하느냐'며 프로세스에 대해 반감을 표하는 직원들도 있는데, 집에서 혼자 일하는 프리랜서가 아닌 이상 조직의 일원으로 여러 사람이 함께 효율적으로 일하기 위해서는 반드시 프로세스를 준수해야 한다는 사실을 충분히 설명해서 납득시키고 동의를 얻어내야 한다. 더불어 '창의'란 자기만 튀는 것이 아니라 조직 전체가 발전할 수 있도록 기여하는 일이라는 인식도 심어주어야 한다. 프로세스를 지키지 않으려고 꾀를 부리는 대신, 기존의 프로세스를 충실히 수행하면서 그것을 더욱 개선할 수 있는 방법은 없는지 고민하는 사람이 진정으로 창의적인 사람이기 때문이다.

처음부터 끝까지 꿋꿋하고 집요하게 준수한다

토요타 자동차를 오늘의 최강 기업으로 만든 것은 '간판 시스템'이라고 해도 과언이 아니다(간판看板은 말 그대로 신호, 표시, 또는 카드를 의미하는 것으로, '고객이 필요한 것을, 필요한 때에, 필요한 양만큼' 공급하는 토요타의 JIT(Just In Time) 사상을 실현하기 위해 인출량과 필요량에 관한 정보를 담은 매우 간편하면서도 효과적인 정보 시스템이다. 색깔을 다르게 하여 각각이 쉽게 구별되도록 하며 간판 위에는 품목명, 수량, 행선지 등의 정보를 기재한다. 일종의 슈퍼마켓 방식이라고 할 수 있으며 낭비를 배제한 동기화 생산방식이다). 이것이 그토록 큰 위력을 발휘한 것은 지위고하를 막론하고 이 프로세스를 철저히 지키고 따랐다는 점, 뿐만 아니라 오늘날까지 흔들림 없이 집요하게 추진해왔다는 점에 있다.

주문이 없으면 아예 만들지 않고, 주문이 들어왔을 때는 최단 시간에 만들어내는 토요타 경쟁력의 대명사인 이 '간판 시스템'은 주문·가공 공장 간에 재고가 얼마나 남아 있는지 알리기 위해 전달하던 A4 용지만한 철판으로부터 시작되었다. 지금은 공정에 따라 색상별로 계량화되어 있어서 초등학교 졸업 수준이라면 누구나 간판에 적혀진 대로 움직이면 되도록 업그레이드시켰다. 어쨌든 이것은 토요타가 일관되게 추진해온 프로세스의 대명사로 이 간판이 갖는 통제력은 누구의 지시보다 앞선다. 간단한 방식이지만 누구나 지키고, 일관되게 추진해왔다는 것이 토요타의 프로세스가 가진 힘인 것이다.

업종에 따라 또는 부서에 따라 프로세스의 세부적인 업무내용은 달라질 수밖에 없다. 그러나 유념해야 할 것은 이 세상 어떤 조직, 어떤 일의 프로세스도 그 구조는 동일하다는 것이다. 간혹 '우리는 대기업도 아니고, 자동차나 전자제품을 만드는 회사도 아닌데 무슨 그런 복잡한 프로세스가 필요하냐'고 반문하거나, 창의적인 업무의 성격상 그렇게 도식화해서 표현할 수 없다고 얘기하는 사람들이 있는데, 이는 프로세스의 '프'자도 모르고 하는 얘기다. 오히려 작은 규모의 조직일수록, 업무영역의 규정이 확실치 않은 일일수록, 시간투입에 비해 나타나는 생산성이 모호한 성격의 일일수록 프로세스 확립이 더욱 필요하고 절실하다. 이런 경우에는 위계질서도 모호하고, 질서도 안 잡혀 있고, 생산성에 대한 측정도 불분명하기 때문에 실제로 책임과 권한, 업무영역에 대한 이해가 서로 간에 현저히 엇갈릴 확률이 높다. 이로 인해 서로 좌충우돌하다가 리스크만 안고 뿔뿔이 헤어지는 사람들을 많이 보아왔다. 그래서 필자는 초창기 회사를 설립하거나 매장을 오픈하는 사람들에게 가장 강조하는 것이 다름 아닌 이 업무 프로세스 구축이다.

프로세스, 룰, 시스템이 확실히 구축되어 있다면, 그 어떤 사람이 들어오더라도, 또 어떤 위기상황에 맞닥뜨리더라도 흔들림 없이 일관성을 유지하는 데 커다란 도움이 된다. 탕비실에 컵 하나 깨진 것조차 기록으로 남기고 직원들이 공유하도록 하는 것이, 장기적으로 보면 왜 이익인지를 명심해야 할 것이다. 최적화된 프로세스에 구성원 하나하나가 힘을 덧붙여 더욱 발전시킨다면 결국 그것은 강력한 집단적 파워를 발휘한다. 1+1=2가 아니라, 10이나 20이 될 수 있는 것이 바로 프로세스의 힘이다.

•Insight in Story•

왜 프로세스를 무시하고 전관이 전의의 일을 해?

《한비자》에 나오는 일화이다.

어느 날 왕이 옷을 벗고 깜박 잠이 들었는데, 마침 전의(展衣, 왕의 옷을 담당하는 신하)가 자리를 비웠기에 전관(典冠, 왕관을 담당하는 신하)이 옷을 덮어드렸다. 딴에는 잘한다고 한 것이다. 그런데 그 순간 왕이 깨어나 그 사실을 알고 전관과 전의를 모두 감옥에 집어넣었다.

이유인즉, 전의는 자신의 책임을 못한 것이 죄고, 전관은 자신의 일이 아닌 다른 일을 한 것이 죄명이었다. 왕은 만일 자신이 전관의 죄를 묻지 않으면 모든 신하들이 자신의 일보다는 왕에게 잘 보이려고 더 돋보이는 일만 할 것이고, 그렇게 되면 본래의 각자 맡은 일들에서 문제가 생길 수 있다는 이야기다.

약속되고 공유된 일이, 적재적소에서 막힘없이 충실하게 흐르는 조직이야말로 프로세스화 된 '이기는 조직'이다.

목표는 원대하게, 평가는 냉혹하게

한 가지 뜻을 가지고 그 길을 걸으라!
잘못도 있으리라. 그러나 다시 일어나서 앞으로 가라!
- 카렐 프라게르 Karel Prager, 체코의 건축가

사람들은 맹인으로 태어난 것보다 더 불행한 것이 뭐냐고 나에게 물어온다.
그럴 때마다 나는 '시력은 있으나 비전이 없는 것'이라고 대답한다.
- 헬렌 켈러 Helen Keller, 미국의 교육자

알렉산더 대왕이 군대를 이끌고 전쟁터에 나갔다. 그런데 적군은 아군보다 무려 열 배나 되었다. 병사들은 벌써부터 수적인 열세에 겁을 먹고 있었다. 싸움터로 가던 도중 알렉산더 대왕은 갑자기 작은 사원으로 들어갔다. 그리고 그곳에서 승리를 기원하는 기도를 올렸다. 장수와 병사들이 일제히 그를 바라보았다. 알렉산더 대왕은 손에 동전 하나를 들고 말했다.

"자, 이제 기도를 마쳤다. 신께서 내게 계시를 주셨다. 이 동전을 던져 나는 우리의 운명을 예측하려고 한다. 만약 이 동전을 던져 앞이 나오면 우리가 승리하는 것이고, 뒤가 나오면 우리는 패배할 것이다."

알렉산더 대왕은 비장한 표정으로 동전을 하늘 높이 던졌다. 모두들 숨을 죽이고 동전을 주시했다. 군사들 앞에 떨어진 동전은 앞면이 위로 올라와 있었다.

"앞면이다. 우리가 이긴다!"

기쁜 함성이 천지를 뒤흔들었다. 결국 그들은 열 배나 되는 적을 격파

하였다.

승리를 자축하는 자리에서 한 장교가 말했다.

"운명이란 무서운 것입니다. 저희가 열 배나 되는 적을 이겼으니 말입니다."

그러자 알렉산더 대왕이 말했다.

"과연 그럴까? 그 동전은 양쪽 다 앞면이었는걸!"

비전과 신념의 힘은 무서운 것이다. 아무리 어려운 일이라도 된다고 믿으면 정말로 된다. 그래서 모름지기 리더의 가장 중요한 역할은 구성원들에게 그 같은 비전과 신념을 심어주는 것이리라. 군사들로 하여금 필사적으로 싸우겠다는 의지를 불태우게 하는 일이야말로 리더의 임무인 것이다.

5% 성장은 불가능해도 30% 성장은 가능하다

당신이 조직의 리더라면 구성원들이 미처 생각하지 못한 조직의 미래상까지도 먼저 그릴 수 있어야 한다. 조직이 5년 계획, 10년 계획과 같이 장기적인 미래 목표와 비전을 정할 때, 그리고 그 해에 이룩해야 할 연간계획과 목표들을 정할 때 구성원들이 '이 정도라면 가능하겠다'고 생각하는 수준은 진정한 미래상이 아니다. 즉 '이런 일은 좀 무리다' 싶은 일이 아니라면 미래상이라고 할 수 없다. 경영의 일각에서는 이렇게 말하는 사람들도 있다.

"5% 성장은 불가능해도 30% 성장은 가능하다. 5% 성장을 목표로 삼으면 과거 방식대로 움직이기 때문에 4% 성장도 달성하기 힘들다. 그러나 30% 성장을 목표로 삼으면 혁신적인 아이디어를 찾게 되고 접근방식도 달라지기 때문에 기대 이상의 성과를 거두곤 한다."

100% 공감할 수 있는 이야기다. 개인의 생활에서도 마찬가지다. 저축을 하면서 "3년 동안 1천만 원만 모아야지!"라고 생각하면 정말 그것 이상으로는 모을 수 없다. 하지만 "1억 원을 모아야지!"라고 생각하면 최소한 5천만 원은 모을 수 있다. 그러므로 과대망상증 진단을 받을 정도가 아니라면, 목표는 가능한 높고 원대하게 세우는 게 좋다.

안 되는 조직일수록 리더의 인심이 후하다

삼성중공업은 미국 셰브론시핑Chevron Shipping 사에 10만 5천 톤급 유조선을 인도함으로써, 약 1년 3개월의 기간 동안 선박 60척 연속 무결함 인도, 그리고 평균 40일 조기 건조라는 대기록을 수립했다. '납기를 맞추고 결함을 최소화'하는 수준에서 만족한 것이 아니라 완전무결한 제품, 전혀 흠이 없는 제품을 고객이 원하는 날짜보다 더 앞당겨서 만들어낸다는 자사만의 목표를 세우고 그것을 향해 매진한 결과다. '무결함 선박'이란 인도 전에 선주사와 조선사가 함께 참여해 실시하는 최종 점검에서 품질에 관한 한, 단 한 건의 지적사항도 없는 '고객 불만 제로(0)'인 선박을 말한다.

'품질에 관한 지적사항이 단 한 건이라도 나온다면 선박을 인도하지 않겠다'며 '품질 마지노선언'을 한 바 있는 삼성중공업은 이 원칙에 따라 무려 60척에 달하는 무결함 선박을 인도했을 뿐 아니라, 조기 인도라는 신기록까지 세운 것이다. 그 결과 선주사인 셰브론시핑 사의 마이클 카튜$^{Michael\ Carthew}$ 사장으로부터 친필 감사편지까지 받았다. 원대하고 철저한 목표가 어떤 결과를 낳는지 여실히 보여주는 사례가 아닐 수 없다.

어느 조직이건 목표가 주어지면 우리는 그 목표를 향해 달음박질한다. 그런데 안 되는 조직일수록 리더의 인심이 후하다. 직원들에게 잘 보이려고 불합리한 것도 지적하지 않는다. 그러나 목표는 실현 가능한 것보다 조금 높게, 평가는 냉혹하게, 그리고 보상은 철저하게 하는 것이 강한 조직의 특징이다.

삼성전자 남부지사장으로 파견된 직후, 필자는 관할 대리점 점장들을 모두 모아 함께 식사를 하게 되었다. 그러면서 매장별로 현재의 가망고객 확보 목표를 물어보았다. 각각 월 단위 3백, 4백, 5백 명 등이라고 대답을 했다. 필자는 그 자리에서 즉각 목표치를 상향조정하라고 지시했다. 각각 5백, 7백, 1천 명으로 말이다. 그러고는 만약 그 고객 확보 목표치를 직원들에게 직접 공표하는 것이 힘들다면 아침 조회를 할 때 "새로 온 지사장께서 우리더러 6개월 후에 가망고객을 5백 명 확보하라는데 아이디어 좀 내보라. 걱정이다." 하고 하소연하듯 얘기해보라고 했다. 그리고 구체적인 고객확보 계획을 세우고 일주일에 두 번씩 꼭 동일한 메시지를 직원들에게 전달하라고 했다. 그리고 다시 한달쯤 뒤에는 각자의 아이디어를 발표하고 액션 플랜을 잡으라고 했다. 고객확보의 첫 단추이자 가장 기초는 상권분석과 고객분석이라는 설명까지 덧붙였다.

약 3개월이 지났을 무렵, 정말로 변화가 일어나기 시작했다. 각 매장은 불가능하다고 여겼던 목표를 향해 달려가 가망고객의 수가 점점 늘어나더니, 드디어 6개월 후엔 두 점포가 목표치를 달성했다. 대단한 일이 아닐 수 없었다. 고객 수가 늘어난 만큼 실매출도 향상되었음은 물론이다.

사람은 누구나 꿈을 먹고 자란다. 우리들 가슴에는 나이테가 그려져 있다. 꿈이 있는 삶은 희망과 생명의 나이테가 늘어날 것이고, 꿈이 없는 삶은 절망과 좌절의 나이테가 늘어날 뿐이다. 원대하게 목표를 세우되 무리하지 않고 철저하게 실적관리를 할 때 조직의 내성은 강해지는 법이다.

측정은 공정하게, 평가는 냉혹하게

잭 웰치 회장은 GE 사 재임 시절, 자신의 시간 중 50%를 인사관리에 할애했다고 한다. 그것은 다름 아닌 임직원들에 대한 평가를 하기 위해서였다. 잘 알려진 얘기지만, 그 방법으로는 '10-15-50-15-10'의 법칙을 적용했다. 이는 전체 임직원 중 가장 우수한 10%를 1위 그룹, 그 다음 15%를 2위 그룹, 중간의 50%를 3위 그룹, 그 다음 15%를 4위 그룹으로 하고 가장 뒤처지는 10%를 5위 그룹으로 분류하는 방식이다. 또 인사등급에 따라 스톡옵션 등도 달리 지급되는데, 1위 그룹에게는 전부, 2위 그룹은 90% 이상, 3위 그룹은 50% 정도의 스톡옵션을 받게 되며, 4위 그룹에 속한 사람은 하나도 주지 않는다. 그리고 나머지 10%인 5위 그룹은 아예 매년 정리해고의 대상이 된다.

최근 월급제에서 연봉제로 바뀌고, 스톡옵션이나 성과급 방식이 도입되면서 경영자나 리더들에겐 고민이 하나 더 추가되었다. 어차피 우수한 인재의 확보나 기업 경쟁력을 높이기 위해 이 같은 방식을 수용하는 것이 시대적인 요구라는 사실을 모르는 바는 아니지만, 문제는 어떻게 하면 공정하고 합리적인 성과평가 시스템을 구축할 수 있느냐는 것이다. 성과측정과 그에 따른 보상이 제대로 이루어지지 않으면, 애초에 예상했던 좋은 취지는 고사하고 오히려 직원들의 불만과 불신만 증폭시킬 수 있기 때문이다.

비교적 체계적인 성과평가 시스템을 구축하고, 구체적인 평가항목이 정해진 대기업의 경우라 할지라도 판매부서와 같이 뚜렷하게 개인의 실적이 나타나는 분야가 아니라면 어떻게 직원들의 업무성과를 측정하고 평가해야 할지 사실상 모호한 경우가 많다. 설령 판매부서라 할지라도 단순히 판매금액이나 건수만 가지고 평가하기에는 뭔가 찜찜한 것도 사실이다. 그것이 단순히 개인만의 실적이라고 보기에 애매한 경우도 많기 때문이다. 그나마 성과평가는 KPI(Key Performance Indicator, 핵심성과지표) 등을 통해 측정기준을 지표화해놓는 경우가 많아서 완벽하지는 않아도 그런대로 객관적인 측정이 어느 정도 가능하다. 문제는 단순히 재무적 성과나 과거의 실적만 가지고 평가를 할 경우, 그 사람의 미래 가치나 다른 핵심 가치들에 대한 평가가 합리적으로 이루어지기 힘들다는 점이다. 즉 일에 대한 헌신이나 열정, 조직에의 기여도, 내부고객 만족도, 외부고객 만족도, 자기계발과 학습에 대한 노력, 인성人性, 미래 가능성 등과 같은 중요한 가치들이 소외되거나 평가자의 주관적 판단에 의해 왜곡될 가능성이 농후하다.

최근에는 그래서 BSC(Balanced Scorecard, 균형성과 기록표) 관점에서 KPI를 재구축하고 있는 기업들이 늘어나고 있는 추세다. 즉, 재무적 성과뿐만 아니라 '고객-프로세스-학습-역량' 등 네 가지로 항목을 나누어 균형 잡힌 관점에서 KPI를 정립하는 것이다. 예를 들어 심각한 경영 위기를 겪은 시어즈^{Sears} 사의 경우, '종업원-고객-이익'의 인과관계를 바탕으로 TPI(Total Performance Indicator, 통합성과지표)라고 부르는 KPI를 구축·운영하고 있다. 이를 통해 소매점으로서의 전략적 포지셔닝을 명확히 하고, 재기에 성공한 것으로 알려지고 있다. 국내에서도 이랜드를 비롯, 공기업이나 대기업들이 속속 BSC 기반의 성과평가시스템을 구축해나가고 있는 실정이다. 이에 관해서는 전문도서나 자료가 많이 나와 있으니 참고하면 도움이 될 것이다.

문제는 시스템이 아니라, 그 시스템을 운용하는 사람들에게 있다. 이는 KPI의 수립과정에서부터 평가과정까지 다 해당된다. 가령 무엇을 측정할 것인지에 대해 확신이 없거나, 서로 관점이 일치하지 않았거나, 측정 가능한 데이터를 제대로 비축하지 않거나, 평가 대상자의 업무에 대해 잘 모르거나 공정하게 처리하지 않는 것 등이다.

특히 업무성격상 개인의 성과가 불명확하게 드러나는 부서의 경우에는 KPI의 요소들을 어떻게 배분하고 어떤 기준으로 측정할지도 애매한데다가, 비교적 정교하게 만들어놓았다 하더라도 근거 자료가 미약하거나 평가자의 일방적인 판단과 의지에 의해 왜곡될 확률이 높기 때문이다. 특히 리더가 정확한 자료나 기준을 가지고 있지 못한 경우, 자신의 주관적 판단이나 주변 사람들의 의견을 취합해서 숙제하듯 적당히 점수를 매겨버리는 경우도 허다하다.

물론 어떤 평가방침이나 평가시트를 들이대도 100% 완벽할 수는 없다. 그리고 구성원 개개인을 다 만족시킬 수도 없다. 그러나 스위스의 다국적기업인 ABB(Asea Brown Boveri) 사의 전 회장인 퍼시 바네빅 Percy Barnevik의 말처럼, '측정하지 않으면 행해지지 않고 고쳐지지도 않는다.' 이는 제대로 측정하지 않고서는 최종적인 성과가 어떤 수준인지, 성과에 문제가 있다면 무엇 때문인지, 그리고 이를 어떻게 개선할 것인지를 파악하는 것이 근본적으로 불가능하기 때문이다.

그렇다면 어떻게 해야 직원들의 성과와 역량을 제대로 진단하고 올바르게 평가할 수 있을까?

어디로 나아가고 무엇을 추구할 것인가

우선 가장 중요한 일은 경영자나 리더가 사업 성공요인과 성과지표 간의 인과관계에 대해 정확하게 이해하고 있어야 한다는 점이다. 즉 자신의 회사나 조직이 추구하고자 하는 비전과 가치가 무엇인지, 그리고 그것을 위해서는 어떤 요소가 가장 중요한 덕목이며, 어떤 역량을 가진 인재들을 어떤 방향으로 양성해야 할 것인지에 대한 나름의 가치기준을 먼저 정립해야 한다는 것이다. 또한 구성원들의 각 업무영역에 대해서도 가능한 샅샅이 파악하고 있어야 한다. 그래야만 무슨 기준으로 그들을 평가해야 하는지, 어떤 핵심지표를 수립해야 구성원들로 하여금 동기를 유발시킬 수 있는지도 알 수 있다.

직무를 완수했을 때 어떤 형태로 성과가 나타나나?

둘째로, 구성원들의 역량을 구체적으로 진단하기 위해서는 무엇보다 직무분석이 명확하게 이루어져야 한다. 그리고 그들에 대한 업무분장도 명확하게 따져보아야 할 것이다. 그런 다음에야 그들이 직무를 완수했을 때 어떤 형태로 성과가 나타나는지를 핵심성과지표로 구체화시킬 수 있다. 이 성과지표는 리더가 구성원들에게 바라는 직무수행에 대한 구체적인 요구사항이자 구성원의 입장에서는 직무수행의 이정표 역할을 해야 하기 때문이다.

제멋대로 봐주는 리더, 차라리 사표를 써라

셋째로, 성과평가시스템을 수립한 후에는 경영자와 전 직원이 이를 공유하고 함께 실행에 옮겨야 한다. 아무리 좋은 제도가 있고 좋은 시스템을 만들어도 경영자나 리더가 그것을 무시하고 인정에 이끌리거나 개인의 입맛대로 처리한다면 그 조직의 미래는 없다고 봐야 할 것이다. 평가는 공정하고 냉정해야 한다. '저 사람, 요즘 집안일로 힘든

데….', '저 사람, 여기서 잘리면 갈 데 없지….' 하는 동정심이나 '그래도 지난 번 우리 부친상 때 밤새워 준 친군데….' 하는 식의 개인적 감정 등은 철저히 배제해야만 한다. 그런 배려나 고마움은 다른 방식을 찾든지, 개인적으로 처리하라. 그들을 봐주면 다른 직원이 그만큼 피해를 본다. 특히 다른 직원들의 원성을 사는 게 싫어서, 잘하는 사람과 못하는 사람의 큰 편차 없이 두루두루 적당히 점수를 줘버리는 리더들이 있는데, 그런 리더는 차라리 사표를 써야 할 것이다.

리더들의 태도 못지않게 구성원들도 조직이 왜 성과지표를 사용해서 측정하고 평가하는지에 대해 제대로 인식하고, 이를 철저하게 따르는 태도가 필요하다. 그러려면 핵심성과지표를 수립할 당시부터 구성원들의 의견과 입장을 충분히 반영하는 과정이 필요하고, 가능한 그들이 합의하고 인정하는 절차를 거쳐야 할 것이다. 그럼에도 불구하고 이미 합의된 성과측정방식에 불만을 토로하거나 자신에 대한 평가결과를 인정하지 않으려는 직원들도 있을 것이다. 하지만 조직은 구성원 개개인을 모두 다 만족시킬 수는 없다. 게다가 자신이 생각하는 자신과 남들이 평가하는 자신이 다르다는 것을 잊어서는 안 될 것이다.

평가는 자주, 피드백은 즉각적으로 하라

마지막으로, 평가는 가능한 분기 단위로 자주 하는 것이 좋고, 그 평가결과는 즉각 알려주는 것이 좋다. 보통 성과평가를 1년 단위로 연말에 하는 경우가 많다. 직원들에게는 이것이 소위 연봉협상철이 다가온다는 신호탄이기도 하다. 그런데 여기에 함정이 있다. 뚜렷한 데이터로 성과가 나타나지 않는 한, 사람의 기억력에는 한계가 있어 대상자에 대한 평가를 할 때 평가시점 당시나 직전의 모습을 기준으로 삼고 평가를 하기 쉽기 때문이다. 가령 지난 가을까지는 열심히 잘하던 직원이 피치 못할 일신상의 이유로 최근 무기력한 모습을 보일 수 있다. 또 반대로 평소에는 뺀질뺀질하며 이리 빠지고 저리 빠지던 직원이 웬일인지 최근에는 아주 적극적이고 의욕적으로 일하는 모습을 보일 수도 있다. 그런데 평가자에겐 과거 10개월간의 모습보다 최근 2개월 동안의 모습이 훨씬 강력한 이미지로 떠오르게 된다. 실적이나 결과치가 정확하게 데이터로 나오는 지표측정은 그럴 일이 없겠지만, 그 외의 영역에 대한 역량을 평가할 때는 이 같은 불합리성이 내재될 수 있다는 말이다. 따라서 상반기와 하반기에 각각 평가를 실시하거나, 가능하면 최소한 분기별로 평가를 실시하는 것이 좋다. 평가의 공정성 외에도 이런 분기 단위의 평가방식이 좋은 또 다른 이유는, 빠른 시일 내에 평가와 피드백이 이루어지기 때문에 직원들의 업무코칭이나 성과개선에 즉각적으로 반영할 수 있다는 점이다. 아울러 조직 차원에서도 이 측정자료를 토대로 목표나 전략의 수정이 발 빠르게 이루어질 수 있다. HP 사의 전 회장인 존 영$^{John\ Young}$은 이렇게 말했다.

> "목표의 공유 없이는 구성원의 참여와 협력을 얻을 수 없습니다. 뚜렷한 목표를 다른 사람들과 함께 공유하고 그것이 열정으로 불붙을 때 비로소 억누를 수 없는 막강한 에너지와 힘을 끌어낼 수 있습니다. 비전과 목표, 전략을 수립할 때 처음부터 구성원의 참여를 유도해야 하는 이유가 바로 여기에 있습니다."

평범한 성장은 '성과'가 아니다

글을 마무리하기 전에 여기서 '성과'라는 것의 의미에 대해 다시 한번 짚고 넘어가야 할 것 같다. 경영을 하다보니 직원들이 통상적인 수준의 목표를 달성한 것을 가지고 '성과'라고 착각하는 경우를 많이 접하게 된다.

"작년보다 회사 매출이 10% 성장했으니, 대단한 성과 아닌가!", "나는 작년보다 5%나 높은 목표를 달성해냈다." 등등. 물론 성과란 철저히 결과지향적인 개념이다. 해당업무를 수행함으로써 목적한 결과를 제대로 달성해야 한다. 그러나 그렇게 달성한 결과가 통상적인 경우와 달리 탁월하게 창출되었을 때에만 우리는 그것을 '성과'라고 부른다. 하고 있는 일을 정해진 시간 내에 해내거나 평소에 하던 것보다 조금 더 많이 했다고 '성과'라고 부르지는 않는다는 것이다. 즉 통상적으로 연차에 따라 10~15% 정도 성장하는 것은 일반적인 성장률이다.

직원들의 연봉은 연차가 바뀌면 대개의 경우 상향조정되는데, 회사의 매출이 그대로라면 이는 회사가 제자리걸음을 하고 있는 게 아니라 아래로 추락하고 있는 것이다. 직원 개인의 경우도 마찬가지다. 1년 동안 일을 배우고 다양한 시행착오를 경험한 직원이 작년 입사 첫해와 같은 수준의 실적만 내려고 한다면 어떻게 되겠는가! 회사가 10~15% 정도 상향조정된 목표치를 요구했다면, 그것은 어찌 보면 회사의 존립을 위한 아주 기본적인 수준에 불과한 것이다. 그런데도 그 정도의 목표달성을 두고 '성과를 올렸다'고 주장하는 것은 어불성설이다.

프로는 아마추어처럼 '노력하고 있다'는 자기위안이나 '전보다 조금 더 성장했다'는 낭만적인 생각으로는 생존할 수가 없다. 결국 프로들의 머릿속에 들어 있는 건 경기에 나가 이기는 것, 탁월한 실적으로 우승컵을 거머쥐는 것뿐이다.

나만의 '비밀목표'를 세워라

지속적으로 성장하는 사람은 언제나 주어진 목표 외에 자신이 달성하고자 하는 이상적인 목표를 설정한다. 자신이 현재 할 수 있는 것보다 조금 더 높은 수준의 목표를 설정한 다음, 그것을 성취했을 때 자기 자신에게 특별한 선물을 해보자. 훨씬 더 강력한 동기가 생겨나는 것을 느낄 수 있을 것이다.

내 몸값의 18배를 벌어오고 있는가?

통상적으로 기업에서는 구성원 각자가 자기 몸값의 18배를 벌어와야 회사가 존속할 수 있다고 본다. "월급 받은 만큼 일하면 되지 않느냐?"고 배짱을 튕기거나 "결근도 안 하고 꼬박꼬박 자리 지키고 있는 것도 얼마나 대견하냐?"고 한가하게 생각할 때가 아니다. 평상시 재무제표나 손익 개념을 염두에 두고, 자신의 성과가 얼마나 효용이 있는 것인지 객관적으로 평가할 수 있는 시각을 가져야 어떤 자리에 올라가든 성공할 수 있다.

손에 잡힐 듯 선명한 미래 비전을 세워라

비전이란 미래에 대해 그리는 그림이다. 5년 후, 10년 후, 15년 후…. 어떤 자리에 어떤 모습으로 서 있게 될 것인지 설정해보자. 가급적 명확하게 그림을 그리는 것이 좋은데, 그러려면 명시된 숫자라든가 정확한 장소, 구체적 상황 등을 생각해보고 정하는 것이 좋다. 비전은 어떤 것이든 심장을 두근거리게 할 만큼 솔직하고 진실한 것이어야 하며, 해마다 연초 조금씩 수정하고 보완해나가도록 한다.

이기는 조직, 이기는 사람들의 습관 중 하나는, 자기 자신에 대해 냉정하다는 것이다. 그리고 누구나 할 수 있는 평균적인 성취에 자신을 도취시키지 않는다는 것이다. 2002년 월드컵의 영웅이었던 히딩크 감독의 말처럼 언제나 "나는 아직도 배가 고프다."라고 말할 수 있어야 한다. 마지막으로 강조하고 싶은 것은 이것이다.

목표는 원대하게, 과정은 철저하게, 평가는 냉정하게!

• *Insight in Story* •

정상에는 언제나 자리가 있는 법이다

《웹스터 사전》으로 유명한 사전편집자이자, 언론인이며 미국의 국무장관까지 지낸 다니엘 웹스터Daniel Webster의 청년시절 이야기다.
그는 법대를 졸업하고 변호사가 되려는 꿈을 품고 있었다. 그러나 주변 사람들은 그를 말렸다. 이미 변호사의 수가 너무 많고 법률 계통에서 성공하려면 집안에 돈이 많거나 좋은 가문 출신이 아니면 어렵다는 것이 그 이유였다. 그러나 웹스터는 다음과 같이 말하면서 뜻을 굽히지 않았다.
"그래도 맨 위에는 늘 자리가 남아 있는 법입니다."

남들이 어려워서 오르려고 하지 않는 자리는, 그런 만큼 늘 비어 있는 법이다. 꿈은 원대하게 세우라!

이기는 습관 11

디테일의 힘,
1미터씩 쪼개고 잘라서 관찰하라

사소한 지출을 주의하라. 작은 구멍 하나가 당신을 침몰시킬 수도 있다.
— 벤자민 프랭클린 Benjamin Franklin, 미국의 작가이자 정치가

산을 옮기는 사람은 작은 돌멩이부터 옮긴다.
— 중국 속담

"빨간불일 때 횡단보도를 건너는 사람을 막을 수 없다면 강도도 막을 수 없다."

1994년 뉴욕 시장으로 취임한 루돌프 줄리아니 Rudolph Giuliani의 말이다. 당시 뉴욕시는 세계 최고라는 도시 이미지와는 달리 미국에서 둘째가라면 서러울 정도로 심각한 우범지역이었다. 역대 시장들도 이 문제를 해결하려고 안간힘을 썼으나 그 누구도 뉴욕시를 '범죄 없는 안전한 도시'로 만들지는 못했다. 줄리아니 시장은 취임 직후 경찰국장과 손잡고 대대적인 범죄소탕 작전에 돌입했다. 그런데 그들이 제일 처음 손댄 것은 어처구니없게도 살인이나 마약, 강도와 같은 강력범죄가 아니라 아주 사소한 경범죄들이었다. 차 유리를 부수거나, 낙서를 하거나, 무임승차 하는 사람들을 대대적으로 잡아들이면서 강력한 처벌을 내린 것이었다. 그와 동시에 강력범죄는 앞으로 더더욱 엄격하게

처벌할 것이라는 메시지를 시민들에게 계속 전달했다.

처음에는 대다수의 사람들이 그들을 비웃었다. 그러나 결과는 실로 놀라웠다. 연간 2천 2백 건에 달하던 살인사건이 순식간에 1천 건 이상 감소한 것이다. 김위찬 교수의 《블루 오션 전략》이란 책에도 소개된 이 이야기는 소위 '깨진 유리창 법칙'을 적용시켜 성공한 대표적인 사례다.

'깨진 유리창 법칙'이란 1982년 제임스 윌슨James Wilson과 조지 켈링George Kelling이 자신들의 이론을 월간잡지 〈애틀란타Atlanta〉에 발표하면서 명명한 범죄학 이론이다. 이 이론에 의하면, 건물주인이 깨진 유리창을 그대로 방치해두면 지나가는 아이들이나 행인들이 또 돌을 던져 그 유리창의 나머지 부분까지 모조리 깨뜨리고, 나아가 그 건물에서 절도나 강도 같은 강력범죄가 일어날 확률까지도 높아진다는 것이다. 즉 깨진 유리창 하나가 무법천지를 만든다는 이야기다.

한편 미국의 저명한 홍보 마케팅 전문가인 마이클 레빈Michael Levine은 이를 기업경영에 접목시켜 《깨진 유리창 법칙》이란 제목의 책으로 출간하였다. 그는 이 책에서 "성공은 치열한 경쟁이나 값비싼 홍보 마케팅과 원대한 비전에만 의존하는 것이 아니라 지금 하고 있는 일의 작은 부분을 챙기는 데서 결정된다."고 말한다. 즉 아주 사소해 보이는 기업의 깨진 유리창들(느린 홈페이지 로딩속도, 엉뚱하게 연결된 링크와 사라진 웹페이지, 더러운 화장실, 불친절한 매장직원 등등)에 소홀할 경우 기업은 엄청난 대가를 치룰 것이라고 경고한다. 특히 이 책에 소개된 맥도날드의 사례는 정신이 번쩍 들게 한다.

1950년대만 해도 맥도날드 없는 미국은 생각조차 할 수 없었다. 그러나 오늘날 맥도날드는 소비자 만족지수에서 8년 동안 최하위권을 면치 못하고 있다. 그 이유는 어이없게도 해피밀 메뉴와 함께 어린이들에게 주던 장난감 때문이었다. 장난감이 부족해 수량을 댈 수가 없었던 것이다. 느린 서비스, 미숙한 주문접수 등 여러 가지 소비자 불만 요인도 있었지만, 사은품으로 나눠주던 장난감이 부족해서 위기에 봉착하게 되리라고 누가 상상이나 했겠는가? 아마 처음엔 아주 기발한 아이디어라며 누군가가 제안했을 것이고, 아닌 게 아니라 처음엔 엄청난 홍보효과를 내며 매출증대에도 크게 기여했을 것이다. 그 당시 어느 누가, 줘도 그만 안 줘도 그만인 사은품 따위가 기업의 생존을 위협할 것이라고 생각했겠는가? 사소한 의사결정이 얼마나 엄청난 결과를 초래했는지 적나라하게 보여주는 사례가 아닐 수 없다.

남의 이야기가 아니다. 경영전략이나 비전과 같은 거창한 것에는 많은 시간과 노력을 투자하면서도 정작 기업을 갉아먹고 있는, 사소하지만 치명적인 '깨진 유리창'에 대해서는 별로 관심을 기울이지 않는 경우가 너무나 많다. 직원들의 사소한 잘못이나 그릇된 행동을 그냥 방치해두다가 전체 기강이 해이해져 큰 사고로 이어지는가 하면, 고객들의 항의를 제때 처리하지 못해 걷잡을 수 없는 나락에 빠진 기업도 있다. 사소한 부품 하나의 결함이, 고객이 겪은 단 한 번의 불쾌한 경험이, 한 명의 불친절한 직원이, 불결한 매장 한 곳이 결국은 기업의 앞날을 뒤흔드는 것이다.

사소한 것이 큰 차이를 만든다

우연치 않게 《미스터 초밥왕》이란 일본 만화책을 본 적이 있다. 일류 초밥 요리사를 꿈꾸는 북해도 출신의 '쇼타'라는 소년이 동경까지 초밥 유학을 와서는, 결국 수많은 난관을 뚫고 전국 초밥 만들기 경연대회에 출전하여 초밥왕에 등극하기까지의 과정을 그려낸 만화다. 이 책은 비록 만화책이지만 철저한 장인정신이 무엇인지를 아주 감동적으로 그려내고 있다. 최고의 초밥을 만들기 위해 칼의 상태를 체크하는 법과 제대로 사용하는 방법을 배우고, 밥을 짓는 쌀과 물에 대해 연구하고, 생선을 만질 때 최적의 손의 온도를 실험하고, 와사비(고추냉이)의 선별법까지 집요하게 따지는 그의 배움의 과정은 예술작품 그 이상의 혼과 열정이 실린 작업이었다.

그냥 식초로 버무린 밥 위에 와사비를 조금 얹고 생선회 한 조각을 추가하는 초밥이, 차이가 나봐야 얼마나 날까 싶었는데, 이 만화책에 따르면 물이 1%만 더 들어가도, 손의 온도가 조금만 높거나 낮아도 초밥의 맛이 현저하게 달라진다고 하니 놀라운 일이었다.

하긴 생각해보면 세상 어떤 일이 그렇지 않으랴! 필자 역시 지금 책을 쓰고 있지만, 물음표를 찍느냐, 마침표를 찍느냐에 따라서 문장의 느낌이 확 달라질 수도 있는 게 글쓰기다. 제품 포장의 색깔, 재질, 디자인, 심지어 이름을 표시한 서체에 따라 고객들이 그 제품을 잡을 수도 놓을 수도 있다. 전사적으로 머리를 쥐어짜내 도출한 근사한 마케팅 전략이, 결국 고객 접점에 있는 미숙한 아르바이트생 한 명 때문에 성과로 연결되지 않을 때도 많다. 아무리 음식 맛이 좋고 청결해도 화장실 변기가 고장 나서 손님이 뚝 끊어질 수도 있다. 우리가 하는 모든 일은 아주 미세한 점點으로 연결되어 있다. 그 점들 중 어느 하나만 끊겨 나가도 '성과'라는 선線으로 이어지지 못한다.

결과적으로 보면 '성공'과 '실패'의 엄청난 차이를 만들어내는 일들도 막상 그 과정을 들여다 보면 어처구니없는 사소한 것 한두 가지때문인 경우도 많다. 그러므로 자신이 하고 있는 아주 사소한 것들이라도 끝까지 점검하고 거기에 최선을 다하라! 광고문안의 단어 하나, 쉼표 하나도, 마케팅의 마지막 단계에서 이루어지는 아주 보잘것없는 실행틀 하나도, 고객 한 분 한 분에 대한 응대에도, 매장에 진열된 제품 하나 하나의 위치까지도 집요하게 고민하고 점검해야 한다. 역사를 바꾼 큰 사건들도 사실은 너무나 사소한 일이 발단이 된 경우가 대부분이다.

분석하고 분석하고 또 분석하라!

유명한 기업들의 흥망성쇠를 지켜보면서 우리는 종종 이런 착각에 빠지기도 한다. 어느 날 갑자기 내린 대단한 전략이나 방향선회에 이런 회사들의 흥망이 결정되었다고 보는 것이다. 물론 그와 같은 경우가 아예 없는 것은 아니다. 그러나 비즈니스는 회사의 존망을 좌우하는 커다란 전략에서부터 아주 사소한 영역에 이르기까지 수많은 의사결정의 연속이다. 그리고 그 의사결정을 어떻게 올바르게, 얼마나 치밀하게 수행했느냐에 따라 결과가 나오는 게임이다. 아무리 좋은 전략도 치밀한 계획과 실행 없이는 종이호랑이에 불과하다.

뛰어난 경영자와 리더, 그리고 구성원은 바로 이 의사결정과 실행에서 남다른 치밀함을 보여주는 사람들이다. 이들은 뭉뚱그려서 '이만하면 된 것 같다'는 안일한 기준으로 판단하지 않는다. 철저히 사실을 파악하고, 그 문제의 사안을 다시 각 영역별로 잘게 쪼개어 집요하게 분석한다. 물론 경영자는 모든 통계와 사실을 뛰어넘는 직관과 혜안을 가지고 새로운 영역을 개척해야 할 때도 있다. 그러나 사실을 정확히 파악한 후에 그것을 결정하는 것과, 그렇지 않고 감感이나 느낌으로 결정하는 것과는 엄청난 차이가 있다.

치밀하고 분석적인 CEO의 대표적인 예로는 ITT(International Telephone and Telegraph Corporation)의 회장인 해롤드 제닌[Harold Geneen]이 손꼽힌다. 그는 모든 사실이 충분히 입증된 뒤에야 주도면밀하게 결정을 내리는 것으로 유명하다. 만약 임원들이나 직원들이 사실 확인을 제대로 하지도 않고 추론으로 결정을 내리려 할 때면 언제나 불호령을 내렸다. 언젠가 한번은 회의 도중 갑자기 회의장을 박차고 나가더니 '사실(fact)'이라는 제목의 글이 적힌 메모지를 들고 들어왔다. 그는 이것을 임원들에게 돌려 읽으라고 했다. 그 요지는 다음과 같다.

"사실이란 말만큼 논쟁의 여지없이 강렬하게 명백함을 전달하는 말은 없습니다. 그러나 실제로 사용할 때는 사실이란 말만큼 내용과 차이가 나는 말도 없습니다. 예를 들어 조금 전 회의에서 우리는 '사실로 보이는 것'과 '사실이라고 생각한 것', '사실이라 보고된 것', '사실이었으면 바라는 것'을 가지고 회의를 했습니다. 그러나 대부분의 경우 이 모든 것은 사실과 거리가 멉니다."

이 메시지가 전하는 의미는 명백했다. 제닌에게는 '사실'과 '사실이 아닌 것', 이 두 가지만 있었다. 그러나 대다수의 사람들은 이 둘을 쉽게 혼동한다.

당신이 가진 정보가 정말 '사실'인가?

여기서 좀 골치 아픈 얘기를 해야 할 것 같다. 대부분의 조직에서는 의사결정을 내리기 전 어떤 형태로든 정보를 수집한다. 그것이 대대적인 리서치 자료이든, 축적된 데이터이든, 경험자의 의견이든…, 그런데 과연 이렇게 우리가 입수한 정보들이 모두 '사실'일까?

만약 그것이 왜곡된 것이거나 누군가의 취향에 의해 이미 한 번 걸러진 정보라면 어떻게 할 것인가? 그것을 얼마만큼 신뢰하고 어떻게 옥석을 가려내고, 그리고 어떤 기반에서 의사결정을 내릴 것인가? 이것은 아주 심각하고 중요한 문제다.

필자도 언젠가 신상품 기획을 위해 마케팅팀에 시장조사를 의뢰한 적이 있다. 비교적 소규모 프로젝트여서 몇몇 신입직원들에게 그 일이 맡겨진 모양인데, 올라온 보고서를 보니 이건 사실과 거리가 멀어도 한참 멀어 보였다. 그 제품은 필자가 마침 예전에 다루어왔던 영역의 제품이라 과거의 동종 상품들의 판매실적이나 추이도 이미 머릿속에 꿰고 있는 상황이었다. 그런데 보고서에는 그 영역에서 아주 유명하거나 상당한 판매실적을 보인 제품들은 조사대상에서 완전히 제외되어 있을 뿐 아니라, 의도적으로 그렇게 한 것은 아니겠지만 실패한 제품들의 사례만 주르르 제시되어 있었다. 그리고 결론은 '하지 말자'였다. 결국 시장조사를 다시 하라고 지시했지만, 실상 정도의 차이만 있지 이런 일들은 비일비재하다. 따라서 문제를 파악하고 결정을 내릴 때는 다음과 같은 일정한 설계도가 필요하다.

충분히, 샅샅이, 모조리

일단은 정보를 충분히 수집해야 한다. 이때 시간이 허락하는 한도 내에서 충분한, 그리고 정확한 정보를 수집해야 한다. 그러려면 여러 사람이 여러 채널을 가지고 각기 다른 정보를 수집하는 것이 정보의 왜곡을 막을 수 있다. 어쩔 수 없이 대개는 시간적인 제약이 따를 테지만, 일단 주어진 시간 내에 최대한 정확한 정보를 풍부하게 수집해 하는 것이 좋다. 그래서 평소에 자신의 비즈니스와 관련된 정보를 미리 수집해놓는 것이 중요하다.

누구 입에서 나온 정보인가?

다음에는 그 정보의 옥석을 가려야 한다. 정보제공자가 이번 결정과 무슨 이해관계라도 있는 것은 아닌가, 그래서 그 사람이 의식적으로든

무의식적으로든 이번 결정에 어떤 영향을 미치려는 것은 아닌가, 정보를 제공한 사람이 이 분야에 전문지식을 갖춘 사람인가, 정보제공자가 이런저런 편견을 지닌 사람은 아닌가, 정보제공자가 충분한 시간을 두고 정보를 수집한 것인가 등등을 면밀히 살펴보아야 한다. 또한 지나치게 소심하다든지, 반대로 지나치게 모험적이라든지 하는 정보제공자의 성품도 정보의 방향에 영향을 미칠 수 있으므로, 이에 대해서도 충분히 고려해야만 한다.

그렇다면 내 눈은 똑바로 박혀 있나?

그런 다음 이번에는 의사결정을 하는 자신의 시각을 검증해 보아야 한다. 사람들은 정보를 취할 때 다음과 같은 편향성을 지닌다고 한다. 가령 익숙한 것을 좇는 편향, 자신의 편견을 따르는 편향, 자신의 신념과 다른 것을 거부하는 편향, 맨 처음 것에 비중을 두는 편향, 최신 정보에 얽매이는 편향, 이미 자신이 선택한 것에 구속당하는 편향 등등. 그러므로 자신 역시 무의식적으로 원하는 정보만 취하고 있는 것은 아닌지 점검해 봐야 한다.

제대로 된 의사결정을 하려면 진실을 보는 눈도 필요하다. 다음과 같은 질문을 던져라. 혹시 나나 우리 조직이 문제와 너무 동떨어져 있어 문제를 제대로 파악할 수 없는 것은 아닌가, 반대로 이 문제가 우리에게 너무 친숙한 것은 아닌가, 혹시 문제의 한쪽 면만 바라보고 있는 것은 아닌가, 아니면 문제를 해결해야 한다는 강박관념에 사로잡혀 애초의 목표를 망각하거나 문제를 잘못 바라보고 있지는 않는가.

지나치게 소심해 보이거나, 또 복잡해 보일 수도 있을 것이다. 그러나 이런 치밀함과 집요함이 전제되었을 경우에만 우리가 내린 결정들과 문제해결 방법은 그 존재의미가 있다. 잘못된 의사결정으로 인해 빚어지는 리스크와 함정이 얼마나 많은가!

잘라서 보라! 그러면 해결책이 보인다

비즈니스는 문제의 연속이다. 만약 문제가 없다면 그것은 비즈니스가 아니다. 어찌 보면 비즈니스의 묘미는 그 수많은 문제들을 착착 해결해나가고 극복해나가는 데 있을지도 모른다. 그리고 그 문제를 해결해내는 능력을 보고 우리는 그 집단과 그 사람의 수준을 판단하기도 한다. 흔히 문제해결을 위해 토의를 하거나 브레인스토밍을 할 때, 유난히 해결책을 잘 찾아내는 사람들이 있다. 그런 사람들을 보고 우리는 대단히 머리가 좋은 사람, 창의적인 사람이라고 생각한다. 그러나 그것은 사실과 다르다.

대부분의 조직에서 궁극적인 해결책은(전혀 아닌 경우도 있겠지만) 리더나 경영자가 제시하는 경우가 많다. 그렇다면 그들이 직원들보다 머리가 좋고 반짝이는 아이디어가 유독 많아서 그런 걸까? 아닐 것이다. 그들은 오랜 경험을 통해 문제를 들여다보고 분석하는 능력이 체화되어 있을 뿐이다. 어떤 사안이 생기면 그들의 머릿속엔 영화 필름처럼 앞으로 일어날 모든 과정들이 주르륵 한 순간에 관통한다. 그렇기 때문에 문제를 누구보다 총체적으로 보면서도 사실은 누구보다 토막토막 세밀하게 분석해낸다. 비록 형식적인 절차를 들이대지 않았을 뿐이지, 경험이 풍부하고 뛰어난 경영자들은 이것이 습관처럼 몸에 배어 있다. 문제를 두루뭉술하게 전체적으로 바라볼 때는 막막하게만 보이던 것도, 각 영역별로 토막토막 잘라서 관찰해보면 상황을 개선시킬 묘책이 의외로 쉽게 나오게 마련이다.

비록 제품을 판매하는 것과 같은 간단한 절차도 쪼개서 보면 문제의 실마리가 달리 보인다. 마찬가지로 아무리 크고 멀고 복잡해 보이는 목표라 해도 잘라서 스텝 바이 스텝$^{step\ by\ step}$으로 진척도를 그려보면 의외로 쉽게 답이 나올 수 있다. 즉 철저하게 분류해서 각각의 단계를 전략적으로 정리하고 나면, 어떻게 대처하는 것이 좋은지, 무엇을 우선순위에 두어야 할지가 명확하게 보이게 마련이다. 비현실적이고 뭉뚱그려진 목표를 세워놓고 무작정 달성해야 한다고 다그친다면 개인이든 조직이든 막막하고 두려울 수밖에 없다.

과학적 사고라든지 전략적 접근은, 전체를 하나의 거대한 덩어리로 볼 때보다 조각조각 영역별로 분류하여 각각에 대해 논리적으로 접근할 때 더 손쉬워진다. 일단 판매조직을 한 번 예로 들어보자.

여기 '실적부진', '매출저하' 때문에 위기에 빠진 점포가 하나 있다. '김 대리가 부지런하지 못해서 그랬나?', '우리의 대외적인 이미지가 안 좋은가?', '점포의 목이 안 좋은가?', '요즘 다들 불황이라 호주머니를 열지 않나?' 등등, 추측이 난무할 수밖에 없다. 하지만 이런 감에 의존한 추측으로는 문제를 해결할 수 없다. '왜 우리는 이렇게 못할까? 뭔가 하긴 해야겠는데….' 하고 한탄만 할 뿐, 그저 제자리에 머물러 있게 될 뿐이다. 크게 몇 가지 영역으로 나누어 이 문제를 살펴보자.

열심히 하고 싶게 만들어라

첫 번째는 의욕의 문제다. 직원들이 '열심히 팔아봐야 나한테 떨어지는 게 하나도 없다'고 여기거나 '계속해서 실적이 안 오르니 일할 맛이 안 난다'고 느낀다면, 여기에 대해 어떻게 대처해야 할까? 무조건 열심히 하라고 하는 대신, '매출을 얼마만큼 더 올리면 개인에게 100만 원이 더 돌아간다'고 하는 것과 같은 구체적인 동기부여 장치를 만들 수 있을 것이다. 또 신규고객을 1명 확보했을 때, 가망고객을 실구매고객으로 전환시켰을 때, 기존 구매고객에게 재판매를 유도했을 때, 500만 원 이상 구매를 유도했을 때 각각의 담당 직원에 대한 혜택을 세분화해서 알림으로써 판매하고자 하는 의욕을 높일 수도 있을 것이다.

방법이나 스킬이 부족하면 학습으로 채우라

두 번째는 방법의 문제다. 의욕은 충분한데, 고객을 설득하는 데 어려움을 느끼거나 제품에 대해 제안하는 방법이 미숙해서 실적을 올리지 못하는 경우도 있을 것이다. 그때는 어떻게든 학습시간을 마련해서 부족한 방법론이나 스킬을 학습으로 채울 수 있을 것이다. 외부강사를 초청해서 강연을 듣는다든가 기존에 미흡했던 인구·통계적 고객분석이나 라이프스타일 분석 같은, 시간 투자가 필요한 학습을 실행함으로써 향후의 발전을 도모할 수도 있다. 또 제품설명에 대한 역할훈련을 통해서 부족했던 역량을 키우는 일도 가능하다.

선임자와 함께 활로를 찾아라

　세 번째는 전략적 접근의 문제다. 기존 고객에만 의존하는 것으로는 부족할 때도 있다. 이럴 때는 직접 고객을 찾아가거나 발로 뛰며 홍보 활동을 벌여 신규 고객을 유치해야 한다. 경쟁사에 비해서 우리의 활동이 미진해서 고객들에게 존재감이 느껴지지 않을 수도 있다. 그렇다면 이 경우에는 선임자나 관리자가 직원들과 동행해서 직접 고객들을 방문하거나 해피콜(고객에게 전화를 걸어 제품구매 또는 서비스 이용에 대한 만족도를 확인하는 고객서비스 활동)을 수행함으로써 전략적 마케팅 활로를 모색할 필요가 있다.

　이렇듯 잘게 잘라서 분석하고 해당하는 대안을 도출해보면 의외로 답은 쉬운 곳에서 나오기도 한다. 아니 무엇보다 이렇게 분석하고 대책을 도출해보는 편이 '왜 이렇게 안 될까?' 넋두리만 하고 있는 것보다 백배 낫다. 또한 앞에서 언급한 프로세스와 연동시켜서 생각해보면 무척 큰 도움이 될 것이다. 고객에 대해서건, 고객을 응대하는 과정에 대해서건, 판매에서 납품에 이르는 일련의 과정에 대해서건, 하나하나 프로세스를 분류해서 전략적으로 정리하는 습관을 가지면, 장차 어떤 일을 도모하든지 체계적이고 쉽게 접근할 수 있다.

　예를 들어 '고객이 매장에 들어온 후에 어떻게 움직이며 그에 따라 나는 어떻게 응대를 해야 하는가?' 하는 의문이 들었다면 고객이 점포 문을 열고 들어오면서부터 하는 행동을 1미터 단위로 잘라서 관찰하고 분석해보라. 문을 열고 무엇을 가장 먼저 보는지, 어디부터 둘러보는지, 어디에 시선이 멈춰지고 어떤 제품 앞에 서는지, 무엇을 만져보고 어떤 질문을 던지는지, 그 다음엔 시선이 어디로 가는지…. 그런 식으로 잘게 잘라서 상황을 관찰하면 통으로 보았을 때는 보이지 않던 부분까지도 훤히 보이게 될 것이다. 그리고 거기에 어떻게 대처하면 될지도 1미터씩 각각 잘라서 방법을 세워보라.

매장을 구성할 때도 마찬가지다. 어떤 곳이든 '기본 지키기'가 제대로 되면서 목표를 충족하는 각각의 요소들이 완벽하게 구성되어 있어야 한다. 흔히 매장을 구성할 때 전체적으로 깨끗하고 잘 정돈이 되어 있으면 된다고 생각하지만, 그것은 고객 입장에서 '잘라보는 습관'이 아니다. 고객은 매장 전체를 사는 것이 아니다. 컴퓨터면 컴퓨터, 텔레비전이면 텔레비전, 고객이 주목하는 상품별로 제 각각 살아서 움직여야 고객의 시선과 발길을 붙잡을 수 있다. 그래서 뭐든 1미터씩 잘라서 보라는 말이다.

제품은 항상 실연되고 움직이고 있어야 한다. 상품의 선도(베스트 상품과 러닝 상품과 단종모델) 관리가 잘 되어 있어야 하며, 부가적인 판촉 프로그램이 해당 상품과 곧바로 연결되어 있어야 한다. 텔레비전을 구매하는 고객에게 DVD 타이틀을 무료로 증정한다면 그 내용이 전단지 안에만 나올 것이 아니라 해당 텔레비전 제품에도 명기되어 있어야 한다. 매장 안의 모든 제품이 "나를 사가세요~!" 하고 외치고 있어야 한다는 말이다. MP3 플레이어라면 '즉석에서 음악을 다운로드 받아 들어보세요!' 하고 유혹을 하고, 밥솥이라면 보온한 지 3시간 지난 밥이 얼마나 구수한 맛이 살아 있는지 보여줘야 한다. 제품 자체로 설득하는 것보다 뛰어난 설득도구는 없다. 같은 컴퓨터 코너라고 하더라도 수험생용이라면 수능시험이나 학습 중심의 프로그램을 시연해야 하고, 마니아용이라면 각종 주변기기들을 최신 사양으로 탑재한 최첨단 기능을 보여주어야 한다.

물 한 잔을 얻어 마셔도 '달라'고 해야 주는 곳과 알아서 내오는 곳은 완전히 다르다. 잘되는 매장은 음악을 한 곡 틀어도 시간대별로 고객의 감정상태를 분석하고 구매를 유도할 수 있는 것으로 고른다. 심지어 매장 내 향기까지 관리해서 고객이 머물고 싶도록 하는 곳도 있다.

고객중심의 장치를 하나도 해놓지 않고서 자기 입장에서 '이만하면 괜찮다'고 안도하는 사람, 할 만큼 했는데도 장사가 안 되는 것은 순전히 불경기 탓이라고 하는 사람, 이들을 과연 프로라고 할 수 있을까? 결국 사소한 것이 커다란 차이를 만들어낸다.

• Insight in Story •

쉼표 하나가 바뀌었잖아!

한 작가가 있었다. 화창한 금요일 아침, 친구들이 찾아와 주말에 바람이나 쐬러 가자고 했다. 그러자 그 작가는 작품을 써야 하기 때문에 갈 수가 없다고 말했다.

일요일 저녁, 친구들이 돌아왔을 때 작가는 일을 많이 해서 기분이 좋다며 무척 뿌듯해했다. 친구들은 작품을 얼마나 썼느냐고 물으며 보여달라고 했다. 그런데 작가가 보여준 원고는 금요일 아침, 그들이 본 것과 하나도 달라진 것이 없었다. 도대체 무슨 일을 했느냐고 묻자 작가는 이렇게 대답했다.

"그제 쉼표(,)를 쌍반점(;)으로 바꿨다가 오늘 다시 쉼표로 바꿨다네. 내가 얼마나 일을 열심히 했는지 아는가?"

프랑스 작가 귀스타브 플로베르Gustave Flaubert의 이야기이다. 그의 위대한 작품들은 쉼표 하나도 허투루 찍지 않는 치밀함과 집요함에서 탄생한 것이다.

실패는 가장 좋은 교재, '실패노트'를 공유하고 학습하라

눈부신 실패에는 포상을 내린다. 그러나 평범한 성공은 벌한다.
- 필 다니엘스 Phill Daniels, 호주의 기업가

한번도 실패하지 않는다는 건 새로운 일을 전혀 시도하고 있지 않다는 신호다.
- 우디 앨런 Woody Allan, 미국의 영화감독

야구라는 경기가 탄생한 이래 이제까지 가장 많이 삼진아웃을 당한 선수가 누군지 아는가? 그 누구도 아닌 홈런왕 베이브 루스 Babe Ruth다. 그렇다면 그는 사상 최악의 삼진아웃 타자일까, 아니면 사상 최고의 홈런왕일까?

발명왕 에디슨 역시 전구 하나를 발명하기까지 400번이 넘는 실패를 경험했다. 그러나 그는 "400번의 실험은 결코 실패가 아니었다. 나는 단지 그렇게 해서는 전구가 만들어질 수 없다는 400가지의 사례를 발견한 것뿐이다."라고 말했다.

조 루비노가 쓴 《석세스 코드 45》라는 책에 나오는 얘기다. 이처럼 도전과 실패가 없으면 성공도 없다. 문제는 실패를 어떻게 받아들이느냐다. 누군가 실패와 경험의 차이를 설명하면서, '실패'는 그냥 잘못된 일일 뿐이고, '경험'은 실패를 통해 얻은 교훈이라고 말한 적이 있다.

정말 명쾌한 정의가 아닐 수 없다.

그러나 불행한 건 이들처럼 실패를 딛고 성공한 이가 5%도 채 안된다는 사실이다. 실패하는 사람들은 대부분 똑같은 실패를 거듭한다. 대체 성공과 실패를 가르는 요인은 무엇일까? 성공하는 사람들의 습관이니, 성공의 조건이니 하는 내용들을 담은 책이나 교육들이 무수히 많지만 그들이 간과하거나 언급하지 않았던 중요한 요인이 하나 있는 것 같다.

이기는 사람은 자신의 실패를 떳떳이 인정하고 공개한다

오랫동안 조직생활을 해오는 동안 필자 역시 수많은 동료와 부하직원들을 만나고 겪어왔다. 그러면서 그 사람이 앞으로 성공적인 인생을 살지, 아닐지 식별해내는 한 가지 판단기준을 발견해냈다. 그것은 다름 아닌, 그 사람이 자신의 실수를 떳떳이 인정하고 공개하느냐 아니냐 하는 것이다.

진짜로 능력이 있고 뛰어난 사람들은 설령 아무도 모르고, 그대로 나가도 큰 문제가 없고, 잘잘못이 분명치 않을 때라도 자신의 실수나 실패를 스스로 인정하고 공개한다. 그들은 그럼으로써 '호미로 막을 걸 가래로 막는' 실수를 하지 않는다. 직원들이 잘 모르는 것 중 하나가 경영자나 상급자들은 이런 경우 그 사람을 오히려 더 높이 평가한다는 사실이다.

사람은 누구나 자신의 못난 모습은 가능한 보이고 싶어 하지 않는 속성이 있다. 그래서인지 대부분 문제가 생겼을 때, 은근슬쩍 뒤로 숨기거나 물귀신처럼 연대책임으로 몰고 가려는 경향이 있다. 또 실패의 원인을 샅샅이 파헤쳐 대안을 제시하기보다는 자꾸만 어쩔 수 없는 상황논리를 들이대며 자신을 합리화시키려고도 한다. 가령 이런 식이다.

"잘못하긴 했지만, 그건 이러저러한 상황 때문에 어쩔 수 없었다."

그런 사람에게는 미래가 없다. 1%라도 자신에게 책임이 있다면 그것이 무엇 때문이었는지 스스로 명확하게 알고, 깨닫고, 개선책을 찾아내야 똑같은 실수를 반복하지 않는다. 이들의 더 큰 문제는 그렇게 스스로를 합리화하다 보니까 실제로 자기 자신조차도 진실을 착각하고 정말 그렇게 믿어버린다는 것이다. 그러나 자신만 모를 뿐이지, 동료들과 상사들은 오히려 문제의 진실을 더 정확히 알고 있는 경우가 많다. 인정을 안 하니까 그냥 모른 척해줄 뿐이다.

얼핏 보기에 능력이 있고 일을 잘하는 것처럼 요란을 떠는 직원들도 실수를 어떻게 처리하고 받아들이는가를 보면 금방 그 본모습을 파악할 수 있다. 그들은 겉으로만 능력 있는 척하지, 실제로는 자신이 없거나 능력이 모자라는 경우가 많다. 반대로 조금 일이 더디어 보이고, 별달리 눈에 띄지 않았던 직원이라 할지라도 자신의 실수를 스스로 인정하고 적극적으로 나서서 해결하려고 애쓰는 경우에는 그가 다르게 보인다. 조금 느리더라도 그 사람에겐 분명 미래가 있다. 훗날 보면 언제나 이런 예측은 정확히 들어맞았다.

'동양의 유태인'이라 불릴 정도로 상술의 귀재인 온주상인. 그들이 성공할 수 있었던 비결 역시, 고난과 실패를 성취의 원동력으로 전환하는 그들만의 태도에 있었다고 한다. 그들이 실패를 성공으로 전환시킨 '마음의 법칙'은 다음과 같다.

> 첫째, 잘못을 남의 탓으로 돌리지 않고 성실하고 진지하게 주변의 환경을 살핀 다음, 새로운 사업의 가능성을 타진한다.
> 둘째, 실패의 원인과 교훈을 철저히 분석해 새로운 계획을 세운다.
> 셋째, 다시 사업을 시작하기 전에 반드시 과거의 경험을 정리해 긍정적인 부분은 강화하고, 부정적인 부분은 완전히 제거한다.
> 넷째, 자기의 자신감에 영향을 미칠 수 있는 실패의 기억을 완전히 묻어버린다.
> 다섯째, 얼굴 가득 웃음을 띠고 다시 일을 시작한다.

어떤 상황이 닥치든 철저하게 반성하고, 개선책을 내고, 그 아이디어를 실천하는 과정에서 '진화'는 이루어진다. 성공만 계속 반복하는 것은 진정한 진보가 아니다. 인생에서도 비즈니스에서도 살다보면 뜻하지 않게 실패를 경험하는 수가 있다. 그러할 때, 자신의 실패를 인정하고, 떳떳이 공개하고, 주변 사람들의 도움과 조언을 얻어 개선책을 찾는 사람만이 성공의 계단을 향해 한 걸음 한 걸음 지치지 않고 나아갈 수 있는 것이다.

자신의 실패를 인정하고 학습하는 습관을 들이기 위해서는 다음과 같은 일련의 활동들이 많은 도움이 될 것이다.

뭘 모르는 건지 모르는 것도 잘못이다

기본과 원칙에 충실하라. 원칙을 철저하게 세우지 않는다면 자신이 어디에서 실수를 했고 무엇 때문에 실패할 수밖에 없었는지 밝힐 수가 없다. 흔히 초보자들이 가진 가장 큰 한계는 '자신에게 문제가 있다는 것을 모른다'는 것이다. 모르는 것도 잘못이다.

깐깐하게 돌아보라

나만의 '실패노트'와 '시행착오노트', '성공노트'를 만들어라. 스케줄러나 업무일지에 기록된 것으로 객관적인 과정을 확인할 수는 있지만, 그것만으로는 발전의 기틀을 마련하기 힘들다. 프로젝트나 과업 중심으로 스스로 이번 일에서 무엇이 잘못됐고, 어떤 시행착오가 있었으며, 지난 번 프로젝트보다 어느 면에서 어느 정도 향상되었는지를 기록해 두면 스스로 성찰하고 반성하는 데 큰 도움이 된다. 그냥 머리 속으로 두루뭉술하게 생각했을 때와는 달리 이렇게 차근차근 분석적으로 정리해 나가다보면 의외로 자신의 강점과 약점을 뚜렷하게 파악할 수 있고 학습속도도 배가되는 것을 느낄 수 있을 것이다.

틀린 문제는 절대 다시 틀리지 마라

자주 실수하는 부분은 체크리스트를 따로 만들어라. 학창시절에 시험 볼 때도 그랬다. 지난번에 틀린 문제를 또 다시 틀리는 것이다. 업무에서도 사람마다 꼭 어떤 특정한 부분에서 실수를 하는 경우가 많다. 가령 유난히 숫자에 약해 숫자와 관련된 보고서에서 실수를 한다든지, 마지막 체크를 소홀히 한다든지, 보고나 결재를 잊어버린다든지 등등. 그래서 모든 프로세스를 다 잘해놓고도 한두 가지 영역에서 실수를 저지르는 바람에 일을 망치게 되는 경우가 많다. 따라서 자기가 취약한 부분에 대해서는 정확한 체크리스트를 만들어 책상 앞에 단단히 붙여놓고 항상 단계별로 체크하는 습관을 들여야 한다. 그렇게 해도 자신이 없다면, 동료나 상사의 도움을 청해서라도 반드시 그 부분을 검증하고 넘어가는 것이 좋다.

당신이 할 수 있는 가장 아름다운 기여, 제안

더 나은 업무방식이나 프로세스를 적어두는 '제안노트'를 만들어라. 업무 프로세스란 꼭 상명하달 방식으로 적용되는 것이 아니다. 일을 하다보면 더 효율적인 업무 방식이나 프로세스가 떠오를 수 있다. 현장에서 고객을 만나면서, 혹은 프로세스를 실행해가면서 효율성이 떨어지는 부분을 직접 체감했다면 그것을 적극적으로 프로세스에 반영시키자. 아주 사소한 것이라도 메모하고 공유하라. '이렇게 해봤더니 훨씬 더 청소가 잘 되더라', '이렇게 했더니 고객이 더 기뻐하더라', '이렇게 하면 시간도 절약되고 리스크도 줄일 수 있지 않을까' 하는 요소들을 아침 미팅이나 회의 때 제안하라. 모든 사람의 노고를 10분씩이라도 줄여줄 수 있다면 그것은 당신이 할 수 있는 일 중에서도 얼마나 아름다운 기여인가?

실패를 인정할 수 있는 조직문화가 중요하다

조직이나 회사도 마찬가지다. 실패했을 때, 시행착오를 겪었을 때, 그것을 철저히 인정하고, 공개하며, 그것을 통해 배운 귀중한 교훈과 노하우를 전사적으로 공유하는 것, 그것이 이기는 조직이 가진 가장 중요한 경쟁력이다.

그러려면 우선 구성원들이 자신들의 실수를 과감히 공개할 수 있는 조직문화가 전제되어야 한다. 그리고 이 같은 조직문화 위에서 개인의 도덕성과 정직성, 개방성이 함께 조화를 이루어야 한다. 질책이 두려워 쉬쉬하고 숨기는 조직은 간단하게 도려낼 수 있는 종기를 온몸에 퍼질 때까지 방치하고 있는 꼴이나 다름없다.

IBM이나 제록스Xerox 같은 세계 최고 수준의 성공한 기업도 수많은 실패와 실수를 되풀이하면서 성장해왔다. 3M 사 최고의 효자상품인 '포스트잇'이 우연한 실수 속에서 만들어졌다는 사실은 이미 누구에게나 알려진 이야기다. 문제는 실패와 실수를 인식하고 처리하는 방법이다. 애플Apple 사에서는 실수를 하지 않는 직원이 오히려 꾸중을 듣는다. 실수를 하지 않는다는 것은 곧 일을 하지 않는다는 뜻으로 통하기 때문이다. IBM에서도 자신의 실수로 회사에 1천만 달러의 손실을 입힌 직원이 제출한 사표를 과감하게 반려하면서 그 실수에 대한 가능성에 배팅을 했다.

또한 일본의 토요타 자동차는 실패로부터 성공을 학습하는 조직문화로 유명하다. 토요타 직원들은 누구나 자신의 '실패노트'를 철저히 작성하고 학습자료로 삼는 한편, 개선 제안으로까지 연결시킨다. 뿐만 아니라 이 '실패노트'는 전사적으로 공개되고 전 직원에게 공유된다.

처음엔 누구라도 실패노트를 꺼내 보여주거나 실패 자체를 기록으로 남기는 일이 즐거울 리 없다. 그러나 진정한 진보의 견인차 역할을 하는 것은 성공노트 쪽보다는 실패노트나 시행착오노트 쪽이다. 먼 미래의 존재가치를 더 높여주는 것은 현재의 뼈아픈 발견과 공유다.

'실패와 성공은 닮은 얼굴을 하고 온다'는 말이 있다. 처음엔 실패처럼 보이는 성공이, 또 성공처럼 보였던 실패가 얼마나 많은가! 그러므로 개인이든 조직이든 실패를 실패로 놔두지 말고 성공의 지렛대로 삼아야 한다. 전사적으로 실패를 공유하고 학습하는 문화를 만들려면 조직 차원에서 다음과 같은 노력이 필요하다.

첫째, '실패노트' 나 자신의 실패 사례를 가장 많이 발표한 직원, 혹은 팀에게 포상하는 제도를 시행한다.
둘째, 공유해야 할 원칙들을 미리 준비해두고 수시로 교육을 실시한다. 동일한 시행착오가 반복되지 않도록 하는 것이 무엇보다 중요하다.
셋째, 업무의 누수가 많은 부분은 체크리스트를 만들어서 수시로 직원 각자가 체크하도록 하거나 크로스 체킹을 통해 실수가 반복되지 않도록 하며, 정확한 피드백을 주어 개선하도록 한다.
넷째, 직원들 각자뿐 아니라 관리자 자신도 실패노트와 시행착오노트, 성공노트를 만들어 지속적으로 관리하고 활용하도록 한다.

동양의 옛 고전을 읽어보면 수레바퀴에 맞는 차축을 깎는 수레차 수리공에 대한 일화가 나온다. 수레바퀴에 맞는 차축을 깎으려면 수많은 시행착오를 통해 몸과 마음으로 배우고 익힌 노련한 전문 수레차 수리공의 기술이 필요하다. 그리고 수레바퀴에 차축을 제대로 끼우려면 차축을 너무 얇게 깎아도 안 되고 너무 두껍게 깎아도 안 된다. 이러한 기술은 언어로 가르치거나 배울 수 있는 문제가 아니다. 우리가 언어화할 수 있는 것은 그가 어떻게 차축을 깎는 법을 배워왔는지 그 시행착오의 과정이며, 이를 통해 그의 직관과 사유를 배우는 것이다.

지식 공유의 딜레마, "이건 내 지식인데요!"

실패 사례든 성공 사례든 조직이 전사적으로 지식을 공유하고 학습하려고 할 때 뜻하지 않은 장애물에 부딪힐 때가 있다. 일부이긴 하지만, 자신의 업무 노하우나 스킬, 그리고 자신이 일하면서 축적한 고객이나 거래처 정보 등을 잘 공개하지 않으려는 사람들 때문이다. 그들은 그것이 조직 내에서의 자신의 존재가치나 경쟁력이라고 생각하거나, 조직을 떠날 경우 자신만의 자산가치라고 믿고 있다. 이때, 지식을 공유하여 직원들의 경쟁력을 높이고 새로운 지식이 좀더 풍성하게 창출되기를 바라는 조직의 본능과, 자신의 지식을 남들과 공유하지 않으려는 구성원 개인의 본능이 충돌하는 사태가 발생하기도 한다.

결국 조직으로선 이 같은 개인들의 태도를 어떻게 바꿀 수 있느냐가 숙제인 셈이다. 이 때문에 지식경영을 활발하게 실시하고 있는 기업들의 경우, 인트라넷에 올린 지식데이터의 질과 양에 따른 포인트 제도를 두어 보너스를 지급하거나 인사고과에 반영하는 사례도 늘고 있다.

그러나 보다 근본적인 문제는 구성원들의 마인드일 것이다. 내가 공개하지 않으면 남도 공개하지 않는다. 자신의 작은 지식을 꽁꽁 움켜쥐고 있기보다는 다른 사람들과 서로 지식을 나누고 교류하려는 진취적이고 개방적인 자세가 필요하다. 그리고 자신의 지식도 조직이라는 무대 위에서, 조직의 돈을 써가며 습득한 것이라는 점을 인정해야만 할 것이다. 지식은 묻어두면 낡고 녹슬지만, 나누면 나눌수록 새로워지고 커진다는 것을 깨달아야 한다.

● Insight in Story ●

넘어질 때마다

DNA가 세포의 기본적인 유전물질임을 밝혀낸 미국의 생물학자 에이버리Oswald Theodore Avery의 이야기다.

에이버리는 수년 간 수많은 실험을 했는데, 계속 실패를 거듭했다. 그럼에도 그는 포기하지 않고 계속 실험에 매달렸다. 주변에서 지켜보던 사람들이 안타까워서 그에게 지치지 않느냐고 걱정스럽게 물었다.

그랬더니 에이버리는 태연하게 대답했다.

"전혀요. 넘어질 때마다 뭔가를 주워서 일어나거든요."

마케팅에 올인한다,
체화된 마케팅적 사고

이제 개발이나 기획을 담당하는 사람이든, 인사와 관리를 담당하는 사람이든, 재무를 담당하는 사람이든, 누구라도 모든 생각과 의사결정의 채널을 고객감동의 주파수에 맞추어야 할 것이다. 그리하여 모든 구성원들이 마케팅 전략의 귀신이 되어야 한다. 하물며 CEO는 두말할 나위가 없다. 누군가의 말처럼 "마케팅 부서가 기업 전체는 아니지만, 기업 전체가 마케팅 부서가 되어야 한다."

PART
WINNING HABIT 04

모든 구성원들이
마케팅 전략의 귀신이 되라

마케팅은 너무 너무 중요해서 마케팅 부서에만 맡겨둘 수 없다.
기업이 세계에서 가장 훌륭한 마케팅 부서를 보유하고 있을지라도,
다른 부서들이 고객 이익에 부합하는 데 실패하면 여전히 마케팅에서 실패한다.
- 데이비드 패커드 David Packard, HP 사 공동 설립자

한 나이든 여자 고객이 자동차 타이어를 백화점에 들고 와서는 반품해달라고 요구했다. 고객에게 영수증이 없었기 때문에 점원은 제품가격으로 얼마를 지불했느냐고 물었다. 고객은 가격을 얘기했고, 직원은 기꺼이 돈을 환불해주었다.

여기까지만 놓고 보면 그렇게 특별한 이야기는 아니다. 그러나 정말 특별한 것은 이 백화점에서는 자동차 타이어를 판매하지 않는다는 사실이다.

이 이야기는 경영학의 대가 톰 피터스가 대중에게 널리 알렸는데, 수백만 달러의 가치가 있는 무료 홍보인 셈이다. 이 백화점이 타이어 가격으로 물어준 비용은 고작 29달러였다.

조지 실버만 George Silverman 의 《입소문을 만드는 100가지 방법》에 실린 이야기다. 이 백화점은 고객감동에 있어 신화적 기업으로 널리 알

려진 '노드스트롬Nordstrom'이다. 아마도 우리나라 백화점이었다면 어떠했을까 생각하니 쓴웃음이 나온다. 아마도 그 직원은 시말서를 썼든가, 바보 취급을 당했든가, 아니면 자기 돈으로 환불금을 물어냈을 것이다.

부러운 것은 일개 판매직원이 자기 백화점에서 타이어를 팔지 않는다는 사실을 알면서도 고객의 편의를 위해 기꺼이 그러한 행동을 취할 수 있었다는 점이다. 그만한 권한위양이 되어 있지 않았더라면, 그리고 고객서비스에 대한 철저한 의식이 전사적으로 공유되지 않았더라면 불가능한 일이었을 것이다.

전직원이 마케터다

'고객'과 '시장'을 상대로 하는 비즈니스의 세계에서 가장 핵심적인 솔루션을 제공하는 것이 바로 마케팅이다. 그러므로 어떤 영역에서건 이 마케팅이라는 시스템적 사고가 도입되지 않고서는 경쟁력이 생길 수 없다. 기업의 흥망을 좌우하는 핵심은 기업을 둘러싼 환경의 변화를 마케팅이라는 시스템 박스에 넣어 각종 요소들을 믹스mix함으로써 문제의 해결책을 찾아가는 과정이라고 보아도 과언이 아니다. 더군다나 이제는 누구나 생산하기만 하면 판매가 되었던 산업화 시대가 아니다. 시장은 급격하게 세분화되어가고 강력한 글로벌 경쟁자들이 약진하고 있으며, 고객의 기대수준은 하늘 높은 줄 모르고 상승하고 있다. 제품의 품질 평준화에 따른 범용화와 더불어 한 가지 제품의 수명은 점점 단축되고, 유통망의 담합이나 교섭능력이 강화되는 등 마케팅의 위협요소가 끊임없이 출현하고 있다. 이는 자칫 기업의 경쟁력 악화로까지 이어지는 심각한 결과를 초래하기도 한다.

이렇게 급박한 환경 속에서 살아남는 방법은 결국 고객이 스스로 우리의 제품과 서비스를 찾도록 하는 길밖에 없다. 그러려면 CEO에서 말단직원에 이르기까지, 기획·제조부서에서 매장의 판매사원에 이르기까지 철저히 고객중심의 사고로 무장하고 체화된 마케팅적 사고로 똘똘 뭉쳐야 할 것이다. 필자가 왜 이토록 전사적 마케팅을 강조하는지는 다음과 같은 예를 통해 생각해보면 이해하기 쉬울 것이다.

한 호텔기업이 있다. 영업이나 마케팅 부서장은 어떻게 하면 한 명의 고객이라도 더 유치할 수 있을까, 어떻게 하면 고객들에게 최상의 서비스와 감동을 줄 수 있을까를 끊임없이 고민할 것이다. 그는 호텔을 이용하는 고객에게 깨끗하고 안락한 객실과 시설, 최고의 음식을 제공하고 싶을 것이다.

그러나 막상 재무부서에서는 어떻게 하면 경비를 절감하고 수익을 올릴 수 있을까를 고민하기 때문에 좀더 싼 임금의 용역이나 자재를 구입하려 들 것이다. 청소나 수선을 담당하는 부서 역시 최대한 용역비를 아껴 부서의 수익을 극대화하려 들 것이다. 인사부는 인사부대로 마케팅적 사고나 서비스 정신이 투철한 사람을 뽑기보다는 기존의 방식과 기준을 고수하며 사람들을 채용할 것이다. 이처럼 마케팅부서에는 한 사람의 고객이라도 더 끌어오라고 요구하면서도 실상 기업의 각

부문들은 그것을 실현하는 데 저해되는 행동들을 하고 있는 것이다. 이것이 많은 기업들의 현실이다.

경영학의 대가 피터 드러커는 이렇게 말했다.

"판매와 마케팅은 정반대다. 같은 의미가 아닌 것은 물론, 서로 보완해주는 부분조차 없다. 어떤 형태의 판매는 필요하다. 그러나 마케팅의 목표는 판매를 불필요하게 만드는 것이다. 마케팅이 지향하는 것은 고객을 이해하고, 제품과 서비스를 고객에 맞추어 저절로 팔리도록 하는 것이다."

마케팅의 대가 필립 코틀러 Philip Kotler 역시 비슷한 얘기를 하고 있다.

"광고보다는 홍보가, 그리고 고객들이 입소문을 내주는 것이 더 큰 마케팅 효과를 가져온다." 그런데도 실상 기업들의 현실은 이를 외면하고 있는 것이다.

마쓰시타 그룹 창업자인 마쓰시타 고노스케. 그의 나이 35세가 되던 해, 자전거를 타고 상품을 팔러 가다가 그는 우연히 한 걸인이 공중 수도에 입을 대고 벌컥벌컥 물을 마시는 모습을 보면서 무릎을 쳤다. 인간에게 절대적인 공기나 물처럼 소비자들에게 최대의 효용과 최소의 가격으로 만족을 주는 사업, 바로 그런 사업을 해야겠다고 마음을 먹은 것이다. 물이나 공기처럼 고객들이 찾지 않을 수 없는 상품만 만든다면 성공은 저절로 오리라는 확신이 든 것이다. 그 후 그는 어느 업종에서든 고객에게 최고의 상품으로 최대의 만족을 주기 전까지는 절대 다른 신규 사업에 손을 대지 않았다고 한다.

마쓰시타야말로 마케팅의 원리를 일찍이 간파하고 있었던 것이다. 판매가 필요 없는 제품을 만들고, 고객에게 최대의 만족과 감동을 주는 것이 가장 핵심적인 기업의 경쟁력이라는 것을 그는 알고 있었다. 그리고 그룹 내 전 구성원이 그러한 경영이념 하에 자신들의 업業을 충실히 수행하도록 하는 것이 진정한 경영이라는 것을 말이다. P&G 사가 훌륭한 기업으로 칭송받는 이유 역시, 단순히 제품과 서비스가 훌륭해서만은 아니다. 기업의 모든 부서가 고객을 중심으로 일하기 때문이다.

이제 개발이나 기획을 담당하는 사람이든, 인사와 관리를 담당하는 사람이든, 재무를 담당하는 사람이든, 누구라도 모든 생각과 의사결정의 채널을 고객감동의 주파수에 맞추어야 할 것이다. 그리하여 모든 구성원들이 마케팅 전략의 귀신이 되어야 한다. 하물며 CEO는 두말할 나위가 없다. 누군가의 말처럼 "마케팅 부서가 기업 전체는 아니지만, 기업 전체가 마케팅 부서가 되어야 한다."

최근 〈포춘〉지 선정 500대 기업 중 50개 기업에서 경영 컨설턴트로 활약하고 있는 니르말야 쿠마르Nirmalya Kumar가 쓴 《CEO에서 사원까지 마케팅에 집중하라》는 책은 그간 필자가 고민해온 '기업에서의 마케팅이란 무엇인가'라는 물음에 대해 비교적 명쾌한 해답을 제시하고 있다.

특히 쿠마르는 그 동안 많은 사람들이 당연하게 생각해온 마케팅의 역할(단순히 제품의 가격을 정하고, 유통에 관여하며, 판매촉진을 위한 다양한 이벤트를 하는 것)을 과감히 부정했다. 제품(Product), 유통경로(Place), 판매가격(Price), 판매촉진(Promotion) 등 4P를 기준으로 마케팅 믹스를 하는 기능 중심적 역할 대신 새로운 시장을 개척하고 고객을 주도하는 21세기 기업에 적합한 맞춤형 마케팅 전략을 제안한 것이다.

특히 가장 필자의 관심을 끈 부분은 '전사적 마케팅을 시도하라'란 부분이었다. 그는 요즘 같은 경영환경 속에서는 기업의 생존이 걸린 마케팅 활동을 단순히 마케팅 부서에만 일임해두어서는 문제해결이 불가능하므로, 기업 전체의 프로세스를 마케팅 중심으로 바꾸라고 주문한다. 아울러 CEO는 이제 마케팅 활동의 가장 강력한 후원자이자 고객의 후견인, 품질과 서비스 관리자로 발 벗고 나서야 하며, 마케터는 시장전략가로 거듭나야 한다는 점을 강조하고 있다. 이른바 '기업 전체를 고객에 맞추라'는 것이다.

마케팅을 하는 사람이라면 아마도 통합적 전사적 마케팅(Total Marketing System)이라는 말을 들어보았을 것이다. 이는 위와 같은 기업의 분화된 인적·물적 자원을 고객감동을 위해 한 곳으로 집중하는 것을 말한다. 어찌 보면 니르말야 쿠마르의 견해도 큰 맥락에서는 이와 다르지 않다. 통합적 전사적 마케팅은 두 가지 의미를 갖는다. 첫째 여러 마케팅 기능을 고객의 관점에서 재조정해야 한다는 것, 둘째 마케팅은 기업의 모든 다른 부서와 유기적으로 연결되고 잘 조정되어야 한다는 것이다.

필자가 마케터 출신 경영자라서가 아니라 정말이지 100% 공감하는 이야기다. 한 기업의 수장으로 밤낮 없이 경영활성화를 모색하면서 모든 구성원이 마케팅적으로 사고하고 모든 구성원이 마케팅에 올인하지 않고서는 살아남을 수 없다는 것을 일찍이 간파했기 때문이다.

남다른 전략가들의 5가지 비밀법칙

이제 조직은 비단 마케팅 부서가 아니더라도 전 구성원들이 마케팅적 사고력과 마인드를 갖추어 나갈 수 있도록 끊임없는 교육과 훈련의 기회를 제공해야만 한다. 그리고 회사의 시스템도 전사적 마케팅 활동에 맞게 유기적, 체계적으로 재편해야 할 것이다.

이와 함께 중요한 것은 모든 직원들이 항상 전략적으로 사고해야 한다는 것이다. 마케팅적 사고도 전략적 사고의 뒷받침이 이루어지지 않으면 도태되고 만다. 항상 다른 대안은 없는가, 더 좋은 방법은 없는가를 생각하는 습관을 들여야 한다.

여기 구성원들이 전략적 사고를 훈련하는 데 도움이 될 만한 방법을 몇 가지 소개한다, 이는 남다른 전략, 남다른 생각체계를 위해 필자가 정리한 5대 법칙이다. 자기전략 강화를 위해 매일 이 법칙을 활용하기를 권한다.

- **부정의 법칙** : 현재의 이 방법이 반드시 정답은 아니다. 다른 방법은 없는가?
- **미래의 법칙** : 1년 후, 5년 후, 10년 후에는 얼마나 더 멋진 제품과

서비스를 고객에게 드릴 수 있을까?
- **진화의 법칙** : 반드시 현재의 것을 대체할 수 있는 새로운 것, 지금 수준 이상의 것이 어딘가 존재하고 있고, 누군가는 이미 그것을 시도하고 있다. 그것은 무엇일까?
- **고집의 법칙** : 지금 당장 성과가 눈에 보이지 않는다고 해도 끝까지 지속하겠다. 반드시 빛 볼 날이 있다.
- **창의의 법칙** : '내가 꿈꾸는 세상'은 반드시 만들 수 있다. 창조의 기네스, 판매의 기네스, 고객만족의 기네스에 도전하겠다.

'누가 알려주겠지', '하다보면 나아지겠지' 하는 한가한 생각을 하고 있거나 전략도 없는 상태로 우유부단하게 하루하루를 보내고 있다면, 그것은 제자리걸음은 고사하고 매순간 나락으로 떨어지고 있는 것이나 마찬가지다.

세상이 무섭게 변하고 있다. 날씨 하나만 변해도 마케팅의 지도가 180도 달라진다. 그러니 항상 현장에서, 시장의 변화와 추이에 촉각을 곤두세우고, 자신만의 핵심전략을 캐치하려는 습관을 들여야 한다. 워털루 전쟁의 영웅 웰링턴 장군은 다음과 같은 유명한 말을 남겼다. "습관은 제2의 천성이다. 그리고 그것은 본래 가지고 태어난 천성의 10배에 이르는 힘을 가지고 있다."

누구라도 어느 날 갑자기 전략의 달인이 될 수는 없다. 전략이란 '내 일만 잘하고 나만 잘 살려고' 하는 자세에서는 절대 나오지 않는다. 소비자들이 무엇을 생각하고 있고 무엇을 필요로 하는지 시장의 동향과 변화에 항상 나를 열어놓고 새로운 시도를 벌인다면 그것이 곧 나의 히스토리^{History}가 된다. 그 히스토리가 몸에 배었을 때 그것이 제2의 천성, 습관이 되는 것이다.

•Insight in Story•

습관

어떤 이가 작은 습관을 하나 만들었다.
그는 그것을 늘 끌고 다녔다.
그 습관이 자라서 큰 습관이 되었다.
지금 그는 그 큰 습관에 끌려 다닌다.
— 이규경, 《짧은 동화 긴 생각》 중에서

전략적 사고도, 마케팅적 사고도 습관이다. 그 작은 습관이 자라나 엄청난 차이를 만들어낸다.

돈은 가장 낮은 곳으로 흘러들어온다, 현장에서 답을 찾아라

가장 높은 곳에 올라가려면 가장 낮은 곳부터 시작하라.
- 푸블릴리우스 시루스, 로마의 풍자시인

머리를 너무 높이 들지 말라. 모든 입구는 낮은 법이다.
- 영국 속담

삼성전자의 윤종용 부회장은 임원에 대한 주요 평가요소 중 '해당 임원이 현장을 얼마나 잘 알고 있고 얼마나 자주 직접 방문하는가'를 최우선으로 삼는다. 그래서 현장을 나갈 때면 해당 임원이나 간부들이 얼마나 자주 와서 현장을 보고 애로사항을 경청하는지를 가장 먼저 체크한다.

비즈니스든 판매든 지속적으로 망하지 않고 성장하는 조직의 특성은 '~라 하더라' 하는 소식통을 무시하고 직접 자신의 눈과 귀로 현장을 확인한다는 것이다. 서울에서 30년 넘게 장사를 해오면서 매년 비약적인 성장을 거두어 오고 있는 한 전자제품 대리점장은 자신의 성공비법을 한 마디로 압축한다.

"첫째도 현장, 둘째도 현장입니다. 현장이 어떻게 돌아가는지 한시도 놓치지 않는 것이 성공의 기본이죠."

그는 상권을 철저하게 파악하기 위해 자신의 상권 자체도 세부 지역으로 잘게 나누고 각 지역별로 담당 직원을 배정한다고 한다. 그리고 그들로 하여금 최소한 주 1회 이상 고객들을 직접 방문하여 판촉행사라든가 사은품에 대한 고객들의 니즈와 의견을 조사하고 자신에게 실시간으로 보고하게 한다. 그런 다음 그 정보를 바탕으로 시시각각 변화에 대응하는 전략을 짠다는 것이다. 대한민국에서 최고로 잘 판다는 매장의 경영자도 이렇게 경쟁자와 고객을 알려고 분주한데, 평균 혹은 거기에도 못 미치는 수준의 매장들이 '시장 정도는 나도 이미 다 알고 있어.' 하는 태도로 현재 수준에 만족한다면 발전이 있을 리 없다.

돈을 벌고 싶다면 가장 낮은 곳으로 가야 한다. 돈은 마치 흐르는 물과 같은 속성이 있어서 폼 잡고 높아지려고 하면 절대 모이지 않는다. 초일류 기업이든 성공하는 비즈니스 종사자들이든 끊임없이 현장을 확인하고 현장 위주로 솔루션을 찾으려고 하는 이유가 바로 여기에 있다. 경영의 아버지라 불리는 톰 피터스도 그의 책 서문에서 '비즈니스의 현주소'에 대해 함축적인 메타포로 이렇게 정리하고 있다.

"내가 죽고 난 뒤 내 묘비에 이런 문구가 쓰여지게 된다면 나의 인생은 실패작이 될 것이다. '톰 피터스(1942~0000), 그는 뭔가 멋진 일을 할 수도 있었지만 상사 때문에 그렇게 하지 못했다' 혹은 '그는 부자였다', '그는 유명했다', '그는 무엇이 옳은지 알고 있었다' 따위의 문구도 싫다. 내가 진정으로 내 묘비에 새겨지길 원하는 문구는 바로 이것이다. '톰 피터스, 그는 진정 행동가였다'."

현장과 실행의 문제가 얼마나 중요한지 역설하고 있는 말이다. 직원이나 동료들이 전달해주는 정보들을 제대로 확인해보지도 않고 '~라 하더라' 하는 것을 그대로 믿어버리는 데 익숙해져버리면 멀지 않은 미래에 큰 낭패를 맞게 된다.

필자가 삼성전자 남부지사에 몸담고 있었을 때의 일이다. 본사에서 임원급들이 대구를 방문할 일이 있었다. 믿을 만한 직원에게 임원들이 묵을 숙소를 특별히 더 철저하게 점검하라고 지시를 해놓았다. 직원은 "가보니 이미 본사에서 파견된 참모들이 숙소점검을 마친 상태였다." 라고 말하며 "아무 이상 없이 조치해놓았다는 설명을 들었다."고 덧붙였다.

방문 전날, 우연히 주변의 대리점에 들를 일이 있었던 나는 예약해둔 숙소에 한 번 가보기로 했다. 그저 '혹시나' 싶은 마음에서였다. 역시 침구나 각종 기기들은 잘 비치되어 있었다. 그런데 텔레비전을 켜보니 공중파 방송이 잡히질 않는 게 아닌가? '아차' 싶어 확인을 해보았더니 기기에는 문제가 없었으나 숙소에 설치된 안테나가 고장이 나서 방송이 나오질 않는 것이었다. 풍경만 쓱 보고 모두 잘 갖춰져 있다고 판단한 실무자의 실수였다. 필자는 재빨리 지역의 A/S 담당기사를 불러 안테나를 점검하도록 했다. 새벽 시간에 뉴스라도 보려고 임원이 텔레비전을 켰다면 큰 낭패를 볼 뻔했을 일이었다. 그런 여러 사건들을 겪으며 내게는 늘 '직접 내 눈으로 가서 확인하는 습관'이 붙었다. 물론 경영을 하다보면 모든 일을 그렇게 처리할 수는 없다. 하지만 아무리 믿을 만한 참모라 해도 그들도 인간이기에, 혹은 아직은 보는 시야가 좁아서, '이 정도면 충분하겠지', '다들 괜찮다고 하는데…' 하고 안일하게 생각하기 쉽다. 그럴 때일수록 리더는 빈틈을 포착하고 정확히 현장을 점검하고 허점이 생기지 않도록 챙겨야 한다.

이는 조직 내 인간관계에서도 마찬가지다. 근거 없이 나온 이야기를 가지고 조직 구성원에 대해 안 좋은 평가의 잣대를 들이대는 경우를 흔히 본다. 본질을 꿰뚫어보고 이것이 사실에 근거한 정보인지 혹은 정보전달 과정에서 과장되거나 왜곡된 것인지를 판단하는 것은 리더가 가져야 할 기본적인 자질 중의 하나다.

벤치마킹을 하기 위해서 관광버스까지 대절해서 수차례나 H사의 한 모범지점을 방문한 적이 있었다. 그렇게 수없이 많은 직원들을 데려가서 보여주고 들려주고 하였지만, 그들이 작성한 벤치마킹 보고서는 매우 낭만적인 수준이었다. "잘해놓았더군요. 아, 정말 대단합니다." 이건 벤치마킹이 아니라 수학여행 소감문 수준이다.

아무리 보고 들어도 이런 마음가짐으로는 절대 경쟁자를 통해 나를 발전시킬 수 없다. 왜 바쁜 시간을 쪼개어 현장에 직접 가보겠는가? 이유는 단 하나다. 지속적으로 성장하고 발전함으로써 성공을 거두기 위해서다. 즉 현장을 들여다보는 진정한 이유를 알고 있어야 하고, 그 기준에 따라 현장을 파악하려고 노력해야 한다. 따라서 현장을 관찰할 때는 다음과 같은 기준과 전략을 가져야 한다.

현장에서 답을 찾기 위해서다

아무리 잘해봐야 상상만으로 그린 그림은 내 오지랖 안에 머물 뿐이다. 현장에서 직접적인 정보와 장면을 보았을 때 비로소 실용적인 창의력이 생긴다. 아울러 답을 찾기 위해서는 '질문'이 있어야 한다는 사실을 잊어서는 안 된다. '어떤 상품을 고객들이 많이 만지는가?', '고객들은 제품을 찾을 때 어떤 방식으로 물어보는가?', '현장에 진열된 제품은 타사 제품과 비교해서 어떻게 보이는가?', '우리 제품에 대한 고객들의 반응은 어떠한가?', '매장 직원들이 보는 우리 제품의 장단점은 무엇인가?', '매장 레이아웃은 판매와 어떻게 연결되는가?' 등등, 자신의 평소 고민을 현장에서 직접 '질문'으로 던져보아야 답이 보인다는 말이다.

이는 비단 마케팅이나 영업업무를 하는 사람들에게만 해당되는 이야기가 아니다. 기획을 하거나 연구·개발을 하는 사람들, 관리직이라고 해서 예외일 순 없다. 그 물건이 팔리는 현장에 나가서 자신들이 개발한 물건이 어떻게 진열되어 있는지, 조명이나 놓이는 위치에 따라 현장에서 어떻게 보이는지, 그 제품이 눈에 띄는지, 소비자들은 그 제품에 호감을 갖는지, 판매자들은 우리 제품에 대해 어떻게 평가를 하는지 등을 관찰하고 숙고하지 않고는 제대로 된 제품개발이 이루어질 수 없기 때문이다.

잘못된 판단을 하지 않기 위해서다

직접 가서 보지 않으면 제대로 된 정보인지 알 수 없다. 한번은 인근 점포에서 덤핑 판매를 해서 장사하기가 너무 힘들다고 영업직원이 우는 소리를 하기에, 직접 그 점포에 가서 비밀리에 훔쳐보기로 했다. 그러나 미스터리 쇼핑(고객 행세를 하며 관찰하는 것)을 해본 결과 일부 2~3개 기종만 파격적인 할인가격일 뿐 나머지 제품들은 오히려 우리 점포의 판매가보다 높았다. 그 직원은 일방적인 고객의 주장만 듣고 옆 점포에 대해 괜한 오해를 했다면서, 이후로는 꼭 현장에 가서 사실을 직접 확인해보겠다고 다짐했다. 가보지 않고, 눈으로 직접 확인하지 않고 판단하는 것이 얼마나 위험한 일인지 새삼 깨우친 대목이다.

또 다른 에피소드도 있다. 창고에 재고가 5천 개 있다고 해서 몰래 실사를 나갔다. 그러나 실물재고는 3천 개 정도일 뿐 나머지는 장부에만 남아 있는 수치였다. 그 후로 며칠에 걸쳐 외부로 유출돼 있던 재고를 전량 회수했다. 실수하지 않는 가장 정확한 방법은 직접 현장을 체크해보는 일이다.

자신의 성장지도를 그리기 위해서다

비즈니스 현장에 매몰되거나 내 업무에 몰입하다보면, 진정한 성장의 동력이 무엇인지 눈에 잘 들어오지 않는다. '우물 안 개구리'란 그저 낡은 옛말이 아니다. 잘하는 곳을 내 눈으로 직접 들여다보고, 그것을 흉내내는 것만으로도 나의 성장동력을 찾을 수 있다.

압구정동에서 꽤 크게 점포를 하고 있는 장 사장은 최근 매출이 줄어들어 고민이었다. 직원들과 아이디어를 모아 판촉계획을 다시 짜고 사은품에다 전단까지 온갖 가능한 수단을 다 동원하고 몇 날 며칠 밤을 새워 준비해 3일간의 판촉행사를 시행했지만, 결과는 돈만 들고 효과는 없었다. 오히려 평상시보다 매출이 더 줄어든 날도 생겼다. 할 수 없이 장 사장은 직원들에게 우리나라에서 판촉을 제일 잘한다는 대치동 김 사장의 매장을 찾아가서 그 매장의 전략을 모조리 훔쳐오라고 지시했다. 판매의 비책을 세세히 가르쳐줄 리 만무하니 고객인 척하고 들어가서 입구에서 무엇으로 고객을 유인하는지, 전단은 어디서 어떻게 나눠주는지, 전단 내용은 뭐고 사은품은 무엇을 준비했는지, 직원들의 일거수일투족까지도 알아내오라는 것이었다.

당시 대치동 매장은 가전매장임에도 불구하고 농산물 같은 지역 특산물을 매장 앞에서 싼값에 판매함으로써 고객들을 유인했고, VIP고객은 물론 첫 구매 고객에 이르기까지 잘 짜여진 사은품 프로그램을 가지고 있었다. 언제 어디서 전단을 나눠주는 것이 좋은지부터, 신문에 끼워 보내는 삽지는 무슨 요일에 어느 신문에 해야 효과가 높은지까지, 잘 정리된 데이터로 다 가지고 있었다. 장 사장 점포의 직원들은 지시대로 대치동의 김 사장이 하는 그대로를 한 치의 오차도 없이 따라 했다. 결과는 대만족이었다. 일류대학을 나오고 대한민국 최고의 기업에서 마케팅을 한다는 사람도 절대 따라잡을 수 없는 노하우가 김 사장에게는 있었던 것이다.

최근 삼성전자의 반도체 부문 임직원들이 자사의 광주 가전공장을 견학하는가 하면 동대문의 대형 의류매장인 밀리오레를 방문해서 화제가 된 적이 있다. 이미 첨단을 자랑하는 반도체 공정임에도 불구하고 혹시 더 개선할 점은 없는가를 찾기 위해 자사의 진공청소기 라인을 직접 견학하고 전혀 다른 업종의 전문매장을 찾은 것이다. 이렇듯 시장과 현장을 제대로 보고 배우기 위한 노력에는 끝도 없고 경계도 없다.

시중에는 당신을 성공으로 안내하겠다는, 소위 성공학 서적들이 산더미처럼 쌓여 있다. 그러나 그 많은 도서들이 주목하는 바는 결국 현장에서 펼쳐지는 우리의 '구체적인 삶'의 모습이다. 아무리 그럴싸한 구호라도 현장 중심으로 배우고 고치고 조이는 '실행' 없이는 현실화될 수 없다.

우리의 도전목표가 반드시 달성될 것이라고 확신하고 적극적으로 추진하다보면, 이미 안 된다고 포기해버린 85%의 사람들은 제친 것이나 다름없다. 그러니 '된다'고 생각하는 15%하고만 경쟁하면 된다는 사실을 명심하자. 그리고 현장을 바라보고 끊임없이 체크하며 경쟁의 대열에서 함께 달려 나가자.

숫자와 보고서 안에 자신을 가두지 마라. 현장이 어떻게 움직이고 있으며, 그 안의 문제점은 무엇인지, 개선 포인트는 무엇인지 끊임없이 포착하려는 '현장주의'야말로 돈과 고객을 부르는 이기는 습관의 기본 중의 기본이다.

• Insight in Story •

교토 상인의 33계명

1. 진짜 상인은 지나간 일이나 앞으로 일어날 일이나 늘 거기서 일어날 일을 생각한다.
2. 한 사람의 고객이 곧 1만 명의 고객이라고 생각하라.
3. 참을 '인忍'자가 내 자신의 주인이 되도록 마음속에 늘 새겨라.
4. 가게를 지키는 길은 오직 근면과 검소뿐이다.
5. 검소하게 살되 꼭 필요한 데는 써라.
6. 마음이 성실하면 '신神'도 나를 지켜준다.
7. 선의후리先義後利. 의리가 우선이고 이익은 나중이다.
8. 상품의 장단점을 반드시 고객에게 알리고, 손님을 신분에 따라 차별하지 말라.
9. 창업은 쉽고 수성은 어렵다.
10. 늘 고객의 입장에 서라.
11. 큰 이익이 있는 곳에는 늘 큰 손해가 도사리고 있다.
12. 무리한 승부를 버리면 마음이 편하고 번영한다.
13. 늘 물건의 질을 따져라. 많이 판다고 좋은 것이 아니다.
14. 먼 길로 행상을 떠나는 사람이 오직 자신뿐이라고 생각하지 말라.
15. 모든 물건은 각기 때가 있다.
16. 한번 만족시킨 고객은 최고의 세일즈맨이 된다.
17. 말에 탄 장수를 죽이려면 먼저 말을 죽여라.
18. 돈 장사가 최고의 장사다.
19. 모르는 쌀장사보다 아는 보리장사가 낫다.
20. 고객서비스의 으뜸은 늘 좋은 정보를 제공하는 것이다.
21. 가난도 부자도 모두 내 마음에 달렸다.

22. 직접 하고, 말하고, 시켜보고, 칭찬해주지 않으면 사람은 움직이지 않는다.

23. 두 개의 화살을 갖지 말라. 두 번째 화살이 있기 때문에 첫 번째 화살에 집중하지 않게 된다.

24. 고생은 즐거움의 씨앗이지만, 즐거움은 고생의 씨앗이 된다.

25. 조심하는 것이 탈 없음의 지름길이다.

26. 돈이 없으면 지혜를 보여라, 지혜가 없으면 땀을 보여라.

27. 가장 무서운 것은 술에 취하는 것, 그리고 이자에 안주하는 것이다.

28. 해보지 않고 인생을 끝내지 마라.

29. 돈이라는 글자의 뜻은 '돈'과 '창' 두 개를 모두 얻는 것이다.

30. 사업을 할 때 70, 80% 정도의 승산 밖에 없으면, 그만 두는 것이 낫다.

31. 지피지기면 백전백승이다.

32. 빌린 돈을 제 날짜에 갚으면 신용이 두 배가 된다.

33. 사이좋게 지내는 것처럼 귀한 것도 없다.

— 홍하상, 《오사카 상인들》 중에서

이기는 습관 15

고객보다 유능한 마케터는 없다, 고객의 잠꼬대까지 경청하라

고객은 논쟁할 상대가 아니다. 누구도 고객과의 논쟁에서 이긴 사람은 없다.
- 이유재, 서울대학교 경영대학 교수

만약 우리가 듣는 것보다 말하기를 더 많이 하도록 창조되었다면,
우리에게는 두 개의 입과 하나의 귀가 있었을 것이다.
- 마크 트웨인Mark Twain, 미국의 작가

"취임 초기에 약 8시간에 걸쳐 전략회의를 하는데 온갖 기술적 전문용어와 난해한 설명 앞에서 단 한 마디도 알아들을 수 없었습니다. 그날 나는 심한 좌절감을 느꼈고 집에 돌아가 마티니를 마셔댔습니다."

1993년, 쓰러져 가는 최고의 컴퓨터 회사 IBM에 회장으로 전격 취임한 루 거스너Louis Gerstner의 이야기다. 식품회사 사장 출신의 이방인인 그가, IBM이라는 거대한 코끼리에 탑승하면서 얼마나 힘들었을지는 이 이야기만 들어보아도 미루어 짐작할 수 있다.

그러나 정작 위기에 빠진 회사를 살려낸 것은 '컴맹'인 거스너 회장 자신이었다. 전략회의 과정을 곰곰이 돌이켜본 결과, 그는 그 길고 긴 회의시간 동안 '고객'이라는 단어가 한 번도 언급되지 않았음을 깨달았다. 그래서 거래선과 IBM 컴퓨터를 이용하는 수천 명을 대상으로 설문조사를 하도록 지시를 내렸다. 그 결과 고객들이 정말로 원하고 선

호하는 제품이 무엇인지를 도출해냈다. 점점 복잡해지는 정보시스템의 홍수 속에서 소비자들은 한 자리에서 쇼핑을 끝내고 한 곳에서 모든 것을 해결하기를 원한다는 것이었다. 그리고 IBM만이 이 서비스를 제공할 수 있는 유일한 기업이라고 결론을 내린 그는 당장 그런 제품을 만들라고 지시했다. 회사의 연구진과 기술진은 컴퓨터를 잘 아는 사람이라면 그런 제품은 도저히 만들 수 없다는 것을 잘 안다며 회의적인 반응을 보였지만, 거스너는 물러서지 않았다. 결국 이 결단으로 인해 IBM은 기사회생에 성공했으며, 지금까지도 159개국에서 8만 명이 넘는 우수 인력이 시스템 구축과 컨설팅, 솔루션 개발에 힘쓰고 있다.

우리가 비즈니스를 하면서 흔히 저지르는 실수 중 하나는, 최소한 자신의 분야, 자신의 업계, 자신의 제품에 대해서는 다른 사람들보다 훨씬 잘 안다고 생각하는 것이다. 그래서 시장이 이미 변화하고 있어도, 주변에서 아무리 좋은 충고를 해주어도, 고객들이 요청을 하거나 불만을 토로해도 "뭘 모르고 하는 소리"라며 일축하기 일쑤다. 그러나 거스너는 IBM의 내로라하는 컴퓨터 전문가들이 오만에 빠져 탁상공론을 벌이고 있을 때, 누구보다 고객의 소리를 먼저 들었고 이를 통해 위기에 빠진 IBM을 늪에서 건져 올릴 수 있었다.

사실 당시 IBM에서 일한다는 것은 특별한 엘리트 집단의 구성원이 된다는 것과 같은 말이었다. 급료도 적지 않았고 선발과정은 엄격했으며 IBM의 직원은 '자신들이 항상 최고'라는 대단한 프라이드를 갖고 있었다. 그러나 이런 자신감을 넘어선 오만함이 결국 IBM을 위기로 몰아간 결정적인 요소가 되었다. 그 누구도 올바른 질문을 하지 않았으며, 그 누구도 무모하게(?) 변화를 주장하지 않았다.

더욱이 눈부셨던 과거의 성공은 그들을 더욱 빠른 속도로 추락시키는 오만함의 씨앗을 품고 있었다. 그들은 자신들의 회사가 언제까지나 독보적인 존재로 남을 것이라고 믿었다. 그리고 이런 오만함은 IBM이 컴퓨터 업계에서 일어나고 있는 대규모의 변화를 인식하지 못하게 만들었다. 퍼스널 컴퓨터 혁명이 한창 진행 중이었지만, IBM은 이러한 변화를 인지하지 못하고 대형 컴퓨터 사업에만 매달리고 있었던 것이다. 회사의 현금은 바닥이 났으며 1993년에는 해체 위기에까지 봉착하게 되었다. 이때 투입된 사람이 바로 루 거스너 회장이었다.

생각해보라. 만약 IBM이 이때 루 거스너와 같은 CEO를 영입하지 않았다면, 그리고 루 거스너가 고객의 소리에 귀를 기울이지 않았다면, 오늘날과 같은 IBM제국이 세워질 수 있었을까?

고객의 불만은 사라지지 않는다, 다만 진화할 뿐이다

오만한 기업을 들여다보면 CEO부터 심지어 건물관리인에 이르기까지 '우리 기업은 너무나 크고 훌륭하다. 그 무엇도 우리를 추락시키지 못한다.'는 생각에 빠져 있다. 그러나 기업을 살릴 수도 죽일 수도 있는 것은 오직 고객뿐이다. 경영위기에 봉착해 결국 시어즈 사에 합병될 수밖에 없었던 K마트의 이야기도 이를 대변해준다.

K마트의 문제는 매우 기본적인 것이었다. 질 좋은 제품을 가장 저렴한 가격에 제공하겠다는 고객과의 약속을 지키지 않았던 것이다. 그들은 초창기만 해도 광범위한 품목에 대한 가격할인 정책을 통해 '우리는 당신이 원하는 것을 가지고 있다. 그리고 그것을 가장 저렴한 가격에 제공하고 있다'는 메시지를 소비자들에게 전했다. 그리고 이 특별할인 제도를 '블루라이트 스페셜Blue Light Special'이라고 명명했다. 그런데 회사가 성공가도에 오르자 오만해진 경영진은 이 할인제도가 대기업인 K마트를 싸구려 물건이나 파는 구멍가게처럼 만든다고 불만스러워했다. 특히나 블루라이트 스페셜이 코미디 소재로 쓰이는 것을 못 견딘 경영진은 급기야 이 블루라이트 스페셜 제도를 폐지했다. 결국 K마트는 고객들의 신뢰를 잃었고 그로 인한 손실은 기업을 무너뜨리기에 충분한 것이었다. "K마트를 찾는 것은 백화점을 방문하는 이유와는 다르다."라는 고객의 소리를 무시한 결과인 것이다.

삼성전자 장창덕 국내 영업사업부 부사장은 "고객의 (불만의) 소리는 사라지지 않는다. 다만 진화할 뿐이다."라고 했다. 우리가 고안하고 개발하는 기술과 제품, 서비스만 발전하는 것이 아니라, 고객의 요구나 잠재된 불만 역시 끊임없이 변화하고 발전한다는 것이다. 고객의 소리를 포착해 발 빠르게 대처하기는커녕 고객이 어떤 니즈, 어떤 불만을 가지고 있는지 제대로 듣지도 못하고 있다면 그 기업이나 조직의 미래는 불 보듯 뻔한 노릇이다. 결국 우리는 고객의 목소리를 경청하고 해결하는 데 사활을 걸어야 한다.

최근에는 나아지고 있는 추세지만, 고객들은 대부분 '불만을 잘 털어놓지 않는' 성향을 가지고 있다. 불만이 있으면 그저 발길을 돌려 다른 곳을 찾는 게 고객들의 특성이다. 그렇게 침묵에 갇혀 50%에 해당하는 고객의 소리가 없어진다. 간혹 접수되는 고객의 소리가 있어도 현장에서 즉흥적으로 문제를 해결하거나 무시함으로써 45%가 또 사라진다. 이렇게 해서 윗선까지 보고되는 정보는 채 5%도 안 된다. 그야말로 빙산의 일각이다. 20건의 문제가 발생해도 단 1건만 경영자에게 보고 되는 셈이니 말이다.

　또 한 가지, 만족한 고객의 영향보다 혹평하는 고객의 영향이 약 3배 정도 강하다는 마케팅 법칙을 기억해야 한다. 즉 칭찬하는 고객은 고작 8명에게 영향을 미치지만 불평하는 고객은 무려 22명에게 영향을 미친다는 조사결과가 있다. 그러기에 고객과 만나는 접점에 대한 관리가 가장 중요하며, 그 순간에 고객이 얼마나 만족하는가에 따라 경영의 모든 것이 좌우된다 해도 과언이 아니다.

　그렇다면 이런 현상을 불식하고, 리더든 고객 접점에 있는 판매사원이든 고객의 우는 소리를 경청할 수 있는 방법은 없을까? 필자가 경험한 바에 의하면 고객이 현재의 서비스에 어떤 불만을 가지고 있는지, 어떤 새로운 서비스와 편익을 원하는지 확인하는 루트는 4가지가 있다.

　첫째는 소비자의 실제 행동을 관찰하는 것이고, 둘째는 고객과 가까운 관계를 유지하는 접점에 있는 직원으로부터 추출해내는 것이다. 셋째는 전문가들, 즉 고객의 생리를 잘 알고 있는 분석가들의 브레인스토밍을 통한 방법이며, 넷째로는 형태학적 분석방법을 통해 별개로 보이는 여러 속성들을 하나로 통합하는 분석기법을 활용해 추출해내는 방법이 있다.

예를 들어 '박 치과'라고 하는 가상의 매장이 있다고 가정해보자. 박 원장은 손님들이 원하는 새로운 치과병원의 핵심 서비스를 위의 네 가지 방법을 통해 도출해낼 수 있을 것이다.

고객들이 치과 문을 열고 들어오면서부터 치료 후 처방전을 받고 수납을 하고 나갈 때까지 어떤 패턴으로 움직이며 어떤 점에서 불편함이나 개선욕구를 느끼는지를 실제로 '관찰'해보는 것이다. 그리고 그 관찰결과로 나온 데이터를 가지고 고객과 가장 가까이 있는 간호사나 병원서비스 전문가들과 더 깊이 있게 분석해볼 수 있을 것이다. 그리고 형태학적 분석을 통해 각각의 요소들이 어떤 연관관계를 가지고 있으며 무엇부터 순차적으로 개선해가야 할지, 어떤 방법을 통해 바꿔야 할지 도출해낸다(여기서 형태학적 분석방법이란, 고객의 불만사항을 사전식으로 나열해보고 그것을 중요도에 따라 재배열함으로써 개선방법을 찾아가는 휴리스틱^{Heuristic} 기법과, 고객의 불만이라는 속성과 연결되는 대안을 찾아가는 형태적 연결기법 등을 말한다). 이처럼 관찰과 같은 세부적인 잣대를 들이댔을 때 더 정교한 결과를 도출할 수 있기 때문에, 다음과 같은 기법도 사용해보기 바란다.

- **기능적 편익 측면에서 관찰하라** : 고객이 치과를 찾는 이유는 불편한 치아를 개선하기 위한 것이다. 그렇다면 기술적으로, 사용하는 기

기나 부재료의 기능 측면에서 만족스러운 결과를 도출해낼 수 있는 기본적인 요건이 충족되어 있는가? 진료비는 고객의 호주머니 사정에 맞는 적정한 가격대인가? 또 바쁜 시간을 쪼개서 치과를 찾는 고객들이 오래 기다리는 불편함이 없도록 예약이라든가 사전통지 등의 장치들이 잘 되어 있는가를 기준으로 관찰할 수 있다.

- **감각적 편익 측면에서 관찰하라** : 고객이 얻는 치과에서의 '경험' 측면에서 살펴보는 것이다. 고객이 치료과정의 고통을 잠시라도 잊을 수 있을 만큼 편안하고 깨끗한 환경인가? 기다리는 동안 지루하지는 않은가? 자신의 치아가 치료되는 과정을 전문적인 지식 없이도 유추할 수 있는가? 또 다른 즐거움이나 만족을 맛보게 할 요소는 없는가?

- **상징적 편익 측면에서 관찰하라** : 인지도나 정보노출 측면에서 언제 어디서든, 어떤 고객이든 찾을 수 있는 조건이 되어 있는가를 기준으로 관찰하는 것이다. 요즘 같은 인터넷 세상에서 어디서든 클릭 한 번이면 주소와 연락처를 알아낼 수 있도록, 진료의 특징과 장점 등을 일목요연하게 볼 수 있도록 하는 장치는 필수적이다.

이렇듯 매장이나 서비스 제공자의 입장에서 생각하는 게 아니라, 정말로 고객이 원하는 바가 무엇이며 고객이 말하지 못하는 고충이 무엇인지를 찾아내는 것은 성과를 위한 기본 요건이다.

고객의 우는 소리는 맨 나중에 들린다

한편 포착하기 힘든 고객의 니즈를 전반적으로 파악하는 것 못지않게, 매장이나 영업자가 고객과 일대일로 만났을 때 고객의 소리를 직접 듣고 이에 집중하는 자세도 매우 중요하다. 이는 조직 전체적으로 고객서비스의 방향이나 전략을 수정하고 보완하는 데 중요한 잣대가 된다. 물론 고객의 소리를 예민하게 들으려면 현장의 접점에서부터 상위 의사결정자에 이르기까지 예민한 청각과 촉각을 동원하지 않으면 안 된다.

삼성그룹 이건희 회장은 지금도 부친인 고故 이병철 회장이 붓글씨로 써준 '경청傾聽'이란 휘호를 소중히 간직하고 있다고 한다. 이건희 회장이 삼성에 입사하던 첫날, 아버지 이병철 회장은 마음의 지표로 삼으라고 이 '경청'이란 휘호를 주었으며, 이건희 회장은 이 휘호를 벽에 걸어놓고 늘 보면서, 스스로에게 잘 듣고 있는가를 묻고, 더 잘 들으려고 노력했다는 것이다. 그래서인지 이 회장은 자신의 말을 아끼고 상대방의 말을 잘 경청하기로 유명하다. 자신이 하고 싶은 말을 꾹 참고 상대방의 말을 경청하는 것은 상당히 훈련된 사람이 아니라면 어려운 일이다. 그래서 인간관계에 관한 어느 책에서나 상대방의 말을 잘 듣는 것이 인간관계와 성공의 열쇠라고 말하고 있는 것이다.

마찬가지로 유능한 세일즈맨은 자신의 이야기만 일방적으로 전달하기보다는 고객의 이야기를 이끌어내는 데 능숙하다. 고객이 무엇을 원하는가, 힘들어하는 것은 무엇인가, 아쉬워하는 점은 무엇인가를 포착해내는 힘이야말로 돈과 고객을 부르는 좋은 습관이다.

삼성 디지털프라자 서울 염창동 지점의 양한규 점장은 한 달에 16억 원 이상을 파는 기네스 기록의 소유자다. 그럴듯한 학력의 소유자도 아니고 나이도 이제 겨우 삼십대 초반이지만, 벌써 한 매장을 책임지는 점장이고 연봉도 1억 원 이상 받는다. 삼성에 들어온 이래, 1년에 한 번씩 특별승진을 하는 이례적인 기록도 세웠다. 그는 고객과 상담을 할 때 마치 의사들이 문진을 하듯 자연스레 질문을 던지고 고객의 답을 이끌어내는 자기만의 대화법을 사용한다. 본인은 정작 말을 많이 하지 않으면서도 고객의 생각과 고민을 끌어내는 자기만의 '시나리오'를 가지고 있다. 예를 들어 "아, 자녀분이 쓰신다고요?", "최신 모델을 사주고 싶은데 예산이 조금 부족하시다고요?" 하며 고객이 필요로 하는 것을 먼저 파악한 다음, 그에 따른 맞춤식 제안을 하는 것이다. 또한 어려운 단어를 사용하며 설명하기보다 직접 작동을 해보이면서, 타사 제품과 비교했을 때의 약점도 솔직하게 털어놓는다. 그러다 보니 고객들은 무조건 비싼 제품을 권유받거나, 자신에게 맞지도 않는 제품을 강요당하는 듯한 불쾌함을 느끼지 않게 되고, 이는 서로간의 깊은 신뢰로 이어져 그의 영원한 충성고객이 되는 것이다.

찾으려고 하고 들으려고 하지 않으면 보이지도 들리지도 않는 법이다. 고객이 무엇을 원하는지, 그 분을 위해서 무엇을 해드려야 할지부터 들어라. 그러려면 고객의 소리를 '경청'해야 하고, 말하기보다 듣는 습관이 몸에 배어야 한다. 자칫 고객을 설득하려고 애를 쓰느라, 정작 고객이 가진 마음속 깊은 곳의 욕망을 무시해버리는 오류를 범해서는 안 된다. 나아가 자신이 가진 선입견이나 습관적 응대패턴을 버리고, 마음을 활짝 열어야 한다.

《유능한 카운슬러, 성공하는 카운슬링》의 저자인 유진 케네디$^{Eugene\ Kennedy}$는 마음이 열린 사람들의 특징에 대해 이렇게 말했다.

"마음이 열린 사람들의 특징 중 하나는 사물을 자신이 보고 싶은 대로 보지 않고, 있는 그대로 본다는 것이다. 자신을 개방한다는 것은 마치 신선한 공기를 마시며 걷듯이 우리를 자유롭게 하고, 꽉 막힌 공간에서 자신을 옭아매는 삶의 온갖 진부함으로부터 우리를 자유롭게 하는 것이다. 마음을 열면 우리 삶에 대해 더욱 잘 알게 되는 계기가 된다. 왜냐하면 영적 존재의 밝은 속성인 인간적인 나눔을 배양해주기 때문이다. 자신을 개방하는 일은 다른 사람과의 교환을 통해 이루어진다. 우리는 교환을 통해 자신과 다른 사람들을 더욱 명확하게 볼 수 있는 빛을 서로에게 건네준다."

고객은 '기대'를 갖고 매장이나 영업자, 또는 기업의 제품과 서비스를 찾는다. 그리고 그 기대가 '현실'과 얼마나 차이가 나느냐에 따라 그곳을 다시 찾을지 말지를 결정하게 된다. 설령 고객의 기대가 아무리 근거 없는 것이라 해도, 그리고 아무리 우리가 옳다고 설명을 해드려도 고객은 자신이 옳다는 믿음을 버리지 않는다. 그러므로 열린 마음으로 고객의 소리를 경청해야 한다. 자신이 이 분야의 전문가입네 하며 고객의 충고나 조언을 새겨듣지 않거나, 고객의 불만을 그저 투정쯤으로 여기고 무시했다가는 자신은 물론 조직에 치명적인 상처를

줄 수 있다.

특히 고객의 혼잣말이나 동행한 고객과 대화하는 소리에 귀를 쫑긋 세울 필요가 있다. 대부분의 고객들은 자신들의 의견이나 불만을 직접 말로 하지 않는 경향이 있다. 그래서 그냥 혼잣말로 투덜거리거나 자기들끼리만 수군거린다. 그러나 이것이 진짜 정보다. 우리는 이를 통해 고객이 우리 상품이나 서비스에 대해 갖고 느끼는 불만이라든가, 매장이나 점원들의 태도에 대한 느낌, 또는 매장의 위치나 인지도 등에 대한 다각적인 불만을 경청할 수 있다. 이때는 가급적 고객이 눈치채지 않게 적어두었다가 추후에 유용한 자료로 사용해야 한다. 가장 진실한 피드백은 항상 가장 보이지 않는 곳에서 드러난다는 것을 명심해야 한다.

나아가 고객의 소리를 경청한다는 것은, 고객이 말하지 않아도 역지사지易地思之의 마음가짐으로 먼저 고객의 문제를 파악하여 해결해가는 것이기도 하다. 그리고 그 근저에는 고객을 진심으로 사랑하고 배려하는 마음이 있어야 한다. 그것은 어떤 경청의 기술이나 테크닉보다도 앞서는 것이다.

내 월급은 사장이 아니라 고객이 준다

부산 사하구의 한 전자제품 전문매장에서 있었던 일이다. 어느 날 저녁 늦게 술이 거나하게 취한 중년의 신사가 점포 앞에 주저앉아 횡설수설하며 울다 웃다 하는 게 아닌가? 허영근 사원은 이 광경을 목격

하고 고객에게 다가갔다. 점포를 찾은 다른 고객들에게 결례가 될까 싶은 우려에서 나온 행동이기도 했다.

"고객님, 많이 취하셨습니다. 제가 뭐 도와드릴 일이 있습니까?"

그런데 여전히 그 중년 신사는 혼잣말만 되풀이했다. 허 사원은 그 분을 한 쪽으로 모셔놓고 사연을 듣기로 했다. 조금 시간이 흘렀을 무렵, 중년의 신사는 빈 주머니를 보여주며 하소연을 하기 시작했다. 오늘이 딸아이 생일인데 회사에서 회식을 한 후에 택시를 탔다가 지갑을 택시 안에 두고 내렸다는 것이다. 집이 코앞인데 생일케이크 하나 사갈 수 없으니 면목이 없어서 들어가지도 못하고 전전긍긍하고 있었다는 것이다. 허 사원은 신사의 얘기에 안타까움을 금할 수가 없었다. '에라 모르겠다. 잘못되면 내 월급에서 제하지 뭐.' 하는 심정으로 매대에 있는 MP3 플레이어를 꺼내 예쁘게 포장해 중년 신사에게 건넸다. 그 분은 코가 땅에 닿도록 인사를 하고는 가벼워진 표정으로 매장을 나섰다.

그로부터 3일 정도 지났을까? 그날의 중년 신사가 다시 매장을 찾아왔다. 이번에는 고3인 딸까지 대동한 채로 말이다. 그 분은 MP3 대금을 치른 것은 물론이고 대학입학을 앞둔 딸아이의 노트북 컴퓨터까지 구매했다. 그 후로도 단골고객이 되어 허 사원이 권하는 제품이라면 묻지도 않고 구매한 것은 물론이고, 매장 최대의 홍보맨이 되어 회사 동료들이나 아파트 이웃들에게까지 입소문을 내주었다. '중년의 취객이 귀찮기만 하다'는 선입견을 버리고 대했기 때문에 가능한 일이었다. 또한 고객의 제안이나 불만을 단순히 응대하는 차원을 넘어, 보이지 않는 고객의 마음까지 헤아려 어루만진 결과인 것이다.

말하는 고객의 소리는 물론, 말하지 않는 고객의 소리와 자신도 미처 몰랐던 고객의 마음까지 헤아리는 것이 진정한 고객감동 마케팅이자 고객감동 경영이다. 그리고 그 길만이 살 길이다. 비즈니스 컨설턴트이자 인기 강사로도 유명한 제프리 폭스Jeffrey J. Fox는 이렇게 말했다.

"어떤 기업이든 모든 직원의 급여는 고객이 지불함을 기억해야 한다. 급여는 기업 소유주나 사장에게서 나오는 것이 아니다. 멀리 떨어져 있는 은행계좌나 노동조합에서 나오는 것도 아니다. 급여는 고객에게서 나오는 것이다."

• Insight in Story •

에디슨이 축음기를 발명한 까닭은?

미국의 발명왕 에디슨. 그가 축음기를 발명하게 된 계기는 무엇일까? 바로 자신이 가는귀가 먹어서 평소 '소리'에 대한 집착이 남달랐기 때문이다. 에디슨은 8살 때 성홍열을 앓아 청각에 손상을 입었고, 이후 12살 때부터는 아예 "새 울음소리를 듣지 못하게 되었다."고 자신의 일기에 적고 있다. 어쩌면 축음기라는 위대한 발명품은 한 어린 아이가 성홍열을 앓았을 때부터 예정되어 있었는지도 모른다. 결국 모든 발명은 필요에 의해 만들어지고, 그 필요가 얼마나 간절한가를 아는 사람들로부터 시작된다. 고객의 필요와 요청에 귀를 기울여라!

※ 본서 출간 당시에는 에디슨이 기차에서 화학실험을 하다 화재를 일으키는 바람에 기관사에게 뺨을 맞아 청력에 손상을 입었다고 기술한 바 있으나, 독자 박현기 님께서 제보해 주신 내용을 토대로 확인해 본 결과, 어린 시절 성홍열에 의한 청력 손상이 보다 정확한 내용이라 판단되어(Encarta, National Geographic 등) 바로잡습니다.

CRM은 소프트웨어가 아니라 습관이다

진정한 영업은 '고객 구매' 후 시작된다.
— 질 그리핀Jill Griffin, 미국의 마케팅 전문가

고객은 똑같은 대우를 원치 않는다. 그들이 바라는 것은 개별화된 처우이다.
— 돈 페퍼스Don Peppers, 마사 로저스Martha Rogers, 미국의 기업인

독일에서 포르쉐Porsche 자동차를 구입하면 무료 주차는 물론이고 무료 세차 혜택까지 준다. 비행기 여행을 할 경우에도 포르쉐를 타고 공항으로 가서 에이비스Avis 렌트카 주차구역에 주차만 하면 된다. 에이비스 직원들은 고객들이 여행하는 동안 차를 안전하게 보관해줄 뿐만 아니라, 자동차 안팎을 깨끗이 세차까지 해놓고 주인이 돌아오기를 기다린다. 결국 포르쉐는 다른 경쟁업체들을 누르고 입지를 확고히 구축했다.

이는 새로운 상품을 한 대 더 파는 것보다는 이미 구매한 고객을 영원히 우리의 열광팬으로 만들겠다는 포르쉐 사의 경영이념과 CRM(Customer Relationship Management, 고객관계관리)의 힘을 잘 보여주는 사례다.

"고객은 똑같은 대우를 원치 않는다. 그들이 바라는 것은 개별화된

처우다."라는 페퍼스와 로저스의 말처럼, 고객은 단순한 포인트의 누적보다는 직접적이고 개별화된 관계를 원하는 것이다.

이제 고객 중심의 데이터베이스 마케팅과 CRM은 마케팅의 '마' 자라도 아는 사람이라면 누구도 간과할 수 없는 요소이며, 각종 기법과 소프트웨어들이 이미 대중적으로 자리 잡고 있다. 불특정 다수를 대상으로 소모적인 홍보전이나 가격 전쟁을 벌이는 것보다 이미 충성도를 가지고 있는 고객들과의 관계를 지속적으로 유지해나가는 게 중요하다는 것쯤은 갑남을녀도 알고 있다.

특히 고객관계관리, 즉 CRM 기술은 고객의 정보, 즉 데이터베이스를 기초로 고객을 세부적으로 분류하여 효과적인 마케팅 전략을 개발하는 경영 전반에 걸친 관리 체계로서, 정보 기술이라는 밑바탕이 있어야 가능하다.

그런데 여기에 함정이 있다. CRM은 기계가 하는 기술, 시스템적 차원의 요소이므로 회사가 돈을 들여 도입할 일이지 나와는 관계가 없다고 생각하는 함정 말이다. 시스템은 CRM, 즉 관계마케팅의 정신을 효과적으로 구현하기 위한 기술적 요소일 뿐이지, 시스템 자체가 CRM의 전부는 아니다.

CRM의 뿌리에는 '고객의 니즈를 만족시키고 끊임없이 고객의 관심사에 귀를 기울이겠다'는 태도가 깔려 있다. 이는 마케팅이나 고객서비스에 종사하는 구성원뿐 아니라, 모든 구성원들이 전사적으로 공유해야 할 '고객감동'의 정신적 기둥이다. 더군다나 하드웨어나 소프트웨어 시스템이 갖춰져 있지 않은 곳에서도 실천 가능한 CRM의 법칙은 분명히 있다.

시스템 없이도 평생 이웃의 아픈 곳을 보듬고 가려운 곳을 긁어주면서 함께 동고동락하는 오래된 구멍가게, 대를 이어 장사하며 고객의 입맛까지도 기억하는 음식점, 옷만 봐도 뉘 집 것인지 알아차리는 세탁소 같은 숱한 점포들이 바로 CRM의 산증인들이다.

《명함의 뒷면》이라는 책에 나오는 저자 마이크 모리슨Mike Morrison의 아버지 이야기는 우리에게 고객관계관리의 진정한 의미를 가르쳐준다.

가게를 찾는 고객들도 아버지의 특별한 배려와 서비스 정신을 느끼고 있었다. 사실 이 부분이야말로 아버지의 경영방침이자 인생의 목적인 '서번트 리더십'이 진정으로 빛을 발하는 부분이었다.

아버지의 첫 번째 약속은 고객의 이름을 익히는 일이었는데, 처음 우리 가게를 찾은 새로운 고객들은 굉장히 감동했다. 아버지는 단순히 사람들의 이름을 외우는 데서 그치는 것이 아니라 그들이 필요로 하는 모든 것을 채워주고 싶어 하셨다. 그래서 이익이 남지 않더라도 사람들이 원하는 제품이 있다면 특별히 주문을 해두었다가 가져다놓으셨다. 나는 수많은 고객들이 아버지의 가게에서 쇼핑하는 것을 즐기고 있다는 사실을 알고 놀랐다. 아버지의 가게는 쇼핑, 그 이상의 친밀함과 편안함을 느낄 수 있는 공간이었다.

그런데 어느 날 날벼락 같은 소식이 들려왔다. 아버지 가게 바로 옆에 대형 슈퍼마켓 체인점이 들어온다는 것이다. 곧 소문대로 대형 슈퍼마켓이 들어와 가격은 물론이고 상품의 수와 종류에서 아버지가 도저히 따라갈 수도 없을 정도로 파격적인 공세를 펼치기 시작했다. 우리 가족들은 모두 '아버지 가게가 망하면 어떻게 하나' 싶어서 걱정하지 않을 수가 없었다. 그런데 정작 아버지는 별로 걱정하는 눈치가 아니었다. 아마도 당신 가게가 대형 슈퍼마켓 체인점이 절대로 제공할 수 없는 무언가를 손님들에게 제공하고 있다는 사실을 아버지는 알고 계셨나보다. 아닌 게 아니라 아버지의 가게는 망하지 않고 계속 유지되었고, 아버지는 일흔이 넘을 때까지 가게를 경영하시다가 직원들에게 넘겨주었다. 덕분에 지금까지도 아버지의 가게는 아버지가 고수하셨던 경영철학은 물론이고 상호까지도 고스란히 유지되면서 운영되고 있다.

지금 우리는 규모의 경제를 논하고, 눈부신 시스템의 구축에만 온 신경을 쓰느라, 정작 가장 중요한 사실을 놓치고 있다. 고객들은 화려한 매장이나 세련되었지만 형식적인 서비스가 아니라, 모리슨의 아버지처럼 상품 그 이상의 가치를 서로 주고받기를 원하는 것이다.

원래 CRM의 개념은 광고나 프로모션 등을 통해 천문학적인 마케팅 비용을 들여도 어느 수준 이상으로는 매출이 증가하지 않는다는 고민에서 출발했다. 이는 하나의 매장을 보아도 분명히 드러난다.

매장을 하나 오픈해서 첫 달에 5억 원 정도의 매출을 올렸다고 치자. 통상적으로 처음에는 오픈시점에 즈음해 구성원들의 열의나 개점 효과에 의해 어느 정도 매출이 유지된다. 하지만 이 매장이 단골관리 없이 판매를 지속하면 1년이 지나 매출은 절반으로, 즉 2억 5천만 원으로 줄어든다. 간신히 밥만 먹고 사는 매장으로 전락하는 것이다. 물론 대대적인 프로모션과 홍보를 곁들인다면 매출회복은 가능하다. 그러나 그 홍보에 투여되는 비용을 생각한다면 회복된 매출 대비 수익구조가 건강해지기는 힘들다. 시장은 정직하고 상권도 정직하다. 특히 오프라인을 기반으로 하는 매장의 경우는 단골을 확보하고 이들을 만족시키지 않으면 답이 나오지 않는다. 그래서 결국 답은 고객만족과 CRM에 있다는 것이다.

보이지 않는 상품을 파는 보험의 경우에도 마찬가지다. 나름대로의 특화된 영역에서 전문가가 된 사람들은 그 무엇도 아닌 충성고객, 즉 단골 덕택에 시장을 빼앗으려 하는 신규 유입자들이 들어오지 못하도록 높은 진입장벽을 쌓을 수 있는 것이다. 30년 이상 망하지 않는 기업의 특성을 보면, 제1요소가 혁신이고, 두 번째 요소가 고객만족이다. 단기매출에 목표를 두는 기업들은 기복이 심할 수밖에 없다.

그러므로 사활을 걸어야 할 것은 홍보나 프로모션이 아니라 고객관계관리다. 즉 가망고객을 단골고객(1년에 2회 정도 방문하는 고객)으로, 단골고객을 충성고객(모든 유관제품을 우리 매장에서 구입하고 다른 고객까지 소개해주는 고객)으로 만들어야 한다. 직원마다 하루 3명씩 가망고객 카드를 만들어서 등록하고 유지하게 한다면, 직원이 4명일 경우 매일 12명의 가망고객이 생겨나는 것이다. 그리고 그 관계가 계속 형성되어 가망고객이 단골이 되고 충성고객이 되는 것이다. 그러므로 불특정 다수 1~2만 명을 대상으로 신문에 삽지를 넣고 온 동네 돌아다니며 스피커로 떠드는 마케팅보다 훨씬 실속 있고 성과가 뛰어난 것이 바로 이 CRM이다.

누구나 1대 1을 원한다

예영숙 팀장은 삼성생명 내에서도 타의 추종을 불허하는 1등 설계사로 7년 연속 판매왕 자리를 놓치지 않은 신화적인 인물이자 살아 있는 전설, 움직이는 영업소다. 그녀는 만나는 고객의 직업에서부터 취미생활, 생활환경, 가족사항, 성격까지 필요한 모든 사항을 꼼꼼히 확인하고 메모해둔다고 한다. 그러한 고객의 사정과 상황에 맞게 정확한 상품을 제시해주어 가정의 재무설계에 큰 밑거름이 되게 해준다. 특히 저축형 상품이 아닌 보험 상품만 가입을 원하는 경우는 납입금액이 가계 수입의 10%를 넘지 않도록 권유한다. 고객이 욕심을 부리면 오히려 말릴 정도다. 이렇게 고객 입장에서 생각해주니 한 번 계약한 고객이 다른 고객을 소개해주고 그 고객은 또 다른 고객을 연결시켜주는 충성고객이 된다. 설계사의 입장이 아니라 고객이 진정으로 원하는 상품을 선택하게 돕고 모험을 하지 않으니 유지율도 99%를 유지한다. '실적'보다는 '신뢰'를 중요하게 생각하는 자기만의 차별화 가치를 정해두고 절대 크게 욕심을 부리거나 팔려고 하는 인상을 주지 않는 것이 그녀가 펼치는 영업의 특징이다. 그런데도 하루 6~7건의 상담을 하면 그 중 50% 이상이 계약으로 이어진다.

그녀는 자신이 단순한 보험 영업자가 아니라 고객의 '금융 컨설턴트'라고 생각한다. 그만큼 전문 지식을 확보하기 위해 하루의 많은 시간을 자기계발에 투자한다. 그러다보니 예 팀장은 이른바 '컨셉 마케팅'의 달인으로도 꼽힌다. 어떤 고객을 만나든 그 고객의 눈높이와 고객이 중요하게 여기는 가치에 초점을 맞춤으로써 상대방의 입장에서 접근하는 습관이 몸에 배어 있다. 그녀의 사무실 옷장에는 항상 10여 벌의 옷이 준비돼 있다. 만나는 고객의 취향에 맞추기 위해서다. 고객이 자신에 대해 갖는 첫인상은 매우 중요하고, 어떤 고객에게든 그 고객만을 위해 최선을 다하는 진지한 모습을 보여주어야 한다는 것이다. 전문성과 함께 '나를 최고로 대우해준다'는 예의를 보일 때 고객의 마음은 열린다고 그녀는 믿는다.

고객은 어리석지 않다. 고객은 1대1의 관계를 원하지, 1대다多의 관계를 원하지 않는다. 우리 매장에 관심, 만족, 애정이 있어야 다시 우리 매장을 찾아주는 것이다. 그런데 흔히 매장이든 비즈니스든 자기가 팔고자 하는 상품에 대해서는 관심이 많아도, 엔드유저End-User에 대해서는 관심이 적은 경우가 많다. 상품이나 서비스를 사용해서 유익함을 얻고자 하는 엔드유저의 바람과 열망에 대한 연구가 끊임없이 이루어져야 하며, 고객 각자의 성향에 맞는 만족감을 제공할 수 있는 실력을 키워야 한다.

내가 기억하면 고객도 나를 기억한다, 고객의 꿈속까지 동행하라

서초동 우면산 끝자락에 가면 음식이 맵기로 유명한 식당이 하나 있다. 우리 아이들이 그 집의 매운맛을 좋아해서 가끔씩 들러 아이들과 아내 것까지 3인분을 포장해 집으로 가져가곤 한다. 그런 식으로 한 달에도 두세 번을 들르다보니 단골 아닌 단골이 되어버렸다. 그랬더니 사장이 직접 필자를 알아보고 "국물 좋아하시기에 더 넣었습니다." 하는 식으로 정감 있게 아는 체를 한다. 얼마가 지났을까? 그 집은 돈을 많이 벌었는지 번듯하게 건물을 증축해서 올리고 새로 재개장을 했다. 그런데 손님도 많아지고 직원도 많아져서인지 단골이 가도 심드렁하다. 3인분 포장쯤이야 별 대수로운 고객도 아니라는 태도다. 그래서인지 그 후로는 왠지 그 집 음식이 생각나도 흔쾌히 들를 맛이 나지 않았다. '알아봐준다는 것'의 위력을 새삼 실감하는 순간이었다. 요즘 그 집을 가끔 지나가다보면 손님이 부쩍 줄어든 눈치다. 사장은 그 이유를 알고 있을까?

소비자 행태를 연구하는 수잔 포니어Susan Fournier 교수는 고객만족과 고객충성도에 영향을 미치는 요소 중 핵심적인 것이 친밀감, 파트너십, 품질, 몰입, 자아연관이라고 했다. 필자가 전자제품을 중심으로 한국 시장에서 검증해본 결과, 자아연관과 몰입은 특히 고객충성도에 큰 영향을 준다는 것을 알 수 있었다. 결국 포니어 교수의 연구는 품질, 가격, 이미지, 광고 등에서 차별화가 크게 드러나지 않는 경우, 소비자는 자기를 얼마나 알아주고 인정해주느냐에 따라 특정 브랜드, 즉 매장으로 말하면 단골매장을 선택한다는 것이다.

고객관리를 잘하는 대표적인 회사로 일본의 전자제품 전문 양판점인 '데오데오'가 있다. 이곳은 전국 어느 매장에 들어서든 고객카드를 제시하거나 이름 혹은 주소만 대면, 컴퓨터로 조회해서 고객의 신상정보는 물론이거니와 최근 구입한 제품이력부터 서비스 받은 내역까지 주루룩 다 나온다. "고객님, 지난번에 고장 난 냉장고를 수리해드린 적이 있는데 지금은 작동이 잘 되는지요?" 하고 직원이 물으면 고객은 깜짝 놀란다. PDA를 통해 고객의 정보를 정확히 짚어낼 수 있었기 때문에 가능한 것이다. 또한 수리할 것이 있어서 매장에 맡겨놓으면 으레 전화를 걸어서, 수리가 완료되었는데 집으로 배송해드리는 것이 좋을지 아니면 퇴근하면서 고객이 찾아가는 것이 편한지 친절하게 묻는다. 물론 요즘은 우리나라에서도 이런 체계적인 고객서비스를 하는 회사들이 점차 늘고 있는 추세다.

하지만 이런 첨단 시스템에만 의존하는 것보다는 고객의 이름이나 얼굴, 특징 정도는 스스로 기억해두는 습관을 들여야 할 것이다. 나아가 특정 고객이 구입한 제품정보나 특이사항도 기억할 수 있다면 더욱 좋을 것이다.

고객을 기억하는 데 다음과 같은 방법을 활용하면 많은 도움이 된다.

죽으나 사나 메모뿐이다

고객의 명함을 받았을 때나 신상기록을 적을 때 인상착의나 특징적인 사항, 자신이 관찰한 바 등 특이 정보도 함께 메모해둔다. 메모가 기억의 절반 이상을 차지한다는 것을 잊지 말자. 이렇게 정리해둔 정보는 그냥 쌓아두지 말고 계속 기억 속에 남아 있도록 고객 데이터를 반복해서 확인하고 읽어보는 것이 좋다. 자기만의 영업노하우를 습득해가는 과정에서 '메모하는 습관'만큼 귀중한 것은 없다. 명함을 받고서도 메모해두지 않으면 언제 어디서 받았는지 기억할 수 없다. 활용되지 못한다면 절대 유용한 정보가 아니다.

이름만은 무슨 일이 있어도 기억한다

 탤런트나 연예인 이름은 잘 외우면서도 하루에 고작 10명 남짓 만나는 고객을 위해 시간과 지력을 투자하지 않는다면 프로라 할 수 없다. 고객의 이름은 기억하려고 노력하지 않으면 절대 기억되지 않는다. 의식적으로 고객을 기억하려고 노력할 때 이왕이면 고객의 이름과 상품까지 연결하여 기억하도록 해보자. '빨강색 가전제품을 좋아했던 박강석 고객' 하는 식으로 머릿속에 이름과 이미지를 연결시켜두면 추후에 그 고객이 다시 들렀을 때 수많은 기억 속에서 정확한 정보를 뽑아내기도 쉽다.

사후관리 없으면 단골도 없다

 구입한 직후에만 반짝 연락하고 내내 아무 연락도 없다가 필요할 때만 다시 찾는 것으로 단골이 확보될 리 없다. 고객은 직원들보다 더 똑똑해졌고 이제는 유통이나 비즈니스의 편익을 선택할 폭이 훨씬 넓어졌기 때문이다. 기업들이 고객관계관리(CRM) 등에 열을 올리는 이유가 여기 있다.

오실 때 단골은 가실 때도 단골이다

　모든 고객을 무턱대고 다 관리한다는 것은 현실적으로 불가능한 일이다. 따라서 고객을 우선 정의해야 한다. 구매고객 전체 중에서도 단골고객을 구분하고 이 중에서 최고 등급의 VIP고객을 분류한다. 앞서 언급한 일본의 데오데오는 매출의 72%가 기존고객의 재구매 연결로 일어나고 신규고객의 매출 기여도는 28%에 불과하다고 한다. 철저하게 고객을 분류하여 정의하고 대우하는 것의 중요성을 새삼 깨닫게 해주는 수치다.

인간적인 접근에 더 감동한다

　보통 일반적인 구매정보는 전산기록에 거의 남아 있다. 그러니 그 정도의 구매정보를 기억해주는 것에 고객들은 별로 감동하지 않는다. 그러나 아이들의 생일이라든지 입학정보 같은 것을 기억해주면 단골로 잡는 데 큰 도움이 된다. 그 고객에게 가치 있는 주변 단서들을 기억하는 것은 그만큼 유용한 정보가 되기도 하지만, 인간적인 측면으로 접근하기 때문에 고객은 가장 자연스럽게 상대방이 자기를 잘 알아준다고 판단하게 된다.

　대구에 가면 고객관리를 잘하는 디지털프라자 광장점이 있다. 아파트가 밀집해 있는 광장점의 전략도에서는 '각 동별로 얼마나 많은 고객을 확보하고 있는가?' 하는 것이 가장 큰 관리 항목이다. 직원들이 하루 3명 이상의 가망고객을 관리해야 한다. 예를 들어 '대신동에 살고 계신데 따님이 3개월 후 혼인할 예정이라서 혼수제품을 구경하고 가셨음. 50대 중반 안경 쓰신 우아한 중키의 외모. 휴대전화 번호 010-123-1234.' 이렇게 정리하여 꾸준히 관리한다. 이렇듯 사원 각자가 고객확보에 심혈을 기울인 결과, 꾸준한 매출성장뿐 아니라 고객수도 꾸준히 증가했다. 이런 노력이야말로 인근의 타 점포들이 도저히 따라올 수 없는 탁월한 경쟁력이자 차별화의 근간이다. 예로 든 혼수품 고객의 경우 예정된 혼인날짜 1~2개월 전부터 고객에게 전화와 DM으로 판촉을 함으로써 비즈니스를 성공시켰다.

내가 번 것은 반드시 고객에게 돌려주라

CRM과 연동해서 DB마케팅이란 말을 많이 쓴다. 축적된 고객데이터베이스를 이용해 타깃 마케팅은 물론, 고객을 유지하고 재구매를 유도하기 위한 마케팅 방법론이다. 그러나 무조건 팔기 위한 목적으로 DB마케팅에 접근하면 오히려 역효과가 난다. 고객들은 바보가 아니기 때문이다.

억대 연봉을 받는 영업맨들은 자신이 판매왕이 될 수 있었던 비결을 하나같이 '사람관계에 충실한 것'이라고 말한다. '상품을 팔겠다고 생각하면 겨우 한 번을 겨냥하게 되지만, 사람을 팔겠다고 생각하면 그것이 수십 번 수백 번으로 돌아온다'는 것이 잘 파는 사람들의 한결같은 지론이다. 이렇듯 인간관계를 중시하다보니 판매왕일수록 '팔기 전'보다 '팔고 난 후' 공들이기에 더 열심이다. 흔히 얄팍한 세일즈맨들은 '자동차 수명이 보통 3~4년은 넘으니 한 번 산 고객이 3~4년은 나를 찾을 일이 없을 것'이라고 생각하고 새로운 고객 유치에만 열을 올린다. 그러나 베테랑 세일즈맨은 한 번 만난 사람, 특히 자신에게 흔쾌히 수천만 원을 믿고 맡겨준 구매고객을 최고의 VIP로 여기고 연결끈을 절대 놓치지 않는다. '사람을 만나면 형님동생처럼 친해지고, 친해지면 꾸준히 연락하고, 꾸준히 연락하면서 판매 외의 고충이나 고민도 같이 머리 맞대고 고민한다.'

그러니 고객의 정보를 모은다는 것은 또 팔아먹기 위해서 데이터를 모으는 것이 아니라, 고객이 우리를 가족처럼 여기도록 배려하고 하나라도 더 도와드릴 것이 없는지 알기 위한 것이다. 무엇을 위해 모으는지가 명확히 설정된다면 모아야 할 데이터의 항목들도 달라질 것이다. 풍부한 상품 정보를 전달하기 위한 DB라면 고객이 어떤 상품에 주로 관심이 있는지를 중점적으로 체크해야 할 것이고, 기념일이나 예정일에 선물이나 할인쿠폰 등을 보내는 게 목적이라면 해당 정보를 집중적으로 수집해야 할 것이다. 그러나 단언컨대 고객정보를 모아서 판매나 어떤 특별한 목적을 달성시키기 위한 도구로만 활용하겠다고 생각한다면, 고객을 진정한 단골로 만들기란 쉽지 않다.

DB마케팅은 즉각적인 판매와의 연결을 위한 것이라기보다 장기적인 관점에서의 투자이며 퇴비를 주고 밭을 가는 행위다. 고객이 정서적·감정적 애착을 느낄 때까지, 고객이 나의 열정적인 사랑을 흠뻑 느끼고 '아, 이 브랜드가 나를 정말 아껴주고 있구나. 언제나 잊지 않는구나.' 하고 느낄 때까지는 그 만큼 시간이 많이 걸린다. 또 고객이 자신만의 사건이나 고민에 부딪혔을 때 그것을 해결해줄 수 있는 곳이라고 느끼기까지는 많은 장치가 필요하다. '며칠 후면 조카가 학교에 입학하는데 그렇다면 선물은 여기서 사야지', '자동차 보험이 만료됐는데 지난번 거기라면 안심할 수 있을 것 같아' 하고 느끼기까지 그만큼 밑밥을 두둑이 깔아두어야 한다는 말이다.

누누이 강조하지만, 판매라는 것은 단순히 고객에게 해당 재화를 넘겨주고 그에 상응하는 돈을 받는 행위가 아니다. 좀더 좋은 상품, 좀더 좋은 구매기회를 창출함으로써 고객의 소비활동을 편리하게 해드리고, 경제적 이익뿐 아니라 심리적·정서적 이익까지도 도모하는 것이다. 그러므로 진정 고객을 위한다면 지금 당장의 판매, 지금 당장의 관계가 아니라, 10년 후, 20년 후의 고객의 복지와 행복을 위해 '무엇을 할 수 있을까?'를 늘 도모하는 넓은 혜안을 가져야 한다. DB마케팅이란 '고객에게 받은 것을 돌려드리겠다', '고객이 우리 제품을 통해 더 큰 만족과 기쁨을 느끼게 해드리고 싶다'는 열망이 반영되지 않으면 그저 공허한 구호에 그칠 뿐이다.

• *Insight in Story* •

당장은 손해지만….

노드스트롬 백화점에서 한 여성손님이 주름잡힌 포도주색 바지를 몹시 구입하고 싶어 했다. 그러나 할인판매 기간 중이라서 그 손님이 찾는 제품은 이미 품절된 상태였다. 판매직원은 시애틀에 있는 자사의 모든 지점에 수소문해보았지만 역시 찾을 수가 없었다. 그러다가 길 건너편 경쟁 백화점에 그 바지가 있다는 정보를 입수했다. 판매직원은 매장 관리자에게 돈을 얻어 경쟁 백화점으로 갔다. 그리고 정가를 고스란히 다 주고 손님이 찾던 바지를 구입해 자기 매장으로 가져와 할인가격으로 고객에게 되팔았다.

물론 이 거래에서 노드스트롬은 손해를 보았다. 하지만 이것이야말로 미래를 위한 투자인 것이다. 그 고객은 고마운 마음을 잊지 않고 다음에 제품을 구입할 일이 생기면 반드시 노드스트롬을 찾을 것이기 때문이다.

— 로버트 스펙트, 《15초 안에 팔아라》 중에서

기본을 놓치지 않는다,
규범이 있는 조직문화

최근 들어 창의력이니 자율이니 하는 말들이 선진적인 조직문화를 대변하는 말처럼 쓰이고 있다. 그러나 창의와 방만, 자율과 방종을 혼동하는 사람들이 너무 많은 것 같다. 규율이 없는 자유는 방종에 불과하고, 책임이 없는 창의는 방만함에 불과할 뿐이다. 비록 종업원 두셋에 불과한 구멍가게라 할지라도 질서와 책임이 존재하지 않고는 금세 망하고 만다. 인간이란 누구든 자기중심적인 사고방식을 가지고 있어서 규칙이나 규범이 없으면 제 편한 대로 하려는 본성이 튀어나온다.

PART
WINNING
HABIT
05

이기는 습관 17

인사도 제대로 못 하는 조직은 '무덤'이나 다름없다

예절이 갖는 힘을 체득하라 두 배의 가치가 돌아온다
예절의 기술은 모든 인간관계를 향상시킨다
- 발타자르 그라시안 Balthasar Gracian, 스페인의 작가

한 달에 5천 킬로미터를 넘게 달리고 하루에도 10여 개 점포를 들러 매장 컨설팅을 하다보면, 자연스럽게 잘되는 점포와 그렇지 않은 점포를 느낌으로 간파할 수 있다. 업종은 다양하고 그곳에서 일하는 종업원도 다 다르지만, 돈을 많이 벌고 성공하는 곳일수록 유달리 편안하고 인사성이 밝다는 느낌이 든다.

문을 열고 매장을 들어가는 순간 깜짝 놀랄 정도의 큰 목소리로 명랑하게 인사를 한다거나, 마치 눌려 있던 용수철이 튕겨 나오듯 '내 월급을 주는 사람이 왔다!'고 요란하게 반색하는 곳이 있는가 하면, 잡담이나 하다가 문이 열리는 소리에 마지못해 인사하는 곳도 있다. 호들갑스럽게 반기는 매장이나 직원은 자세히 들여다보면 전국에서 내로라하는 1등 점포이거나 베테랑 마케터임을 알 수 있다.

이처럼 잘되는 집안과 안 되는 집안의 차이는 '분위기'에서 확연히

드러난다. 그러나 남의 집 분위기는 느끼고 판단하고 점수 줄 수 있어도, 내 조직이 풍기는 향기는 내 맘대로 안 되는 게 현실이다.

최근 들어 창의력이니 자율이니 하는 말들이 선진적인 조직문화를 대변하는 말처럼 쓰이고 있다. 그러나 창의와 방만, 자율과 방종을 혼동하는 사람들이 너무 많은 것 같다. 규율이 없는 자유는 방종에 불과하고, 책임이 없는 창의는 방만함에 불과할 뿐이다. 비록 종업원 두셋에 불과한 구멍가게라 할지라도 질서와 책임이 존재하지 않고는 금세 망하고 만다. 인간이란 누구든 자기중심적인 사고방식을 가지고 있어서 규칙이나 규범이 없으면 제 편한 대로 하려는 본성이 튀어나온다.

처음 창업을 했거나, 이른바 창의적인 일을 한다는 소규모 조직에 가보면 '일만 잘하면 됐지, 형식적인 규칙이 뭐 필요 있습니까?' 하며 사장부터가 자랑삼아 얘기하는 경우를 종종 보게 된다. 그런 곳일수록 사무실 문을 열고 들어서면 직원들은 누가 들어오는지 나가는지 아예 쳐다보지도 않는다. 아는 체를 하더라도 무성의하게 고개만 까딱거리며 퉁명스럽게 "어떻게 오셨어요?" 한다. 그런 사무실의 경우 둘러보면 서류나 비품들이 아무렇게나 널려져 있고 탁자에도 먼지가 뽀얗게 쌓여 있다. 어쩌다 전화라도 하면 인사말도 없이 "여보세요?", "누구 찾으세요?" 하고 따지듯이 툭툭 내뱉는다. 그러다가 몇 년 뒤, 아니 몇 달 뒤에 보면 이미 문 닫은 지 오래다.

흔히 규칙이나 규범을 자율과 창의를 가로막는 낡은 사고방식이라든지, 혹은 형식적인 겉치레에 불과한 것이라고 취급하는 경향이 있다. 단언컨대 그것은 잘못된 생각이다.

　삼성전자의 CS 파트에는 소위 '인·조·청·용·전'이라는 CS 5대 항목이 있다. 필자가 그렇게 줄여 직원들에게 외우게 했는데, 다름 아닌 '인사, 조회, 청소, 용모, 전화응대'를 일컫는 말이다. 즉 CS 파트에서는 이 같은 기본 항목을 자신의 생명줄처럼 지키도록 철저히 교육하고 훈련시킨다.

　그러나 일반 조직에서는 사정이 그렇지 않은 것 같다. 대부분의 리더들이 일이나 업무성과에 관해서는 직원들을 독려하고 질책하면서도 이런 부분에 대해서는 '너무 유치한 것 아니냐', '어떻게 대학까지 나온 사람들에게 그런 기초적인 얘기를 하느냐'면서 함구하는 경우가 많다. "머리 다 큰 성인인데, 그 정도는 알아서 하겠지요."라며 너그러운 미소를 짓는 것도 잊지 않는다.

　그러나 안 가르쳐주면 모른다. 모르니까 안 하고, 안 하니까 못하는 거다. 그러다보면 안 하는 걸 당연하게 생각하고, 그것이 끝내 그 조직의 문화가 된다. 그리고 그런 조직은 외부의 작은 공격에도 속수무책으로 쓰러진다. 외부 환경과의 경쟁은커녕 자기 자신을 갉아먹으면서 스스로 파괴되는 꼴이다.

　개인이든 조직이든 기본을 지키지 못하면, 그리고 규범이 없다면 아무 일도 할 수 없다. 이는 인간에 대한 예의고, 자신의 삶에 대한 예의이며, 조직에 대한 예의고, 자신이 만나는 모든 내·외부 고객에 대한 예의다. 그리고 스스로를 관리하고 통제하고 있다는 신호이기도 하다. 하물며 전체 조직에 이러한 기본이 갖추어져 있지 않다면 그 조직은 이미 통제력을 잃고 있다는 증거다. 통제력이 없는 조직은 갈 길을 잃은 미아나 마찬가지다.

인간에 대한 첫 번째 예의, 인사

사람도 첫 눈에는 톡톡 튀고 재기발랄해 보여 호감을 느끼다가도, 어느 순간 품격이 없고 예의가 없다는 것을 알게 되면 금세 싫증이 나게 마련이다. 이 세상 어느 누구도 예의 없는 사람을 좋아하는 사람은 없다. 설령 자기 스스로는 예의범절을 잘 지키지 못하는 사람조차도 그렇다. 그래서 대문호 톨스토이도 "어떠한 경우라도 인사는 모자란 것보다는 지나친 것이 낫다."라고 하지 않았던가!

인사는 그냥 형식에 불과한 것이 아니다. 한 존재에 대한 인정이자 존중의 표현이다. 내가 너를 알고 있고, 내가 너를 한 사람으로 존중한다는 신호다. 앙숙지간에는 외나무다리에서 마주쳐도 서로 아는 척도 안 하고 지나칠 것이다. 이는 화를 내고 시비를 거는 것보다 더 무서운 것이다. "나는 너라는 존재를 인정 안 해. 너는 이 세상에 있지만 없는 사람이나 마찬가지야."란 뜻이기 때문이다. 심하게 말하면 "넌 사람도 아니야."라는 뜻이다.

아침에 문을 열고 들어오는데, 동료나 부하가 뒤통수만 보이고 앉아 아는 척도 않는다고 생각해보라! 한 술 더 떠 "좋은 아침~!"하고 큰 소리로 인사를 하는데도 귀에 이어폰만 꽂고 앉아 대답도 안 한다고 생각해보라. 아무리 그 사람 혼자서 회사 전체를 먹여 살린다 해도 좋아할 사람은 없을 것이다. 그런 사람에게 기분 좋게 대해줄 상사나 동료가 얼마나 있겠는가! 인사성 하나가 당신이 교양을 가진 사람인지 싹수가 있는 사람인지 말해주고, 용모나 옷차림 하나가 당신이 얼마나 준비된 사람인지를 말해준다. 전화를 받는 태도와 음성이 당신이 얼마나 고객지향적이며 프로페셔널한지 아닌지를 대변해주며, 사무실과 책상을 쓰레기더미로 만드는 모습이 당신이 얼마나 이기적이며 정리되지 않은 사람인지를 보여준다.

'나'를 어필하는 가장 간단한 방법, 제대로 된 인사

규범이 있고 기본을 지키는 조직이 되어야 한다. 그 바탕 위에서 각자 철저한 책임의식과 불같은 열정을 갖고 개인의 성취와 조직의 성공, 그리고 고객을 향해 일사불란하게 움직여야 한다. 그렇지 않으면 오히려 책임감 있고, 열정적으로 일하는 사람들이 뜻하지 않은 피해를 보게 된다. 그렇게 된다면 누가 그 조직을 위해 헌신하고 최선을 다해 열심히 하려 들겠는가!

규범이 없으면 조직의 힘과 열정이 모아지지 않는다. 성과도 기대하기 어렵다. 규범이 있는 회사는 우선 동료 간에, 상하 간에, 고객에게 예의가 있다. 그 예의의 첫 출발점이 인사다.

입사 후 몇 년까지 버틸 수 있느냐를 두고 38선(38세면 정리해고)이니 오륙도(56세까지 회사를 다니면 도둑)니 하는 말장난이 범람한다. 평생직장의 개념이 사라지고 있는 것이다. 이제는 어느 회사에 다녔느냐가 아니라, 거기서 무엇을 했고 어떤 일에 특별한 핵심재능을 가지고 있느냐에 따라 처우가 달라진다. 회사가 내 인생을 책임져주던 시대는 끝이 났고, 이미 한 사람 한 사람이 독립적인 상품이 된 시대라는 말이다.

그렇다면 어떻게 경쟁력을 갖춰야 할까? 학위? 공부? 인맥? 나는 아주 간단한 원리부터 말하고자 한다. 회사에 몸을 담고 있든, 아니면 개인사업을 하든, 돈과 고객을 끌어오는 일에는 모두 '상대'가 있게 마련이다. 그 '상대'에게 자신을 어필하지 않으면 상대가 나에게 시간과 돈을 선뜻 내줄 리 없다. 그리고 상대에게 자신을 어필하는 가장 간단한 방법이 바로 '인사'다. 아니, 정확히 말하면 '제대로 된 인사'다.

인간은 사회적 동물이고, 인사는 사람과의 관계를 연결해주는 윤활유 같은 행위다. 비즈니스를 성공시키려면 사람들의 틈을 비집고 들어가는 방법을 꿰어야 하는데, 인사성이 밝은 사람은 이런 방법을 가장 자연스럽게 체화시켜 습관으로 만든 사람이다. 이들은 친절하고 사교적이고 표정이 밝은 것이 특징이다.

내게로 와서 꽃이 되어줘

메달을 잘 따는 선수들일수록 인사를 잘 하더라는 재미있는 기사를 본 적이 있다. 국가대표 선수들이 머무는 태릉선수촌 기숙사 관계자들이 하는 얘기다. 그들은 배드민턴 금메달리스트인 하태권 선수, 역도의 장미란 선수, 양궁의 이성진 선수 등이 인사를 잘하는 대표적인 선수들이라며, 특히 하태권 선수는 덩치도 커다란 사람이 지나가다 볼 때마다 하도 열심히 90도로 꾸벅 인사를 해서 오히려 받는 쪽이 미안할 정도라고 칭찬을 아끼지 않았다. 대체 선수들의 경기성적과 인사성이 무슨 관련이 있다고 그런 것일까?

"내가 그의 이름을 불러주었을 때, 그는 내게로 와서 꽃이 되었다"라는 시구절처럼 사람은 서로 마주치고 그의 존재를 알아봐주고 인정해주었을 때, 비로소 서로에게 의미 있는 사람이 된다. 그 의미 있는 관계형성의 첫 번째 단초가 인사다.

우리는 흔히 그냥 인사 잘하는 사람을 '인사성 좋은 사람' 정도로만 간단히 치부해버리지만 그 '인사성'이 갖는 위력은 대단하다. 입장을 바꾸어 생각해보라. 같은 아파트에 사는데 서로 소 닭 보듯 하고 지나치는 이웃과, 자신에게 먼저 생긋 웃으면서 인사를 건네는 이웃 중 누가 더 좋은 사람으로 보이는가? 만일 위층에서 아이들이 쿵쾅거려 뛰어 올라갔을 때 문을 열고 나온 집 주인이 인사 잘하던 그 이웃이라면 험한 말을 하려다가도 어느 새 말씨가 공손해질 것이다. 회사에서도 마찬가지다. 출근할 때나 마주칠 때 언제나 공손하고 상냥하게, 그리고 반갑게 인사를 해주면 그게 그렇게 기분 좋을 수가 없다. 만약 그런 동료나 부하가 일을 잘못했다손 치더라도 20%는 봐주고 들어가게 된다. 불합리하다고 하겠지만 그게 인지상정이다.

사람은 자신의 존재를 인정해주고 존중해주는 사람에게 호감을 품을 수밖에 없다. 그 사람의 성품과 실력은 모르더라도 일단 호의적인 감정이 생기면 같은 모습도 좋게 보이는 법이다. 그렇게 되면 자연히 긍정적인 피드백을 주게 되고, 그러면 또 그 사람은 용기백배해서 더 열심히 일하게 된다. 그렇게 긍정적인 피드백을 서로 주고받다 보면, 자연히 그 사람의 능력도, 두 사람의 신뢰도 함께 성장하게 된다. 선순환의 고리로 접어드는 것이다. 고개 한 번 정중히 숙이고 인사하는 것, 그 간단한 인사가 가진 강력한 힘이다.

모든 관계는 인사로 시작되고 인사로 마무리된다

대학로에 있는 '민들레영토'라는 음식점을 들렀다. 너무나 큰소리로 몇 번이고 인사하는 모습에서 잘 훈련된 친절을 느껴볼 수 있었다. 하나같이 잘 찾아주었다는 싱글벙글한 표정을 보며 '5천 원짜리 밥 한 그릇 팔면서도 이렇게 정중하고 신바람이 날까?' 하고 생각해봤다. 몇 백만 원에서 몇 천만 원을 호가하는 제품을 팔면서도 별로 반가운 표정도 없이 인사도 거르고 접객하는 모습이 우리의 모습은 아닌가? 그런 관행은 우리 스스로가 일터의 전문성을 없애가는 일이다.

또 하나의 일화는 삼성 디지털프라자 화정점의 이야기다. 대규모 베드타운답게 이 지역은 전통적으로 여러 가전매장들이 박빙의 승부를 벌이며 경합하던 지역이다. 대한민국에서 소위 난다 긴다 하는 전자유통 매장 4개가 그야말로 다닥다닥 붙어 있다. 그러나 디지털프라자는 겨우 3위 수준에 머물며 매출도 1위 매장의 절반도 채 되지 않았다. 그러던 것이 지점장이 바뀌면서 단 몇 달 만에 월 매출 10억 원 이상으로 비약적으로 실적이 오르면서 화정 지역의 타 점포들을 멀찌감치 따돌렸을 뿐 아니라 전국 톱클래스급의 실적을 기록했다. 실적 향상의 임무를 띠고 파견되었던 양한규 지점장의 뚝심 있는 정책과 실행이 이룬 성과였다. 대개 규모가 작은 매장에서는 높은 톤의 목소리, 즉 하이보이스로 인사하는 것을 쑥스러워하게 마련인데, 양 지점장은 손님이 별로 없을 때는 팀까지 꾸려 문 앞에 나가 직원들이 큰소리로 인사하는 습관을 가질 수 있도록 훈련시켰다. 물론 그 습관을 포함해 특유의 문진법을 직원들에게 코칭하고 상황별 대응방법을 하나하나 가르쳐나간 것도 한몫을 단단히 했다. '우리가 잘할 수 있을까?' 하는 의구심을 깨고 직원들을 하나로 뭉치게 한 데는 인사하기가 중요한 시발점이 되어준 것이다.

인사는 고객서비스의 첫 동작이요, 마지막 행동이다. 그런 면에서 인사는 그 회사의 고객 마인드를 넘어 경쟁력까지 가늠할 수 있는 가장 기본적인 척도가 된다. 그러므로 사람과의 관계, 즉 고객과 관계된 일을 하면서 인사에 대해 심각하게 신경 써보지 않았다면 가게 문 앞에, 그리고 그의 미래에 '묘지'라는 팻말을 써 붙일 일이다. 인사를 통해 인간관계가 시작되고, 인사로 깊어지며 인사로 마무리되기 때문이다.

언제나 준비된 사람, 단정함으로 무장하라

앞서도 얘기했지만 인사와 더불어 첫눈에 자신의 인상을 판가름해주는 것은, 용모나 옷차림이다. 용모는 단순히 아름다워 보이거나 깨끗해 보이는 것을 넘어 그 사람의 교양수준과 취향까지 대번에 알려주는 것이다.

그러나 용모나 옷차림이 중요한 이유는 무엇보다 그 사람이 준비된 사람인지, 아닌지를 보여준다는 데 있다. 출근하는데 빗질도 안하고 고양이 세수나 겨우 하고 나온다면 그 사람은 일단 일을 할 마음의 준비가 갖추어지지 않은 것이라고 볼 수밖에 없다.

군인이 전장에 나갈 때나, 의사가 수술을 집도할 때는 그 일을 수행하기에 가장 적합한 최적의 복장을 갖추어야만 한다. 거기에는 옷차림뿐만 아니라 총이나 무전기, 청진기, 메스 등과 같은 준비물도 당연히 포함될 것이다.

몸은 마음을 컨트롤하고 형식은 내용을 지배한다. 정장을 입었을 때와 예비군복을 입었을 때의 남자들 모습을 떠올려보라. 평소에는 단정했던 사람도 예비군복만 입으면 왠지 행동이 흐트러지고 껄렁해진다. 여성들도 마찬가지다. 청바지를 입었을 때의 걸음걸이와 정장 투피스를 입었을 때의 걸음걸이가 다르다. 그리고 마음자세도 달라진다. 문제는 청바지를 입든 투피스를 입든 내가 오늘 여기에 어떤 목적으로 왔는지, 누구를 만나고 누구에게 어떻게 보이고 싶은지, 업무를 수행하는 데 알맞은 복장인지를 고민하지 않고 아무렇게나 기분 내키는 대로 입고 다닌다면, 그 사람은 셀프마케팅의 기본도 모르는 사람이다.

완벽한 태세를 갖춘 칭기즈칸의 단정함

나폴레옹의 7배, 히틀러의 3배 반, 알렉산더 대왕이 점령한 영토의 2배나 더 넓은 땅을 차지함으로써 인류 역사의 큰 획을 그었던 칭기즈칸. 그는 777만 제곱킬로미터에 달하는 광활한 땅을 차지한, 지난 밀

레니엄의 인류사에서 가장 큰 영향력을 발휘한 인물 중 하나다. 불과 7백 년 전, 일개 마적단에 불과했던 소수의 불학무식한 집단을 이끌고 역사상 최단기간에 최대제국을 건설한 리더. 몽골에서 중국, 러시아를 거쳐 폴란드, 헝가리까지 몽골벨트를 형성한 그는 참으로 불가사의한 존재다. 당시 몽골의 인구는 고작 1백만 명이었다는데, 그 중 20만 명을 데리고 기마군단을 조직하여 당시 3억 명에 불과했던 세계인구 중 1억 명을 지배 하에 두었다. 무엇이 이것을 가능케 하였는가?

컨설팅업체인 리더밸류 사의 창업자인 마이크 예이츠Mike Yates는 '칭기즈칸 리더십'에 대해 언급하면서 그의 리더십 특질을 비전, 능력, 열정, 권한위양 등 네 가지 E로 압축하고 있다. 정복을 통한 영토확장만이 빈약한 자원을 놓고 벌어지는 만성적인 동족 간 전쟁을 막을 수 있는 유일한 길임을 비전으로 설정하고(Envision), 기존의 군사기술을 형편에 맞게 적절히 활용하되 엄한 군율과 '천호제' 같은 효율적인 군사 행정조직 등을 통해 군사능력을 극대화함으로써 능력을 갖추고(Enable), 부하들에 대한 이익 분배 시스템을 구축함으로써 열정을 끌어내고(Energizing), 싸움터에서 능력을 발휘한 사람이면 누구든 지휘관으로 발탁하는 권한위양(Empowering)을 했다는 게 칭기즈칸 리더십의 요지라는 것이다.

그러나 필자는 여기에 덧붙여 그의 군대가 갖췄던 '단정함'에 주목하고자 한다. 일반적으로 비즈니스 현장에서 '단정함'을 정의하라 한다면, 복장을 잘 갖추고, 용모가 말끔한 것을 떠올릴 것이다. 그러나 진정한 단정함이란 그 기본은 물론이거니와 일의 목적을 달성할 수 있는 완벽한 '태세'를 갖추는 것을 의미한다. 환자를 돌보는 의사가 아무리 용모가 말쑥하다 한들 환자를 진단할 수 있는 도구나 환자의 문진 정보 등의 자료도 없이 환자를 맞는다면 이는 단정하다고 말할 수 없을 것이다. 즉 단정함이란 자신의 특질을 잘 살리되 언제 어디서든 화력을 최대한으로 폭발시켜 발휘할 수 있도록 '순발력'과 '기동력'을 갖추는 것을 말한다.

몽골군은 군복을 잘 정비해서 입은 것은 물론이거니와 병사 한 명이 보르츠(말린 쇠고기로 만든 휴대용 식량) 주머니를 두 개씩 가지고 다니다가 더운 물에 조금씩 풀어 마시는 것으로 식사를 해결함으로써 기동력을 더욱 높였다. 그리고 몽골의 말은 작은 체구에 온순하면서도 환경 적응력이 강해서 장기간 이동하기에 적합했고, 몽골군이 사용한 말안장은 턱이 없어서 자유로운 몸놀림이 가능했다. 뿐만 아니라 그들의 군화는 발목 부근에 금속판이 달려 있어서 발을 보호했고, 신발 코가 위로 들려 있어 말에 탄 채로 일어서도 등자에서 발이 빠지지 않아 낙마의 위험 없이 전투를 할 수 있었다. 또한 그들의 등자는 말을 달리면서 뒤돌아 활쏘기가 가능하도록 개량되어 있었다.

단정함도 습관이다

비즈니스를 하는 사람들도, 사활을 걸고 대지를 휩쓸었던 칭기즈칸 군대가 가졌던 것 이상의 단정함을 갖추어야 한다. 내가 종사하는 일과 내가 만나는 고객의 수준에 맞게, 내가 파는 상품의 전문가답게 자기 자신을 포장해야 한다. 아울러 언제든 일을 향해, 고객을 향해 달려갈 수 있는 만반의 태세를 갖추고 있어야 한다.

아침까지도 술 냄새를 풀풀 풍기며 나오는 사람, 밤중에 뭘 했는지 눈이 반쯤 감긴 채 하품만 연신 해대는 사람, 머리도 제대로 못 말리고 부스스한 얼굴로 나오는 사람, 와이셔츠 소매 끝에 묵은 때가 꾀죄죄한 채로 고객을 만나러 가겠다고 나서는 사람, 침실인지 나이트클럽인지 분간이 안 되는 차림으로 나오는 사람, 하루 종일 비몽사몽 하며 허둥지둥 하느라 아무 일도 못하는 사람…. 그런 사람들이 우리 주위에는 얼마나 많은가?

그런 상태로 일이 온전히 될 리 없고, 몸은 비록 회사에 앉아 있지만 마음은 허공을 헤매고 다닐 것이다. 물론 야근이다 접대다 해서 부득이한 경우도 많을 것이다. 그러나 단정함도 습관이다. 똑같이 부득이한 경우라도 어떤 이는 늘 단정한 모습인데, 어떤 이는 늘 흐트러진 모습이다. 최소한 회사에 나올 때는 몸도 마음도 비즈니스맨으로 자신을 완전히 무장해야 한다. 집에서 직장으로 몸만 옮겨 온 듯한 차림은 자신은 물론 주위 사람까지 맥 빠지게 한다. 직장 내부에 있는 동료나 상사도 당신에게는 고객이다.

단정함이란 단순히 복장과 모습에만 국한되는 것이 아니다. 일에 임하는 태도나 자세도 그에 포함된다. 최근 젊은 사원들 중에는 소위 '집중'한다고 귀에 이어폰을 꽂고 일을 하는 경우가 많다. 물론 음악을 들으며 입시 공부를 했던 세대니까 이해가 안 되는 것은 아니다. 그러나 상사가 불러도 못 알아듣고 기어이 자리까지 가서 어깨를 쳐야만 돌아보는 사람이라면 문제가 심각하다. 그런 사람들은 사무실에 한동안 소란이 생겼는데도 나중에 보면 사오정처럼 "무슨 일 있었어요?" 하며 혼자 엉뚱한 소리를 한다. 무릇 조직이란 자신에게 맡겨진 일만 하고, 또 그 일만 배우는 곳이 아니다. 다른 사람들이 하는 일, 조직이 돌아가는 상황과 그 문제를 해결해가는 모든 과정 속에서 학습은 이루어진다. 자신의 발밑만 보고 있는 축구선수는 언제 어디서 어떻게 공이 자신에게 날아올지 알 수 없으며, 어디로 패스해야 할지도 모를 것이다.

성취력이 높은 사람일수록 집중과 멀티플레이를 잘한다. 그런 사람들은 일에 몰두할 때면 아무리 주위가 시끄러워도 무서우리만큼 고도의 집중력을 발휘한다. 그러면서도 한쪽 귀로는 꼭 들어야 할 중요한 이야기는 다 듣는다. 그런 사람들은 회사가 돌아가는 상황, 중요한 정보는 두루 꿰차고 있다. 그래서 자신이 필요하거나 꼭 나서야 할 때 용수철처럼 튀어 나온다.

만약 전쟁터에서 상황파악도 못하고 무방비상태로 있다가는 날아오는 포탄에 맞아 죽을 수밖에 없을 것이다. 군인이 전투 현장에서 귀에 MP3 플레이어 이어폰을 꽂고 있는 것을 보았는가? 그러다가는 지금 주위에서 무슨 일이 벌어지고 있는지, 동료들은 무슨 이야기를 급히 나누고 있는지, 상관이 무슨 작전명령을 내렸는지도 모르고 있다가 혼자 엉뚱한 행동을 하거나 대열에서 낙오될 것이다.

비즈니스 현장도 마찬가지다. 자신의 일에는 무섭게 집중하고 몰입하되 늘 귀와 가슴을 열고 있어야 한다. 조직은 혼자 일하는 곳이 아

니라 팀플레이를 하는 곳이기 때문이다

　전장의 장수가 전투태세를 갖추듯이, 응급실의 의사가 어떤 상황에든 대처할 수 있는 준비를 갖추듯이, 이기는 습관을 가진 사람이라면 자신이 어떤 복장과 어떤 무기와 어떤 장비를 가지고, 그리고 어떤 자세를 가지고 일에 임해야 할지 명확히 알아야 할 것이다.

●Insight in Story●

인사성 없는 후배들 어느 날 조용히 사라져….

요즘 젊은이들이라면 모르는 사람이 없는 '신화'라는 원조 아이돌 그룹이 있다. 이들이 한 인터뷰에서 참 재미있는 이야기를 했다. 자신들의 뒤를 이어 가요계에 수많은 후배들이 등장하는 것을 지켜보았는데, "참 이상하게도 인사성 없는 후배들은 나중에 조용히 사라지더라."는 얘기다. 그들은 "후배들을 보면 동생 같은 심정이 들어 귀엽긴 한데, 선배들에게 인사를 잘 안하는 것이 아쉽다. 예전에 우리는 음악 프로그램 리허설이 있을 때면 대기실을 찾아다니며 인사하곤 했는데…."라며 후배들의 '예의 없음'을 안타까워했다. 그리고 정말 어떤 후배 그룹이 하도 인사성이 없기에 '쟤들 조만간 사라지겠군' 했더니 정말 얼마 후 자취를 감추더라는 무시무시한 말을 한 것이다.

자유롭고 분방한 듯 보이는 연예계도, 아무리 세상이 변했다고 해도, 예의와 인사성에 대한 사람들의 생각은 변함이 없는 것 같다.

자본이 필요 없는 투자, 웃음이 돈을 부른다

우리는 행복하기 때문에 웃는 것이 아니고 웃기 때문에 행복한 것이다
– 윌리엄 제임스 William James, 미국의 사상가

행복도 하나의 선택이며 그 가운데 가장 잘 알려지고
가장 오래된 방법은 미소를 짓는 것이다
– 잭 캔필드 Jack Canfield, 미국의 연설가이자 저술가

"밤낮으로 무서운 긴장감이 생겼기 때문에, 만일 웃지 않았다면 나는 이미 죽은 지 오래 되었을 것이다."

미국 16대 대통령 링컨의 말이다. 세계 최고 부자들의 웃는 사진을 들여다본 적이 있는가? 하나같이 똑같다. 표정이 확 달라질 정도로 얼굴이 아주 활짝 밝아지면서 입 꼬리 양쪽이 들려올라간 반달 모양을 그린다. 마치 파도가 거칠게 일고 있는 바다 위에 떠 있는 범선처럼 인생이라는 항해에서 얼마나 자신만만한지 강력한 신호를 보내는 듯하다. 한 잡지의 커버를 장식한 세계 최대 갑부 빌 게이츠와 워렌 버핏, 그들의 웃는 모습은 판에 박은 듯이 똑같다. 관상학적으로 잘 웃지 않고 입술 양끝이 아래로 처져 있는 사람들은 인생의 항해에서도 쉽게 전복당한다고 한다. 이렇듯 웃음은 복을 가져다주는 시초인데도 우리는 근엄함에 익숙해 있어서 대부분의 경우 너무나 진지하기만 하다.

어느 날 매장 경력사원을 채용하는 면접에서 아주 특이한 이력의 소유자를 만나게 됐다. 장례식을 지내기 전 병원 영안실에서 사체를 깨끗이 정돈해주는 일을 하던 사람이란다. 필자는 "매장 근무 경험도 없는데, 이 일을 잘하실 수 있겠습니까?" 하고 물었다. 그런데 그의 대답이 아주 남달랐다.

"저는 대한민국에서 제일 잘 웃습니다. 죽은 이들을 닦아주면서 '인생이 이렇게 유한한데 짜증내고 화난 표정으로 지낼 필요가 있겠냐'는 생각이 들었습니다. 죽은 사람도 웃음으로 잘 모셨는데, 살아계신 고객님들이야 얼마든지 웃음으로 모실 수 있지 않겠습니까? 그러면 그분들이 제 단골이 되시지 않겠어요? 기회를 주십시오."

결국 필자는 매장 경력이 있는 다른 다섯 명의 응모자들을 제쳐 두고 그를 경력사원으로 뽑았다. 그의 이름은 최종원 씨다. 인사부서에서는 의외라며 난색을 표했지만 나는 그런 사고방식과 웃음이 몸에 배인 사람이라면 어떤 어려움도 충분히 잘 극복해나가리라는 믿음을 선택했다. 그리고 소매 분야에서는 경험도 없는 그를 덜컥 용인지역에 있는 지점으로 발령을 냈다.

그런데 그는 입사 2개월 만에 월 매출 1억 5천만 원을 달성하여, 전국에서 최단기간 최대매출을 기록하는 주인공이 되었다. 고작 나이 27세의 총각이었다. 나는 그를 다시 불러 어떻게 그렇게 성공할 수 있었는지 물었다.

"매장에 들어오는 고객은 크건 작건 수십만 원 이상이나 되는 제품을 구입하는 분들입니다. 그래서 저는 차림새나 겉모양으로 그분들을 설불리 판단하지 않고 항상 웃으면서 친절하게 응대했지요. 그러면 결국 제게서 물건을 구입해주시더라고요. 어떤 사람을 향해서든 웃으려고 많이 노력합니다. 짜증나도 웃고 힘들어도 웃고 화나도 웃고…, 항상 웃으면 고객이 알아줍니다. 이게 무슨 기적인지는 모르겠습니다. 제품에 대해서 잘 몰라도 매일 하루 4~5팀씩, 이것저것 꼬치꼬치 물으며 몇 시간씩 저를 붙들고 있는 고객이라도 무조건 웃으면서 응대했습니다. 그렇게 하다보니 보름도 안 돼서 매출이 1억 원을 넘었습니다."

웃음은 일종의 긍정 에너지를 발산하는 행위다. 웃는 순간, 좋은 운이 나를 향해 모여들고 그 운이 또다시 긍정적인 운을 끌어들인다. 이렇게 아주 간단한 투자만으로도 우리의 하루와 조직의 성과가 올라가는 것이다.

옛날부터 웃음은 '돈 안 드는 보약'이라고도 했고 '웃음이 있는 곳에 가난이 없다'고도 했다. 요즈음은 스트레스와 정신질환의 치료에까지 웃음이 동원되기도 한다. 그런데 새삼 강조할 것도 없이 이 '웃음을 통한 친근하고 행복한 바이러스의 유포'는 돈을 부르는 고객서비스의 아주 강력한 '습관'이다.

유대인들에게는 '프림'이라는 명절이 있다. 옛날 페르시아제국의 박해를 잊지 않기 위해서 해마다 봄이 되면 대대적으로 열리는 행사인데, 유대인들은 이 날 '헤망'이라는 과자를 즐겨 먹는다. 헤망은 옛날 페르시아 재상의 이름을 딴 것으로, 이날 하루만이라도 원수를 먹어버려서 승리감을 맛보자는 의도다. 비록 과자일망정 미워하는 사람의 이름을 붙여 먹어버린다는 재미있는 발상, 이런 유머감각 때문에 유대인들을 '웃음의 민족'이라고 부르는지도 모르겠다.

유대인들은 서로 만날 때면 반드시 농담 한 마디씩을 건네는데, 이는 농담을 통해서 두뇌훈련이 된다고 믿기 때문이다. 또 새로운 발상법과 자유분방한 정신도 이를 통해 길러진다고 믿는다. 오랜 기간 박해를 받으면서도 결코 좌절하거나 절망하지 않았던 유대인들의 밑바탕에는 바로 웃음과 해학의 여유가 있었던 것이다.

웃는 것을 좋아하지 않는 사람은 없다. 웃음은 인류가 할 수 있는 가장 행복하고 건강한 활동이다. 코미디언 빅토르 보르쥬Victor Borge는 "웃음은 좋은 관계를 맺게 해주는 지름길"이라고 말했다. 누가 뭐라 해도 웃음은 삶의 질을 높여주는 위대한 선물이며, 우리가 마음먹기에 따라 아주 쉽게, 자주 얻을 수 있는 것이다.

서비스 조직에서의 '웃음'은 생명줄과도 같다

어떤 조직에서나 웃음은 행복과 성공의 윤활유 역할을 하지만, 특히 하루에도 수많은 고객을 상대해야 하는 서비스 조직이나 판매 매장의 경우에는 '웃음'이 생명줄과도 같다.

웃음은 결국 '마음의 표현'이다. 그러니 우리가 고객에 대해 품고 있는 마음을 보일 수 있는 유일한 방편이기도 하다. 사람들은 무언가를 얻기 위해 쇼핑을 한다. 그러나 그 쇼핑의 대상은 '물건'이기보다 '즐거움'인 경우가 더 많다. 고객의 욕구는 즐거움으로 가고 있다. '기분 좋은 쇼핑'이라는 한 쇼핑몰의 슬로건처럼 '물건을 사는' 결과보다 그 과정을 즐기는 것이 요즘 소비자들의 패턴이다.

그래서 어떤 면에서는 고객에 대한 어떤 진지한 연구결과보다도, 몸짓에서 우러나오는 강력한 신호 하나가 효력을 발휘할 때가 더 많다. 그 중 제일이 웃음이며 미소다. 그렇다면 어떻게 웃어야 고객을 존중하고 사랑하는 마음을 표현할 수 있을까? 처음에는 억지스럽고 부자연스러워 양 볼에 경련이 나겠지만, 6개월 이상 꾸준히 연습하면 누구보다 멋지고 유쾌한 웃음의 소유자가 될 수 있다. 웃음에서 제일 중요한 포인트는 다음의 세 가지다.

어떤 상황에서든 항상 웃는다

어떤 대기업에서는 서비스 담당자를 평가하기 위해, 일부러 화가 난 것으로 가장한 고객을 투입한다. 얼토당토않은 것을 가지고 서비스 클레임을 제기하면 웬만한 친절맨도 동요하게 마련이다. 이때 고객에게 어떻게 응대했는가를 녹화해서 다시 보여줌으로써 스스로 반성하게 하는 것이다. 고객서비스에서는 어떤 상황에서든 항시 '웃는 표정을 유지한다'는 원칙을 지키는 것이 중요하다.

속으로 '와아~~ 신난다!' 하고 생각하며 웃어라

고객을 응대할 때는 고객을 향한 마음, 진정한 감사와 환영의 마음이 바깥으로 표현되어야 한다. 즉 표정에든 음성에든, 심지어는 숨소리에도 고객을 기분 좋게 하는 웃음이 배어 나와야 한다. 누군가를 크게 환영해야 할 때는 치아가 완전히 보이도록 '활짝' 웃는 것이 좋다. 양쪽 입 꼬리가 살짝 올라간 반달 모양이 되도록 얼굴 가득 활짝 웃으며 고객을 맞는 기쁨이 얼굴에서 바로 표현되도록 한다. 사실 웃는다는 것은 아무리 연습을 해도, 아니 어떤 경우에는 연습을 하면 할수록 쉽지 않을 수도 있다. 그럴 때는 마음으로부터 '웃는다'는 신호를 보내면 도움이 된다. 마음이 웃지 않는데 표정이 웃을 수는 없기 때문이다. 언제든 크게 웃으려면 고객을 향한 '기쁜 마음'이라는 준비물이 필요하다(이때 연습할 수 있는 방법은 속으로 '와아~ 신난다!' 하고 생각하면서 웃어보는 것이다. 기분을 바꾸는 것만으로 훨씬 자연스러운 웃음이 우러나올 것이다).

웃는 습관을 생활화하라

자기 딴에는 웃으며 밝은 표정으로 응대했다고 생각하지만 고객이 그렇게 느끼지 않는다면 그렇지 않은 것이다. 소매 단위에서 종업원들을 지도하다보면 자기는 화낸 적도 딱딱한 표정을 지은 적도 없는데, 미스터리 쇼핑 평가(이른바 가짜고객을 투입하여 하는 평가방법)의 결과가 엉뚱하게 나왔다고 항변한다. 그런 직원에게 거울을 보면 알 것이라며 지적해서 고쳐준 적도 있다. 웃는다는 것은 숱한 연습과 훈련에서 우러나오지만, 근본은 마음에서부터 연유한다. 그러므로 평가가 엉뚱하게 나왔다고 생각하기 이전에 문제해법의 단초를 '나'로부터 찾을 일이다.

지금도 필자는 매장에 근무할 직원을 뽑을 때는 아무리 바쁘더라도 인사부서에만 맡겨두지 않고 직접 면접을 한다. 직원을 채용하기 위해 인터뷰를 할 때 알게 모르게 몸에 배인 습관이 '이 친구의 인상이 잘 웃는 상인가 아닌가'를 따져보는 것이다. 웃는 데 익숙해져 있는 사람은 고객과의 상담에서 거의 성공하기 때문이다.

돈 버는 매장과 잘 되는 조직의 공통적인 특징은 직원들의 표정이 밝고, 웃음을 체계적으로 훈련하여 몸에 배어 있다는 것이다. '고객이 왕이다', '고객이 돈을 벌어준다'고 아무리 외치고 훈련한들, 정작 매장에 근무하다보면 웃을 일보다는 짜증 날 일이 훨씬 많다. 까다로운 고객들은 늘 있게 마련이고 그들은 쉽게 만족하거나 물러서지 않는다. 그러니 짜증 날 때나 힘들 때나 웃을 수 있는 여유야말로 돈을 부르는 첫 번째 습관이다.

일터를 신나는 놀이터로

하지만 아무리 웃으라고 강조한들, 억지로 짓는 미소는 본인도 어색하지만 남이 보기에도 이상하다. 결국 직원들 스스로가 즐겁고 행복해야 고객들을 행복하게 할 수 있는 것이다. 직원들이 행복해지는 데는 여러 요건들이 충족되어야 하겠지만, 일터를 신나는 놀이터, 일을 축제처럼 즐기는 문화를 만드는 것으로도 큰 성과를 거둘 수 있다.

최근 '펀Fun경영'이라는 말이 유행하고 있다. 1990년대 초 미국에서 붐이 일기 시작한 '펀경영'은 현재 유럽, 아시아까지 확산되면서 새로운 경영 트렌드로 자리 잡고 인기를 끌고 있다. 펀경영은 즐거운 직장 생활을 통해 기업의 궁극적인 목적인 생산성을 높이자는 취지에서 처음 출발했다. 실제로 로버트 프로빈Robert Provine의 조사에 의하면, 웃음이 많은 그룹이 그렇지 않은 그룹에 비하여 적게는 40%에서 많게는 300%까지 생산성이 향상되었다고 한다.

'펀경영'을 국내에 가장 앞장서서 보급하고 있는 한국웃음센터 한광일 대표는 "감성이 풍부한 개인과 기업은 성공할 수밖에 없다."며 "웃음이 주는 경제적 가치를 돈으로 정확히 환산할 수는 없지만 산업재해, 노사분규, 의료비 등이 3분의 1로 감소하고 생산성은 배가된다는 조사결과가 있다."고 했다. 결국 웃음은 "원료 없이 공장을 돌리는 만병통치약"이라서, 스트레스 레벨을 낮춰주고 권태와 무력감을 예방해 변화에 대한 적응력도 향상시킬 뿐만 아니라, 의사소통을 원활하게 하고 창의력과 자신감, 추진력을 증가시켜 결국 성과를 향상시킨다는 것이다.

아무리 복지가 훌륭하고 직원들이 뛰어난 성과를 올리는 조직이라 해도 너무 일에만 몰입하다보면 자칫 분위기가 무거워지거나 경직될 수 있다. 또 아무리 좋은 일이라 해도 매일 반복하다보면 싫증나고 지겨워질 수밖에 없다. 직장인이라면 어차피 인생의 3분의 2는 일터에서 보내게 된다. 기왕에 보낼 수밖에 없는 시간이라면, 어차피 해야 하는 일이라면 즐겁게 할 수 있는 방안을 모색해보자. 딱딱한 업무의 명칭을 재미있는 이름으로 바꿔 부르는 것만으로도 마음가짐이 달라지고, 마음가짐이 달라지면 형식도 달라진다. 가령 아침조회를 '굿모닝 쇼', '굿모닝 페스티벌', '세숫대야 부딪치기' 같은 신나고 재미있는 이름으로 바꾸어보라. '조회'라는 말에 짓눌렸던 우중충하고 무거운 마음까지 활짝 펴지고, 어떻게 하면 굿모닝 쇼를 더 재미있게 할까 하는 아이디어가 새록새록 솟을 것이다.

각 업무의 명칭도 마찬가지다. 구성원들이 공통적으로 좋아하는 취미(운동, 등산, 영화 등등)와 연관된 이름으로 부른다든가, 각 프로젝트 명칭을 시트콤 제목처럼 만들어 부른다든가 하는 것이다. 즉, '보고'라는 딱딱한 말 대신 '슈팅'으로, '기획회의'를 '월척낚시'로, '신제품 런칭 프로젝트를 '블루오션 007작전' 등 생동감 있고 즐거운 말로 바꾸어보자. 그리고 그 일을 맡은 스텝들에게도 각각 역할에 따라 감독, 주연, 조연1, 소품 담당, 섭외 등의 명칭을 부여하면 각자 자신이 하고 있는 일에 대해서 한결 선명하게 각인되고, 더 즐겁게 느껴질 것이다.

최근 폭발적인 시청률을 기록하고 있는 '거침없이 하이킥'이란 시트콤이 있다. 내용도 물론 재밌었지만, 여러 가지 파격적인 시도로 주목받는 작품이다. 특히 그 시트콤이 끝날 때 자막으로 올라가는 제작진들의 이름을 보고 있노라면 배꼽을 잡게 된다. 일반적으로 연출 누구, 각본 누구, 조명 누구 등 본명을 쓰는데, 이 시트콤 제작진들은 '제리뽀록하이머', '용가뤼' 등 기발한 닉네임으로 자신들을 표현하고 있다. 이렇게 재기발랄하고 유머러스한 사람들이 만드는 작품이라는 생각에 드라마가 더 재밌게 느껴지는 것 같다.

우리도 동료나 상사들에게 재밌는 닉네임을 붙여주면 어떨까? '검색대왕', '꼼꼼대장', '깨끗도사', '새벽전사' 등과 같은 식으로 말이다.

자기가 가장 잘할 수 있는 일을 가장 크게 성장시키는 것이 신바람을 불러일으키는 원동력이다. 자신의 역할을 각인시키고 기운이 불끈 날 만한 새로운 별명을 붙여보자. 또한 직장을 열정과 생기로 가득 채워줄 내부고객 만족 프로그램도 머리를 맞대고 만들어보자. '이 달의 미스 스마일 & 미스터 스마일' 상을 뽑는다든가, '칭찬릴레이' 같은 프로그램을 응용하는 것도 도움이 될 것이다.

즐거운 직장이란 누군가가 만들어주는 게 아니다. 누군가 나를 즐겁게 해주기를 우두커니 기다리지 말고, 내가 먼저 동료나 선후배들을 즐겁게 할 수 있는 일이 없을까 고민해보라. 그리고 이것을 자기만의 의식(Ritual)으로 습관화하라. 매일 오후 3시에는 동료에게 커피 서비스, 매일 아침 출근할 때는 날마다 다른 인사말, 점심 먹고 나른해졌을 때 10분 무료안마 쿠폰 발행 등…. 생각지 못했던 즐거움이 두 배로 돌아올 것이다.

먹고살기 위해 어쩔 수 없이 하는 일로 생각하는 한, 이 세상의 어떤 일도 '즐거움'이라는 선물을 가져다주진 못할 것이다. 오늘 하루를 나에게 '선물'하는 기분으로 살아라. 그리고 당신이 만나는 고객, 당신이 같이 일하는 동료들에게도 오늘을 생애 최고의 날로 '선물'하라!

• *Insight in Story* •

진짜 미소 VS. 가짜 미소

인간의 '웃음'을 주제로 한 연구에 몰입한 폴 에크먼Paul Ekman이라는 심리학자가 있었다. 그는 우리가 짓는 수많은 미소 가운데 특정한 근육이 움직이는 미소만이 인간이 행복을 느끼는 '진짜 미소'라는 것을 밝혀냈다. 인간의 얼굴에는 42개의 근육이 표정을 만들어내는데, 그는 이 근육들에 일일이 번호를 매겼다. 예를 들어 코를 찡그리는 것을 9번, 양 입술을 꼭 다무는 것을 15번 하는 식으로 말이다. 그렇게 해서 에크먼은 총 19가지의 서로 다른 모양의 미소를 찾아냈는데, 그중 18가지는 '가짜 미소'라는 것이다. 가령 썰렁한 유머를 듣고 난감해진 상태에서 예의상 짓는 미소라든가 사진을 찍기 위해 어색하게 짓는 미소, 자신의 악의를 감추기 위해 짓는 가장된 미소 등이 그것이다.

우리가 진정으로 기뻐서, 행복해서 짓는 미소는 단 한 가지다. 입술 끝이 위로 당겨질 뿐 아니라 두 눈이 안쪽으로 약간 모아지면서 눈가에 주름이 나타나고 두 뺨의 상반부가 들려지는 미소. 이때 눈가의 괄약근이라 불리는 안륜근이 수축되는데, 에크먼은 이것을 프랑스의 심리학자 기욤 뒤셴Guillaume Duchenne의 이름을 따서 '뒤셴 미소'라고 명명하였다. 뒤셴은 처음으로 눈 전체를 둘러싸고 있는 이 근육을 연구한 학자이다. 결국 에크먼은 이 '뒤셴 미소'만이 유일하게 참된 행복을 표현하는 것이라고 했다. '영혼의 달콤한 행복'이라 불리는 이 미소는, 우리의 작위적인 의지만으로는 표현할 수가 없다. 대부분의 사람들이 카메라를 응시하면서 자연스럽게 미소를 짓는 데 실패하는 이유가 이것이다.

전략과 함께 하루를 열고, 확실한 마무리로 골 결정력을 높여라

시간을 비교하자 이른 아침 한 시간은 오후 늦은 한 시간보다 훨씬 더 중요하다.
— 로버트 슐러 Robert H. Schuller, 미국의 목사

시작하는 재주는 위대하지만, 마무리 짓는 재주는 더욱 위대하다
— 롱펠로 Henry Wadsworth Longfellow, 미국의 시인

일찍이 공자孔子는 이렇게 말했다.

> 일생의 계획은 젊은 시절에 달려 있고,
> 일 년의 계획은 봄에 있고,
> 하루의 계획은 아침에 달려 있다.
> 젊어서 배우지 않으면 늙어서 아는 것이 없고,
> 봄에 밭을 갈지 않으면 가을에 바랄 것이 없으며,
> 아침에 일어나지 않으면 아무 한 일이 없게 된다.

두말할 것도 없이, 우리의 일생은 하루하루가 모여 만들어진다. 그리고 그 하루는 아침을 어떻게 보내느냐에 따라 달라진다. 그렇게 본다면 결국 우리 인생은 매일 아침을 어떻게 보내느냐에 따라 달라진다고도 할 수 있을 것이다.

병법의 대가 손자孫子는 "먼저 전장에 가서 적의 습격을 기다리는 군대는 편안하다. 하지만 나중에 전장에 도착해서 싸움에 쫓기는 군대는 힘들다."고 했다. 즉 만반의 준비를 하면 전쟁에서 주도권을 잡을 수 있다는 말이다. 일을 할 때도 마찬가지다. 가까스로 9시 정각에 턱걸이 하듯이 문을 열고 달려 들어오는 사원보다는 1시간 일찍 출근해서 업무를 준비하는 사원이 훨씬 성과가 탁월할 수밖에 없다.

조직도 마찬가지다. 오늘을 소중히 보낼 수 있도록 마음을 새롭게 하고, 서로의 할 일을 점검하고 공유하며 하루를 시작하는 조직과 그냥 되는 대로 일을 시작하는 조직은 성과에서부터 큰 차이가 난다.

특히 판매직처럼 고객을 통해 성과를 창출할 수밖에 없는 사람들에게 아침시간은 그야말로 '피' 같은 시간이다. 고객을 찾아간다거나 고객이 찾아주는 시간은 정해져 있고, 고객을 만날 수 있는 시간도 아무리 길어봐야 하루 10시간 이내다. 제아무리 날고뛰는 사람이라 해도 그 이상을 넘어설 수는 없다. 그러므로 그 한정된 시간에 열정과 에너지를 100% 쏟아 부으려면 나머지 시간, 고객과 만나지 못하는 시간에 철저히 준비하지 않으면 안 된다. 그러므로 세일즈 종사자들에게 아침시간은 학습과 재충전을 할 수 있는 유일한 시간이라 해도 과언이 아니다. 더군다나 회사 전체, 혹은 조직적인 차원에서 이루어지는 공유와 학습은 그만큼 내실을 기해서 알차게 구성하지 않으면 안 된다. 그러려면 필요한 자료를 검색하고 하루하루 변해가는 세상 동향에도 촉각을 곤두세워야 한다.

성패를 가르는 아침의 미학,
하루를 전략과 함께 열어라

자동차 세일즈의 신화적인 인물인 GM대우의 박노진 이사는 처음 자동차 판매일을 시작하면서 고전하게 됐을 때, 아침마다 경제신문을 빼놓지 않고 탐독했다고 한다. 어느 분야가 경기가 좋은지 아는 데는 그만큼 좋은 방법이 없었다는 것이다. 어느 날은 신문을 읽다 눈에 띄는 기사를 발견했다. '수해로 인한 흉작으로 과일·채소값이 급등하고 있다'는 소식이었다. 다른 사람 같으면 그냥 흘려버렸을 뉴스였지만, 박 이사는 당장 청과물 시장으로 달려갔다. 채소값이 올라 청과물 도매업자들이 호황이라면, 그들 사이에 분명 자동차 수요가 있을 거라는 판단에서였다. 질퍽거리는 바닥을 부지런히 다니며 오전 내내 상인들을 상대로 전단지를 돌렸다. '당장에 무슨 결과가 있을까?' 싶었지만 다음날 자동차 가격을 묻는 전화가 세 통이나 걸려왔고, 며칠 뒤에는 정말로 트럭을 팔았다. 이처럼 준비된 사람에게만 행운은 찾아오는 법이다. 하루의 준비를 제대로 하지 않고서, 한 달의 실적이 생기기를 바라서는 안 될 것이다.

대부분의 사람들은 아침을 어떻게 여느냐에 따라 하루 전체가 좌우된다. 신체적으로 그리고 심리적으로도 아침을 상쾌하고 기분 좋은 상태로 출발하면 하루 종일 그 상태가 유지된다. 조직이나 비즈니스의 세계에서도 아침을 어떻게 출발하느냐에 따라 고객만족도나 성과가 달라질 수 있다. 그래서 비록 출근할 때는 몸이 찌뿌드드하거나 기분이 좀 꿀꿀한(?) 상태였더라도, 비즈니스 현장으로 들어서는 순간부터는 즐겁고 기쁜 상태로 기분을 전환해야 한다.

특히 판매업처럼 고객을 상대하는 매장들은 직원들의 마음가짐도 새롭게 하고 매장의 분위기도 바꾸기 위해 각자의 상황과 개성에 맞게 신명나는 아침조회를 가질 필요가 있다. 가벼운 춤으로 몸 풀기를 한 후에 좋은 덕담을 서로 나누고, 상품 설명이나 고객응대에 필요한 전달사항을 경청함으로써 하루를 열어라. 조회는 장사의 시작이므로 정성과 혼을 담아서 실시해야 한다. 우리 매장에 좋은 기운을 불어 넣어주고, 직원들에게는 신명나게 일할 수 있는 에너지를 샘솟게 해주는 의식인 셈이니, 때로는 일종의 종교행사같이 여길 필요도 있다는 말이다. 즐거운 분위기 속에서 시작되는 조회는 비록 짧은 시간이더라도 상품에 대해 공부하고, 실적을 체크하고, 의욕적으로 업무를 시작할 수 있게 한다.

다음에 소개할 것은 삼성의 디지털프라자에서 시행하고 있는 '굿모닝 쇼(조회라는 명칭은 사용하지 않는다)'의 진행순서다. 굿모닝 쇼를 마친 다음에는 각자 정해진 영역을 청소하고 바로 고객을 맞이할 준비태세를 갖춘다.

- 굿모닝 쇼 준비(1분) : 매장 오픈 30분 전에 전 직원이 굿모닝 쇼 장소로 모인다. 진행자가 맨 앞에 서고 직원들은 두 줄 정도로 나란히 늘어선다.

- 굿모닝 쇼 시작, 인사(1분) : 진행자가 큰 목소리로 "지금부터 ○○월 ○○일 굿모닝 쇼를 시작하겠습니다." 하고 외치면 전 직원들은 차렷 자세로 "안녕하십니까?" 하고 인사한다.
- 액션활동(5분) : 자체 개발한 CS체조를 한 다음, 옆 사람 어깨 주물러주기 등으로 활기차게 하루를 시작할 수 있도록 진행자가 유도한다.
- 상품교육, 롤 플레이(15분) : 매주 수요일과 금요일에는 굿모닝 쇼 동영상을 시청함으로써 상품 교육을 하고, 나머지 요일에는 현장 세일즈 가이드를 활용해 자체 제품교육을 한다.
- 하이보이스 인사 연습(2분) : 맞이인사, 배웅인사, 전화인사 등을 다 같이 연습한다.
- 전달사항(5분) : 영업활동 중에서 미진했던 부분이나 오늘 중점적으로 추진해야 하는 활동에 대해 점주나 영업부장이 공유하고 기타 정책이나 전달사항을 공지한 다음, 포상할 사원을 불러내 칭찬한다.
- 점구호, 종료(1분) : 진행자가 "최고의 서비스!" 하고 외치면 전체가 "하자!" 하고 화답하고, 다시 진행자가 "고객감동!" 하고 외치면 전체가 "하자!" 하고 복창하고, 끝으로 진행자가 "목표달성!" 하고 외치면 전체가 "하자!" 하고 응답한다.

이 밖에도 삼성 디지털프라자에서는 월 2회 정도는 상품교육 대신에 '굿모닝 테마 릴레이', 즉 집념과 의지로 성공한 강사들을 초청해 특강을 들음으로써 강한 동기부여를 해주기도 한다.

이처럼 판매조직에 있어서 조회란 조직의 목표에 대해서 열정과 생명력을 불어넣는 기도와 열망의 시간이며, 절대로 어기거나 소홀히 해서는 안 되는 결정적 시간이다.

　필자가 삼성전자 남부지사장으로 취임했을 때, 빠지지 않고 했던 것이 점장과 대리점 사장들을 한자리에 모이게 한 '조찬포럼'이었다. 먼저 배전의 노력을 기울이고 있는 각 매장들을 격려하고 우수사례와 실패사례를 공유한다. 그리고 거창한 것이 아니라 아주 작은 목표, 예를 들어 '이번 달에는 각 점포별로 단골고객을 10명만 더 만들자' 하는 결의를 하고 다음 주에는 그 결과를 다시 돌이켜보고 성과를 공유하는 식으로 혁신의 단초를 마련해나갔다.

　조찬포럼의 목표는 매출을 확인하고 닦달하거나 책임추궁을 하는 자리가 아니라, 지점의 리더들 모두가 고객의 귀중함을 공유하는 것, 그리고 각 점포가 고객서비스의 기본을 제대로 이행하고 있는지, 고객을 대상으로 하는 각종 프로모션과 판촉활동이 제대로 이루어지고 있는지 확인해봄으로써 현장으로까지 정책을 확산시키는 데 있었다. 이 조찬포럼에서 공유된 내용은 각 매장들이 아침을 여는 '굿모닝 쇼'를 통해 하나의 일관된 철학이자 방침으로 확대되었다.

　계획이 체계적이면 성과도 체계적이다. 조직의 커다란 비전과 목표를 향해 가는 길에, '아침조회'는 가장 작은 단위로 세우는 계획이라고 할 수 있다. 그것은 단순한 업무 지시나 공유를 넘어, 전사적인 의욕과 열정을 끌어내고 사기를 충천하게 만드는 모닝 리추얼(Morning Ritual, 아침 의식)이다. 그래서 잘되는 조직일수록 짧고 압축적인 메시지를 명쾌하게 전달하는 조회로 하루를 시작한다.

구성원들도 조회를 형식적인 것이라고 여기기보다 자기계발의 기회로 삼아야 한다. 상황이 좋아서 마음가짐이 달라지는 것이 아니라, 마음가짐이 달라짐으로써 상황이 개선되는 것이다. 환하게 웃고 열심히 따라 하고 목청 높여 외치는 것만으로도 자신을 둘러싼 에너지가 얼마나 달라지는지 절감하게 될 것이다. 또한 조회 참석은 업무의 기본이므로, 빠지거나 지각하지 않도록 노력해야 한다. '피곤해서', '어제 늦게까지 일이 많아서' 같은 핑계로 스스로에게 불성실의 빌미를 주어서는 안 된다. 아울러 조회를 좀더 활기차고 재미있게 시행할 수 있는 방법도 지속적으로 고민해보아야 한다. 일방적인 전달, 느낌이 없는 구호, 활력 없는 형식 등이 조회를 형식적인 절차에 머무르게 하고 있는 것은 아닌지 점검해 보라.

귀중한 하루를 아무 생각 없이 시작하는 것도, 하루 중 가장 집중도가 높은 아침 황금시간을 '조회'라는 이름으로 의미 없이 낭비하거나 진을 빼서도 안 된다. 아침을 전략적으로 사용하라. 하루를 전략과 함께 여는 사람과 조직에게만 '흔들림 없는 성과'라는 보상이 뒤따를 것이다.

골 결정력을 키우는 마무리 습관,
성과로 연결시켜라

축구경기를 보다보면 열심히 문전을 들락거리기는 한 것 같은데 결국 골로 연결시키지 못하고 끝나는 안타까운 순간들이 많다. 운동경기에서는 아무리 열심히 뛰어도 이기지 못하면 헛수고다. 마찬가지로 인생의 승패도 마치 축구의 골 결정력과도 같은 능력을 어떻게 획득하느냐에 달려 있다.

돌을 던지면, 호랑이는 그 돌을 던진 사람에게 달려들고, 어리석은 개는 돌을 쫓아간다는 이야기가 있다. 문제의 원천을 쫓아가야지 문제 자체를 쫓아 이리저리 뛰어다니기만 해서는 문제가 해결되지 않는다는 이야기다. 툭하면 야근이다 새벽 출근이다 하며 회사 살림은 혼자서 다 하는 것 같은데, 월말에 결산을 해보면 항상 목표미달인 사람이 있다. 아무리 근태가 좋아도 그는 좋은 소리를 못들을 것이다. 세일즈에서는 클로징closing, 업무에서는 마무리가 확실해야 진정한 성과로 이어진다.

골 결정력이 낮은 조직이나 사람을 보면 대부분 마무리가 약하다. 그리고 그것은 대부분 한 가지 업무를 시작하고 끝내는 프로세스가 너무 길기 때문에 초래되는 경우가 많다. 일이란 지시나 보고, 상황설명이 아니다. 결과물을 만들어내는 것이다. 게다가 기회는 느긋하게 기다려주지 않는 법이다. 매일 하는 일과에 쫓겨 어제 결정해야 할 일이 내일로 또 모레로 밀려난다. 혹은 며칠씩 되지도 않을 보고서를 쓰느라 시간을 낭비한다. 한 가지를 시작했으면 반드시 끝을 맺어야 한다. 2~3일이 지나도 해결될 가망이 없으면, 과감히 버리거나 문제해결을 해줄 수 있는 전문가를 찾아 대안을 찾아야 한다.

이런 우스갯소리가 있다. 어느 날 부장이 출근했더니 회의 테이블에 커피 잔이 어지럽게 놓여 있었다. 부장은 과장에게 커피 잔 좀 치우라고 지시했다. 그런데 점심식사를 하고 왔는데도 커피 잔이 그대로 놓여 있는 게 아닌가? 화가 난 부장은 과장을 불러 "왜 아직도 안 치웠느냐?"고 다그쳤다. 그랬더니 과장이 부랴부랴 대리를 부른다. "내가 아침에 치우라고 지시했는데 왜 안 치웠느냐?"고 한바탕 치도곤을 한다. 대리는 화가 머리끝까지 나서 아래 직원을 부른다. "내가 치우라고 했더니 도대체 뭐 하고 있었느냐?"고 삿대질까지 하면서 화를 냈다. 그 직원은 은행에 급하게 가야 해서 치우지 못했다며 그제야 황급하게 커피 잔을 치운다. 괜한 일로 트집을 잡는 대리를 원망하면서.

우리의 일처리도 혹시 이런 상태가 아닌가? 과장이 그 즉시 들고 나가서 치우면 될 것을, 번거로운 온갖 절차와 과정을 밟느라 아무것도 진척되지 않는 것은 아닌가 하는 말이다. 다시 한 번 강조하지만 일은 성과를 만드는 것, 즉 목표를 달성하는 것이다.

삼성 디지털프라자 대구 두손점에는 손지영 실장이라는 경력 8년의 베테랑 판매직원이 있다. 손 실장은 고객응대를 하면 거의 95% 이상 계약을 성사시킨다. 옆에서 우연히 접객하는 모습을 볼 수 있었는데 고객을 설득하는 기술이 대단하다. 상담 중에는 고객의 성격이나 취향상의 특이점을 적어놓고 늘 상대의 입장에서 이야기를 진행시킨다. 고객이 받게 될 편익을 차분히 설명해드리고 가격도 적정하게 제시해서 마진율도 높다. 손 실장은 어쩌다 긴 상담 끝에 고객을 놓치게라도 되면 좌불안석이다. 반드시 예의바르게 다시 전화를 걸어 '다른 곳에서 구매를 하셨는지, 무엇이 마음에 안 드셨는지' 묻는다. 전화를 거는 타이밍에도 나름의 노하우가 생겨 IT제품의 경우에는 고객이 내방한 지 1시간이 경과하기 전에 전화를 걸고, 혼수나 가전제품의 경우에는 그날 저녁에 차분하게 마음을 가라앉히고 고객 댁으로 전화를 건다. 그때 상담을 했던 손아무개라고 깍듯이 인사를 하고는 '고객님 이미지가 너무 좋고, 계속 인연을 맺어두고 싶어 전화했다'며 꼭 팔기 위한 것이 아님을 강조한다. 그리고 어떻게든 제가 성심성의껏 도와드릴 테니 꼭 한 번만 다시 방문해달라고 당부한다. 그러면 거의 대부분 고객들이 놀라기도 하고 고맙기도 해서 다음 날 매장에 들러서 다시 제품을 보고 흥정해 구입해준다고 한다. 팔겠다는 강한 집념과 놓치지 않겠다는 끈기, 미루지 않고 즉각 실행으로 옮기는 실행력이 그녀를 최고의 판매왕으로 만들어준 것이다.

용산 민자역사에서 5년째 컴퓨터 판매를 하고 있는 박 대리는 월 1억 원 이상 매출을 달성하는 베테랑 직원이다. 한 달에 PC만 1억 원어치 이상 판매한다는 것은 한 사람이 세운 기록으로 가히 경이로운 수준이다. 어떻게 그렇게 꾸준히 매출이 늘었느냐고 물었더니, 그는 그저 '운이 좋은 것 같다'고 겸손하게 대답을 했다. 하지만 그의 비결은 매일 매일 프로세스를 관리하고, 그것을 결국 판매로 연결시키는 깔끔하고 야무진 마무리 기술에 있었다. 한번은 할인점에서 이미 동일한 모델을 보고 매장에 오신 고객이 모델에 대한 설명과 가격 안내를 듣고 구매하지 않고 그냥 돌아간 적이 있었다. 아마도 가격 차이가 얼마 안 되었거나 매장의 가격이 조금 더 비쌌던 모양이다. 고객의 연락처를 받아두었던 박 대리는 상담을 했던 당일에 그 고객에게 전화로 연락을 드렸다. 다시 비교 설명을 해드리고 방문을 유도했지만, 고객은 '알았다'고만 대답할 뿐 다시 오겠다는 약속을 하지 않았다. 박 대리는 다음 날 다시 고객에게 전화를 했고, 고객은 급기야 '이제 더 이상 전화하지 말라'고까지 말하며 으름장을 놓았다. 하지만 그날 저녁에 박 대리는 다시 서비스 특전을 설명하면서 '죄송하지만 그래도 한 번 더 전화드렸다'며 방문을 재차 권유했다. 고객은 건성으로 '알았다'고 대답하고 전화를 끊었지만, 다음 날 정말 매장을 방문해 그 상품을 구매했다. 고객들도 끝까지 포기하지 않는 영업사원에게는 매력을 느껴 다시 방문하게 마련이다.

마무리를 잘하려면 현재 진행되고 있는 일의 경과와 최종적인 상태에 대한 점검으로 하루를 마감하는 기본자세가 필요하다. '귀찮은데 내일 하지…' 하는 습관으로는 절대 안 된다. 오늘 전화해야 할 곳, 오늘 방문해야 할 곳, 오늘 처리해야 할 일은 반드시 오늘 마감해야 한다. 또한 일에 대한 모든 관점을 성과와 결과 중심으로 바꾸어야 한다.

과정이 힘든 일일수록 성과는 크게 마련이다. '여기까지가 한계야….' 하고 스스로 물러서고 싶을 때마다 돌아올 성과를 생각하며 한 걸음만 더 내딛어라. 대부분 그 한 걸음에 성패가 결정된다. 고객은 중대한 구매결정을 할 때일수록 지루하고 짜증나는 반복적인 질문이나 허름한 옷차림에 퉁명스러운 말투로 위장하고 다가오는 경우가 더 많다.

간혹 '손발이 바쁘면 일을 잘하고 있다'고 착각하거나 스스로 위안하는 직원들이 있다. 그러나 일이라는 것은 결과로 얘기해야지, 과정으로 얘기하는 것이 아니다. 100번의 슈팅도 골과 연결시키지 못하면 소용없다. 그 결과를 만들어내는 것이 맺고 끊는 마무리 습관이며, 오늘 할 일을 절대 내일로 미루지 않는 마음가짐이다. 그리고 남들이 '이쯤이면 됐다.' 하고 포기할 때 한 걸음 더 집요하게 파고드는 근성이다.

•*Insight in Story*•

스님, 왜 그런 흉측한 짓을….

한 노스님이 젊은 스님들과 함께 긴 여정을 마치고 높은 산꼭대기에 있는 절로 되돌아가고 있었다. 뜨거운 여름 햇볕에 노스님은 땀을 뻘뻘 흘리면서도 후배스님들의 용기를 잃게 할까봐 열심히 걸었다. 가도 가도 끝이 없는 길을 계속 걷자니 다리도 아프고 너무 힘이 들어 주저앉고 싶은 마음뿐이었는데, 산중 조그마한 동네 우물가에서 많은 여인들이 물을 긷고 있는 게 보였다.

앞서 가던 노스님은 그 중 물동이를 이고 가던 한 젊은 여인네를 와락 껴안으면서 마구 입을 맞추어버렸다. 소스라치게 놀란 동네 아낙네들은 젊은이들을 황급히 불러와 망녕든 중놈 잡으라며 쫓아왔다. 다른 젊은 스님들과 함께 노스님은 혼비백산하여 절을 향해 있는 힘껏 달렸다. 그러다 보니 어느새 절에 도착해 있는 게 아닌가!

절에 도착한 젊은 스님들은 "스님, 왜 그런 흉측한 짓을 하셨습니까?" 하고 물었다. 그랬더니 노스님은 빙그레 웃으면서 이렇게 대답했.

"그렇게 하지 않았더라면 더 이상 걷지 못하고 주저앉아 버리고 말 것 같아 다른 힘이 필요해서였지."

끝까지 물고 늘어진다,
집요한 실행력

앞에서 여러 가지 '이기는 습관'을 꼽았지만 필자 개인적으로는 이 '집요함'이라는 녀석이 인생의 숨바꼭질에서 가장 중요한 역할을 한다고 생각한다. 자신의 일을 사랑하고 그것을 어떻게 더 진전시킬 것인가를 고민하는 사람은 그렇지 않은 사람과 똑같은 풍경과 똑같은 정보를 접하더라도 전혀 다른 산출물(out-put)을 만들어낸다. 부디 이 책의 독자들께 당부하고 싶은 것은 '집요한 만큼 보이는' 삶의 이 끈질긴 법칙을 꼭 자기 것으로 만들라는 것이다. 인생에서 우리에게 주어진 시간, 하루 24시간은 모두 동일할지 모른다. 그러나 그것을 50%만 향유하는 사람이 있고, 300%, 500% 향유하는 사람이 있다. 그리고 후자의 삶은 객관적인 평가나 보상을 넘어서 그 삶의 주인인 본인에게도 너무나 짜릿하고 잊을 수 없는 히스토리로 남게 될 것이다.

PART 06
WINNING HABIT

바탕 없는 재기발랄함은 수명이 짧다, 성실함을 견지하라

> 현인이라 하더라도 지식을 자랑삼아 뽐내는 자는
> 무지를 부끄러워하는 어리석은 자만 못하다
> – 탈무드

> 사람이 지혜가 부족해서 일에 실패하는 경우는 적다
> 사람에게 늘 부족한 것은 성실이다
> – 벤자민 디즈레일리 Benjamin Disraeli, 영국의 정치가

안영晏嬰은 춘추시대 제齊나라의 명신으로, 그 재능과 능력이 출중해서 제나라를 천하의 강국으로 만드는 데 지대한 공헌을 하였다. 그런데도 그의 겸손한 언행은 공자에게도 영향을 미칠 정도여서 안자晏子라는 경칭까지 붙여졌다.

어느 날 안자가 외출을 하게 되어 마차를 타게 되었다. 네 필의 말이 끄는 안자의 마차가 지날 때마다 사람들은 길을 비키거나 엎드려 그에게 경외를 표했다. 그런데 마부는 마치 자기가 위대해진 듯 착각하여 목을 뻣뻣이 하고는 아주 위세 등등한 표정으로 말채찍을 휘두르고 있었다. 마차가 집 앞을 지나간다는 소식을 들은 마부의 아내가 문틈으로 살며시 내다보았다. 재상인 안영은 몸을 앞으로 숙이고 다소곳이 앉아 있는데 남편은 마부 주제에 잘난 척하며 뽐내는 모습이 역겹기 그지없었다. 마부가 집에 돌아왔을 때 아내는 남편에게 말했다.

"나는 당신을 떠나겠어요."

느닷없는 아내의 선언에 마부는 놀라 그 까닭을 물었다. 그러자 아내가 대답하였다.

"제가 보니, 당신의 주인께서는 키가 여섯 자도 못 되는 분이시지만 몸은 제나라의 정승이 되어 이름이 천하에 높습니다. 그런데도 그 분은 항상 스스로 몸을 낮추고 계십니다. 하지만 당신은 키가 팔 척이나 되지만 몸은 남의 말이나 끄는 하인이며, 그러면서도 스스로 우쭐하여 거만하기가 이를 데 없습니다. 당신 같은 사람과는 더 이상 살고 싶지 않습니다."

이에 마부는 아내에게 백배 사죄하고 다시는 거만하게 굴지 않기로 맹세했다. 얼마 뒤에 마부의 태도가 싹 달라진 것을 알게 된 안자가 그 까닭을 물었다. 이에 마부가 자세하게 전말을 고하니, 안자는 크게 기뻐하면서 마부를 대부大夫로 삼았다.

안자지어晏子之御, 즉 '안자의 마부'라는 말은 이렇게 해서 생겨났다고 한다. 변변치 못한 지위나 재능을 믿고 우쭐대는, 기량이 작은 사람을 일컫는 말이다.

물은 깊을수록 소리가 없다

"벼는 익을수록 고개를 숙인다.", "물이 깊을수록 소리가 없다."는 속담이 있다. 살면서 보니 이 말만큼 딱 들어맞는 말도 없는 것 같다. 돌이켜 보면 작은 성공에 우쭐하고 보잘것없는 능력을 믿고 자만에 빠진 적이 얼마나 많았던가! 경험이 쌓일수록, 알면 알수록 신중해지고 겸손해지며, 책임감이 깊어질수록 마지막 한 뼘까지 고민하게 됨을 느낀다. 혹시 자신이 놓친 것은 없는지, 더 잘할 수는 없었는지, 더 좋은 대안이 있지는 않았는지 밤새 치열하게 고민한다. 그리고 때론 많은 사람들에게 문제를 터놓고 공개적으로 고견을 구하게 된다.

  항상 적당히 알고 적당히 능력 있을 때가 문제인 것 같다. 자신이 턱없이 모자란다는 사실을 아직 모르기에, 모든 일을 독선적으로 결정하고 폐쇄적으로 진행한다. 그리고 그 일을 그런 식으로 후다닥 해치운 게 대단한 능력이라도 되는 양 떠벌이고 다닌다. 게다가 만약 주위 사람들이 그에 대해 조언을 하거나 조그만 불만이라도 표현할라치면 마치 자신의 '성역'을 침범당한 것처럼 발끈하곤 한다.

  이런 저런 사람들을 만나고 겪어오면서 느낀 점 하나는, 적당히 능력 있는 사람들보다는 차라리 능력이 좀 모자라다 싶은 사람이 성공할 확률이 높다는 것이다. 아주 탁월한 것도 아니고 그럭저럭 적당히 유능한 사람들은 교만해지거나 독선적으로 변하기 쉽다. 이런 경우 문제는 더더욱 심각해진다. 그들은 처음엔 남들보다 배우고 익히는 게 좀 빨라 보인다. 일의 결과도 기본 이상은 해낸다. 하지만 시간이 지날수록 그들의 능력은 더 이상 크게 향상되지 않는다. 아니 오히려 결과가 점점 안 좋아질 때가 많다.

  왜 그럴까? 무릇 자신의 변변치 않은 재주나 그저 남보다 조금 뛰어난 정도의 능력을 믿고 우쭐대거나 교만하게 구는 사람 주위에는 '사람'이 없다. 지금은 당장 그의 능력이나 지위에 눌려 하고 싶은 말도 못하고 짐짓 따라주는 척하지만, 정작 사람들은 마음속으로 그가 '넘어질 날'만 손꼽아 기다린다. 그러다보니 그에게 진심으로 충고해주는 사람은 없다. "원래 잘나서 독선적으로 행동하는 사람인데 우리가 얘기한다고 듣겠어?" 하는 심정이다.

그러나 아무리 뛰어난 사람이라도 혼자 생각하고 배우는 데는 한계가 있는 법이다. 상사나 선배는 물론이고 동료로부터, 심지어 후배나 부하직원으로부터도 배워야 할 게 얼마나 많은가? 그런데 잘난 척을 하다보니 모르는 게 있어도 묻지 않게 된다. 아니, 그런 사람들은 모르는 게 없는 것 같다. 별것 아닌 질문에도 '모른다'고 대답하는 법이 없고, 잘 모르면서도 그냥 다 알고 있는 것처럼 우긴다. 결국 시간이 갈수록 누구도 그 사람 앞에서는 입을 열지 않게 되고, 주위 사람들의 진심 어린 조언과 피드백을 얻지 못하다보니 일의 결과도 좋아질 리가 없다. 딱 자기 아는 만큼, 딱 자기 수준만큼만 해내는 것이다.

어느 책에선가 기린에 관련된 우화를 읽은 적이 있다. 물론 꾸며낸 이야기겠지만, 재미있어 한번 옮겨본다.

> 원래 기린의 목은 지금처럼 길지 않았다고 한다. 단지 '곧게 뻗은 다리에 늘씬한 몸매, 멋진 그물 무늬의 가죽에 약간 긴 듯한 목'이 인상적인 멋쟁이 동물이었을 뿐이다. 그러나 시도 때도 없이 튀어나오는 잘난 척하는 성격이 문제였다. 기린은 자신의 우아한 모습에 도취되어 주변의 동물들을 업신여기기 시작했다. 진흙탕 속의 하마를 지저분하다고 깔보고 뿌연 먼지를 일으키며 내달리는 타조를 보면 먼지가 묻을까 봐 고개를 한껏 뒤로 빼고 얼굴을 찌푸렸다. 이 때문에 기린은

점차 외톨이가 되어갔고, 그 때마다 그의 일곱 개 목뼈 마디도 외로움과 기다림, 그리움으로 점차 늘어났다고 하는 이야기다.

그 사람에게 진정한 재능과 열정이 있는지는 시간에 정비례해서 나타난다. 진실로 유능하고 가슴 뜨거운 열정을 간직한 사람들은 시간이 흐를수록 그 열정이 배가된다. 그들은 프로라고 불리는 경지에 올라도 항상 자신이 부족한 부분이 없는지 마지막 티끌 하나까지도 챙긴다. 그리고 남들이 아무리 이만하면 됐다고 해도 스스로 '배가 고파서' 늘 끊임없이 자신을 성찰하고 학습한다. 프로일수록 늘 겸손하고 개방적이어서 자신에 대해서든 자신의 일에 대해서든 많은 사람들의 의견을 구한다.

이 세상의 수많은 지식 가운데 우리가 알고 있는 것이 과연 몇 %나 될까? 아무리 뛰어난 리더나 상사, 선배라 해도 후배나 부하직원들보다 모자라거나 지식이 부족한 분야가 당연히 있다. 진짜 능력 있고 자신에 대해 긍지를 가지고 있는 사람은 모르는 것은 모른다고 솔직하게 얘기한다. 또 잘 못하는 것은 잘 못한다고 거리낌 없이 인정한다.

교만한 것만큼 추한 것은 없다. 유대의 속담에 이런 것이 있다. "태양은 당신이 없어도 떠오르고 진다." 자만심을 가진 인간은 겸손함을 잃어버리고, 스스로를 개혁하고자 하는 마음까지도 사라져버린다. 또한 자만하면 과오를 범하기 쉽다. 그래서《탈무드》에서는 자만을 죄라고 규정하지 않고 어리석음이라고 규정했다. 긍지와 자만은 다르다. 긍지는 건전한 것이지만, 자만은 병적인 어리석음이다.

'성실' 없이 진정한 성공은 불가능하다

세상에는 뛰어난 재주가 있음에도 불구하고 실패한 사람들로 넘쳐난다. 성실함과 겸손함이 뒷받침되지 못했기 때문이다. 성실이란 '무엇을 하겠다고 말하면 무슨 일이 있어도 반드시 그것을 실천하는 능력'이다. 그리고 그러려면 뼈를 깎는 자기 인내와 치열함이 뒷받침되어야 한다.

방송에 데뷔한 지 30년이 넘도록 인기를 유지하고 지금도 주요 프로그램의 메인 MC 자리를 차지하고 있는 방송인 임성훈 씨. 늘 한결같은 그의 모습을 보면서 참 자기관리를 잘하는 사람이라는 생각을 하고 있었는데 한 인터뷰에서 그가 하는 말을 듣고 '역시 그러면 그렇지' 하고 고개를 끄덕인 기억이 있다. 그는 인생을 살면서 항상 다음의 세 가지를 가장 조심한다고 한다.

첫째, 타성에 젖어 대충대충 하는 것
둘째, 교만해지는 것
셋째, 성실하지 못한 것

너무나 당연한 얘기지만 이 당연한 얘기를 제대로 실천하는 사람은 얼마나 되는가? 칼럼니스트이자 한스컨설팅 대표인 한근태 씨는 한 칼럼에서 이런 말을 한 적이 있다.

성공은 늘 시간 개념 속에서 존재한다. 단기적으로는 누구나 성공할 수 있고, 성공한 것처럼 보일 수 있다. 그러나 중요한 것은 성공의 지속 가능성이다.

쉰을 넘기면서 주변에서 성공한 친구들과 그렇고 그런 친구들을 본다. 성공한 친구들을 보면 하나같이 착실한 친구들이다. 하기로 한 것은 반드시 하고, 대충대충 하지 않고, 치밀하게 생각하고 실천한 친구들이다. 약속시간을 잘 지키고, 사람들에게 늘 성의껏 대하고, 늘 자기 관리를 잘 한 친구들이다. 성실은 성공을 위한 필수 조건이다. 단기적인 성공은 성실함 없이도 가능할 수 있겠지만 장기적인 성공은 성실함 없이는 불가능하다.

아마도 인생을 어느 정도 살아본 사람들이라면 누구나 이 말에 진심으로 고개를 끄덕일 것이다. 성실하다는 것은 무슨 일이든 성심성의껏 마음을 다해 진지하게 임하는 자세를 말한다. 성심을 다해 본질에 임하는 자세란 결국 기본에 충실한 것이다. 누구나 "기본에 충실하라(Back to the basic)!" 하는 이야기를 귀에 못이 박히도록 듣고 말하지만, 그 본질에 가까이 가보면 엉성하기 짝이 없다.

대개 직장에서 '성실한 사람' 이라고 하면 우리는, 지각이나 조퇴 없이 업무시간을 충실히 지키는 사람, 혹은 시키는 일을 시간 맞춰 해내고, 조직에 충성하며 상사의 말을 잘 듣는 그런 사람 정도를 떠올린다. 물론 규범을 충실히 지키는 것도 매우 중요하다. 그러나 본질로 더 깊이 들어가서 자신의 인생, 자신이 하는 일에 대해 진정으로 최선을 다하는 것이 더 중요하다. 스스로 정말로 성실하게 살아왔다고 대답할 수 있는가?

껍데기만 가지고는 안 된다. 직장 생활을 몇 년간 해오면서도 자신이 하는 업에 대한 기초적인 지식조차 제대로 습득하지 못한 사람이 있는가 하면, 자신이 정말 제대로 일을 하고 있는 건지, 성과를 극대화하기 위한 다른 방법이 없는 건지 고민조차 안 하는 사람들이 수두룩하다. 판매사원이 판매하는 제품에 대해 설명조차 제대로 하지 못한다면, 그리고 마케터가 왜 판매가 저조한지 치밀하게 분석조차 하지 않는다면, 그 사람이 그 일에 대해 결코 성실하다고 말할 수는 없을 것이다.

그래서 진정으로 자기 일에 성실한 사람들은, 흔히 말하듯 묵묵히 자기 일만 열심히 하고 마냥 성격 좋은 사람들이 아니다. 그들은 자신의 업에 대해서만큼은 누구보다 치열하고 분석적이기 때문에 때로는 현장에서 목청을 높여 싸우기도 다른 연관 부서와 치열한 토론을 벌이기도 한다. 그들은 대충대충 넘어가는 법이 없다.

시계추처럼 왔다 갔다 하며 근무시간만 제대로 지키면 성실한 거라고 착각하는 사람들, 능력이 좀 있다고 새털 같은 날들을 그냥 흘려보내다가 마감 무렵에야 밀린 숙제하듯 후다닥 일을 해치우는 사람들, 어쩌다 승진이 빨리 되는 바람에 기초도 제대로 안 닦아놓고서 더 이상 배우려는 생각도 안 하는 사람들, 경험이 좀 있다고 보고서나 자료 같은 건 무시하고 적당히 말로 때우려는 사람들, 본업은 내팽개치고 주식투자다 부동산이다 재테크에만 집중하며 엉뚱한 데 온통 정신이 쏠려 있는 사람들…. 그런 사람들에게 내일은 결코 호락호락하지 않을 것이다. 일찍이 자신에 대한 찬사를 아끼지 않는 사람들을 향해 미켈란젤로는 이렇게 말했다.

"내가 지금의 경지에 이르기 위해 얼마나 열심히 일하고 또 일했는지 사람들이 안다면 내가 하나도 위대해 보이지 않을 것이다."

성실한 사람일수록 자신에겐 철저하고 고객에겐 관대하다

성실은 그 누구도 아닌 자기 자신에 대한 투자이자 약속이다. 오늘, 내가, 여기에서, 할 수 있는 일과 해야 할 일에 대해 명확히 인식하고 철저하게 한 발짝 한 발짝 나아가는 사람에게 하늘은 보답한다.

그러므로 오늘 이 순간, 여기서 할 일은 오늘 끝내고 마는 자세가 필요하다. 기분 내키는 대로 어떤 날은 열심히 했다가 또 어떤 날은 게으름 피우는 게 아니라 정해진 계획대로 객관적인 꾸준함과 일관성을 갖고 일을 전개해나가는 게 성실이다. 일지를 쓰기로 했으면 매일 쓰고, 월별 매출 목표가 정해졌으면 월말이 다 돼서 발만 동동 구를 게 아니라 월 전체로 안배해서 대외적인 환경과 내부 역량을 조율하여 목표를 차근차근 성취해나가는 것, 그것이 바로 성실이다.

불성실한 사람일수록 '열심히 하겠다', '최선을 다한다'와 같은 애매모호한 표현을 즐겨 쓴다. 심지어 스스로 계획을 세울 때조차도 '올해는 일찍 출근해야지', '올해는 영어공부를 해야지' 하고 두루뭉술하게 적어놓는다. 약속을 지켰는지 검증할 수 없으니 이 말은 곧 '지키지 않겠다'는 뜻이나 다름없다. 하지만 성실한 사람은 다르다. 자신이 얻고자 하는 위치(지위)나 자기가 해내고자 하는 일을 명확하게 정해둔다. 예를 들어 '1시간 일찍 출근하겠다', '올해 매출 실적을 50% 향상시키겠다', '올해는 영어 등급을 1등급 올리겠다'와 같이 약속을 검증할 수 있는 가이드라인을 정하고 철저하게 성공과 실패, 혹은 달성률을 파악할 수 있는 장치까지 고민한다. 정말로 그 목표를 이루고 싶다는 열망을 가졌기 때문이다. 그리고 그것을 하루하루 단위로 쪼개 철저하게 지켜나간다. 성실한 사람일수록 자신에겐 철저하고 고객에겐 관대한 법이다.

성실하다는 것은 스스로 자기 자신과 경쟁하는 것이다. 다른 누구의 평가 때문에 성실한 것이 아니다. 즉 스스로와 한 약속에 대해, 자기 자신의 양심에 비추어 정직하고 솔직하게 자신을 평가하는 것이 바로 성실함이다. 남의 탓, 환경 탓을 하는 것은 가장 불성실한 자세다.

만약 매장에서 고객을 응대하는 월급제 사원이 있다고 치자. 성실한 사람은 사장이 지켜보든 아니든 하나라도 더 팔기 위해 노력할 것이다. 그래서 고객을 어떻게 응대해야 할지, 제품에 대해서는 어떻게 설명을 해야 고객이 매력을 느끼고 제품을 구입할 것인지를 고민할 것이다. 조급해하고 짜증내는 고객에게도 성심성의를 다해 다시 방문하도록 유도할 것이며, 또 제품이나 서비스에 대해 고객의 불만이 생겼을 경우에도 이미 팔았으니 '고객센터'로 넘기면 그만이라는 식으로 접근하지는 않을 것이다. 자신을 통해 불만사항이 접수된 경우는 문제가 해결되었는지 해결과정까지 완벽히 챙기고, 다시 전화나 문자메시지(안부인사), DM 등 다양한 채널로 고객에게 "혹시 더 필요한 것 없으세요?" 하고 물어볼 것이다.

이렇게까지 한다고 그 사원이 월급 이외의 돈을 더 받을 수 있을까? 사장한테 잘 보이려고 그러는 것일까? 아니다. 이 일이 바로 자신의 업이기 때문이다. 성실한 사람은 어떤 이유로든 자신이 현재 하고 있는 그 일에 주도적인 열정을 쏟아 붓는다. 그것이 결국 자신이 행복해지는 길이고 스스로를 위하는 길이며, 자기 자신과의 약속을 지키는 길이자 스스로의 절대 기준과 경쟁해서 이기는 길이기 때문이다.

고대 유대에서는 예시바(유대인들의 학교) 1학년을 '현자賢者'라 불렀고, 2학년을 철학자라 불렀다. 그리고 최고 학년인 3학년이 되어서야 비로소 '학생'으로 불리었다. 이러한 사실은 겸허한 자세로 배우는 자가 가장 높은 지위에 오를 수 있으며, 학생이 되려면 수년 동안 수업을 쌓지 않으면 안 된다고 하는 발상에서 비롯된 것이다. 현대그룹 창업자인 고故 정주영 회장은 이렇게 말했다.

"작은 일에 성실한 사람은 큰일에도 성실하다. 작은 일을 소홀히 하는 사람은 큰일을 할 수 없다. 작은 일에도 최선을 다하는 사람은 큰일에도 전력을 다한다."

• *Insight in Story* •

자만의 모습

사는 것에 대한 자만.
자신의 수입이 자신의 요구에 맞는지보다는
내 수입이 다른 사람의 수입보다 많은 것에
더 관심을 갖는다.

사랑하는 것에 대한 자만.
자신과 함께 끈을 가지고 살아가는 사람의 수와
다른 사람으로부터 받는 칭찬의 양으로
가치를 삼을 때 나온다.

배우는 것에 대한 자만.
무엇을 알게 되었냐보다는 최고의 점수를 받느냐
또는 최고의 위치에 오르느냐에
더 큰 관심을 갖는다.

유산을 남기는 것에 대한 자만.
주는 것에서 의미를 찾는 것이 아니라
다른 사람들보다 더 많이 주는 것에서
인정을 받기 원한다.

— 스티븐 코비 *Steven Covey* 외

잘하는 사람을 무작정 따라 하는 것도 탁월한 전략이다

로마인은 좋다 싶으면 그것이 적의 것이라 해도
거부하기보다는 모방하는 쪽을 선택했다
- 시오노 나나미, 일본의 작가

영원한 존재가 아닌 인간에게는 완전히 모순된 가면假面 속에서의
엄청난 모방이 있을 뿐이다 창조 이것이야말로 위대한 모방이다
- 알베르 카뮈 Albert Camus, 프랑스의 작가

삼성전자 신입사원 1년차. 모두들 마케팅 전사교육에 참석하게 되었는데 필자는 몇몇 임원들과 호텔방에 들어가 교육도 못 받고 집에도 못 가면서 며칠간 연간 경영전략을 수립하는 데 참여한 적이 있었다. 맡겨진 일은 필경사 역할이었다. 임원들이 칠판에 몇 줄 적고 토의하면 그것을 깨끗이 정리하여 빈칸을 채우고 정서하는 일이었다.

처음에 그 일이 주어졌을 때만 해도 내가 왜 교육도 못 받고 이런 일이나 하고 있어야 되나 싶은 생각이 잠시 들었다. 그러나 몇 시간이 채지나지 않아 이것이 내게 얼마나 큰 행운이자 기회인지 깨달았다. 언감생심 신입사원으로서는 꿈도 못 꿀 찬란한 별들의 노하우와 생각을 직접 전해들을 수 있었기 때문이다. 나무는커녕 나뭇가지 하나 만져보지도 못한 내게 경영이라는 커다란 '숲'을 보여주고 그 속에서 호흡하게 해준 그 시간…. 물론 그 때는 경험이 부족해 그 분들의 말을 전부

다 이해하지는 못했지만 그 동안 전혀 모르고 있었던 경영 전반에 대해 생각해볼 수 있는 천재일우의 기회였다. 그리고 임원들의 고민과 숙제가 어디에 있으며 어떻게 이러한 어려운 일을 해결하는가를 간접적으로 체험할 수 있었던 것이다. 비록 하찮은 필경사 역할이었지만, 훗날 일을 해나가면서 그 때 들었던 그 귀동냥과 '받아쓰기' 학습이 얼마나 많은 도움이 되었는지 나는 알고 있다.

일을 하다보면 막막해지는 순간이 있다. 더 이상 실력이 느는 것 같지도 않고, 아이디어도 잘 떠오르지 않는다. 남들은 막 앞서가는 것 같은데 자신만 제자리걸음을 하고 있거나 뒤처지고 있는 것 같은 기분이 든다. 누구에게나 그런 순간이 온다. 그때는 망설이지 말고 멘토를 찾아라. 당신이 배워야 할 상대, 당신이 따라하고 싶은 역할모델(Role Model)도 좋다. 그 사람이 비단 선배나 상사일 필요는 없다. 후배든 동료든 배울 게 있는 사람이라면 주저 없이 찾아가 도움을 청하라. 그것이 어렵다면 그를 유심히 관찰해보고 따라 해보기라도 하라.

사람은 배우면서 성장하는 존재다. 아무리 위대한 예술가라 해도 처음에는 자신보다 앞서간 선배 예술가들의 작품을 읽고 보고 듣고 자랐다. 그리고 그들의 작품을 베껴 쓰고, 흉내 내고, 따라 하면서 점차 자신만의 차별화된 영역을 개척해냈다. 역사상 위대한 경영자들도 처음에는 신입사원이었고, 초보 장사꾼이었다. 무슨 일이든 출발점은 제로(0)다.

배움을 청하고 도움을 청하라!

화창한 토요일 오후, 한 소년이 아빠와 함께 오랜만에 정원을 손질하고 있었다. 잔디를 깎고 잡초를 뽑고, 정원수들도 다듬고 화단의 꽃에 물도 주었다. 때마침 바람이 신선하게 불어 일하기에도 그리 덥지 않았다.

소년과 함께 잔디밭 여기저기에 삐죽하게 자라난 잡초를 뽑고 있던 아빠는 잔디밭 한가운데에 커다란 돌이 놓여 있는 것을 보고, 소년에게 잔디밭 밖으로 굴려버리라고 말했다.

소년은 있는 힘껏 돌을 굴리려고 했지만 커다란 돌은 꿈쩍도 하지 않았다. 한참 동안 낑낑대던 소년은 결국 두 손을 들고 말았다.

"아빠, 못하겠어요. 도저히 이 돌을 움직일 수가 없어요."

그러자 아빠는 소년에게 부드럽고 다정한 목소리로 말했다.

"얘야, 네가 할 수 있는 모든 방법을 동원한다면 너도 얼마든지 그 돌을 치울 수 있단다."

소년은 다시 기운을 내서 돌을 움직여보려고 안간힘을 썼지만 역시 아무 소용이 없었다. 마침내 소년이 눈물을 글썽이며 울먹이자 아빠는 소년의 등을 토닥거리며 이렇게 말했다.

"아들아, 나는 네가 돌을 움직여보려고 애쓰는 모습을 가만히 지켜보았단다. 하지만 너는 한 가지 사실을 잊고 있더구나."

소년의 두 눈이 동그래졌다. 아빠는 미소를 지으며 덧붙였다.

"너는 네 옆에 내가 이렇게 서 있다는 것을 잊고 있더구나. 나는 언제든지 너를 도와줄 준비가 되어 있는데, 나에게 도움을 구할 생각조차 하지 않더구나."

소년은 금방 눈을 반짝이며 아빠에게 도와달라고 부탁했다. 아빠와 힘을 합쳐 큰 돌을 잔디밭 밖으로 밀쳐낸 소년은 기뻐하며 외쳤다.
"아빠, 드디어 우리가 해냈어요."

경영자로서 일을 시키다보면, 분명 조언을 구해야 할 시기인데도 혼자서만 그것을 해결하려는 사람들을 간혹 본다. 좋게 말하면 주도적이고 독립적이며 책임감이 강하다고 볼 수도 있다. 그러나 진정한 책임감은 자신이 얻을 수 있는 모든 정당한 수단을 다 동원해서 최선의 방법을 도출해내고, 그로 인해 최고의 결과를 만들어내는 것이다. 굴러가는 돌멩이에게서조차 배울 게 있다고 했다. 자신이 지금 골머리를 싸매고 있는 그 문제가 누군가의 힌트 하나로 너무도 손쉽게 해결될 수도 있다.

설령 문제해결이 어렵더라도 많은 사람들을 자신의 일에 동참시키는 것은(상대가 귀찮아하거나 배척하지만 않는다면) 여러 가지 이점이 있다. 사람들은 조금이라도 자기가 관여한 일에 대해서는 일단 더 관심을 갖게 마련이고 우호적으로 대하기 마련이다. 그러면 훨씬 더 많은 지원을 얻어낼 수 있음은 물론, 설령 결과가 좋지 않을 경우에도 심리적으로나마 동반책임을 질 수밖에 없다. 그만큼 자기 자신의 위험부담이 줄어드는 것이다. 게다가 대부분의 사람들은 무언가를 물어보는 사람에게 오히려 호감을 갖는다고 한다. 인간은 자신이 누군가에게 힘이 되어준다는 사실을 뿌듯해할 뿐 아니라 상대가 자신을 믿어주었다는 사실에 오히려 고마움을 느낀다는 것이다. 이 정도면 일석이조가 아니라 일석사조는 되지 않겠는가!

그런데도 어리석은 사람일수록 독단적으로 그 일을 해내려 하고, 누군가의 의견을 듣거나 도움을 청하는 것을 부끄러운 일로 생각한다. 배움에는 학벌도 나이도 계급도 필요 없다.

잘하는 사람을 따라 하는 것만으로도 반은 성공한다

삼성전자 국내사업부에서는 각 유통점을 이어받을 2세 경영자들을 우수 유통점에 보내 판매사원으로 일하게 한다. 아무리 명문대를 졸업한 수재라도 현장에서 고객관리와 판촉관리, 매장접객 등을 직접 배워야 하기 때문이다(해당 기간에는 급여의 일부만을 받는 계약직 대우를 받는다). 따라 하는 것은 가장 확실한 트레이닝 방법이다. 이렇게 몸으로 직접 체험하고 체득한 후 선대가 운영하던 매장을 인수받아서 경영하면 거의 빈틈이 생겨나지 않는다.

태권도를 처음 배울 때도 사범의 시범이 있다. 시범동작을 따라 하다 보면 자연스럽게 익숙해지는 것이다. 돈과 성과의 맥을 찾아가는 본능적인 후각은 바로 이러한 따라 하기를 통해 더 강한 '몸의 습관'으로 체득된다.

요즈음엔 신입사원을 채용하여 약 6개월 정도는 가르치기만 한다. 이론적인 것뿐 아니라 실습을 통해서 직접 체험하게도 한다. 잘하는 사람을 따라 하는 것만으로 성공의 절반은 보장받은 것이나 다름없다. 2위 업체는 무조건 1위 업체를 따라 하라는 '후발의 법칙(law of followship)'이라는 것도 있다. 검증되어 있는 1위 전략을 우선적으로 따라 해보다보면 자신만의 노하우도 만들어낼 수 있다.

삼성의 가전 소매매장 중에서 크게 성공을 거두고 있는 점포가 경기도 고양시 화정점이다. 점장부터 직원들까지 모두 일치단결하여 매출 목표를 달성하고 고객만족을 추구해나간다. 매장 규모 104평에 종업원 수는 9명에 불과하지만 월 매출 규모는 10억 원에 달한다. 매장 면적당 효율이 높고 고객점유율과 만족도도 탁월하다. 그래서 전국 각지에서 수없이 많은 판매사원들이 차량을 동원하여 벤치마킹을 하러 다녀간다. 그러나 정작 화정점의 점장은 '그렇게 관광하듯이 건성으로 구경하고 가려면 왜 벤치마킹을 하러 오는지 모르겠다'며 타지점 직원들의 자세를 문제 삼았다. 그런 불만을 잠재울 만한 현장 벤치마킹 우수사례가 나왔다. 제주도의 한 지점장이 화정점에서 일주일간 실습을 마치고 화정점의 우수 요인을 정리한 후 자기 매장에 적용해 크게 성공을 거둔 것이다.

왜 똑같이 현장견학을 하고나서도 어떤 사람은 성공하고, 어떤 사람은 배우지 못했을까? 벤치마킹과 따라 하기에도 나름대로 전략이 필요하다. 다음과 같은 몇 가지 측면이 고려되어야 한다.

겉모양만 흉내 내려면 안 하느니만 못하다

수박 겉핥기식으로 남을 흉내 낸다면 오히려 손실만 클 뿐이다. 따라서 자기에게 맞는 맞춤형 따라 하기로 바꾸어서 실천해야 한다. 그러기 위해서는 보고 배워야 할 대상이 추진하고자 하는 본뜻을 우선적으로 이해하고 읽어야 한다.

이왕 따라 할 것 모조리 하라

잘하는 사람이나 잘하는 팀을 우선 선정해야 하겠지만 일단 벤치마킹이나 실습의 대상이 선정되었다면 그곳의 상황을 전적으로 수용하는 마음가짐이 중요하다. 따라 하는 데도 고정관념이나 편견이 작용해서 어떤 것은 수용하고 어떤 것은 수용하지 않는다면 제대로 된 모방이 될 수 없다.

쑥스러워할 필요가 없다

남의 눈치를 보거나 쑥스럽다는 생각 같은 것은 과감히 버려야 한다. 새로운 것에 도전한다는 것은 익숙한 것과 결별하는 것을 의미한다. 따라 하기에서 부끄러움과 쑥스러움을 가질 필요는 없다. 하루에 한 가지 이상 배운다는 자세로 자기만의 '배움노트'를 만들어서 동료나 상사가 이야기하는 것 중 배울 만한 내용이 있으면 즉시 메모하여 내 것으로 만들어라. 성공한 사람들의 대부분이 메모의 달인이었음을 기억할 일이다.

최고의 상대를 찾아 벤치마킹하라

지혜로운 사람은 잘하는 사람을 따라 하고, 어리석은 사람은 삐딱한 사람을 따라 한다. 자신이 정한 상대가 정말 바람직한 벤치마킹 대상인지, 나아가 최상의 벤치마킹 대상인지를 숙고할 필요가 있다. 물론 이 세상에 완벽한 사람도 완벽한 조직도 없다. 옥석을 가릴 수만 있다면 그들로부터 장점만을 벤치마킹하면 금상첨화일 것이다. 그러나 신입사원이나 사회 초년생 중에는 자칫 엉뚱한 사람을 따라하는 경향이 있다. 조직이나 윗사람을 폄하하면서 자신들 앞에서 큰소리치는 사람들이 얼핏 멋져 보일 수도 있다. 그런 사람들일수록 후배들에게 선심을 잘 쓰고 자신이 꽤 능력 있고 당당한 사람인 척하기 때문이다. 그래서 아직 조직이나 선배에 대한 정확한 정보가 없는 신입사원의 경우에 그 선배 말만 믿고 따르다가 낭패를 당하는 경우를 종종 보아왔다. 근주자적, 근묵자흑이라고 했다. 즉 빨간 것과 가까이하면 빨개지고 검은 것과 가까이 있으면 자신도 검어진다. 과연 그 선배가 여러 모로 성실한 사람인지, 배울 만한 대상인지 진지하게 검토해야 할 것이다.

도움을 청하고, 배워라! 잘하는 것을 따라 하다보면 자기도 모르는 사이에 우뚝 선두그룹에 합류해 있음을 발견하게 될 것이다.

• Insight in Story •

아니, 소 눈동자가 다르잖아요!

중국 북송대 최고의 화가로 '서화학書畵學 박사'로 불리었던 미불에 관한 일화다.

그는 역대 명화를 모작하는 것이 취미였는데, 특히 소장가들이 자신의 소장 작품을 얼마나 똑바로 알고 있는지를 시험해보는 것을 큰 재미로 생각했다. 그는 소장품을 잠깐 빌린다는 구실로 가져와서는 이를 그대로 베낀 다음 돌려줄 때는 원화 대신 자신이 그린 모작을 돌려줬다. 그런데 대부분의 소장가가 깜빡 속아 넘어갔고 이렇게 해서 슬쩍 챙긴 작품이 1천여 점에 이르렀다 한다.

그런데 이러한 천하의 미불도 8세기 화가 대숭戴嵩의 그림 앞에서는 두 손을 들고 말았다. 어느 날 미불은 소 그림으로는 따를 자가 없다 하여 '화우대사'로 칭송받던 대숭의 그림 하나를 빌려 하룻밤 사이에 이를 베꼈다. 늘 하던 대로 그림 주인에게는 모작을 돌려주었는데 그가 반나절도 채 안 돼 미불의 집에 들이닥쳐서는 사기꾼이라며 소동을 피우는 것이었다. 마지못해 원화를 내주며 미불은 그에게 어떻게 알아챘느냐고 물었다. 그러자 그는 이렇게 답했다.

"원래 그림과 소 눈동자가 다르오. 소 눈동자를 보시오. 눈동자 속에 소를 끌고 가는 목동이 있지 않소?"

그 말에 탄식하며 찬찬히 대숭의 그림을 들여다보던 미불은 한 번 더 경악하고 말았다.

"아니, 목동 눈에도 소가 있네…."

누군가를 따라할 때 그 형상은 모방하면서도 그 본질에는 다다르지 못하는 경우가 많다. 모방을 통해서 무언가를 배우고자 한다면 진정한 본질을 먼저 이해해야 할 것이다.

집요하게 물고 늘어지는 자가 결국은 큰일을 이룬다

천재는 단지 인내하는 습관을 기른 사람일 뿐이다
- 벤자민 프랭클린

우표처럼 되어야 해 끈기 있게 달라붙어야 원하는 것을 얻지
- 조쉬 블랑시 Joshe Blanshe

당나라 시인 이백李白은 젊은 시절 훌륭한 스승을 찾아 입산하여 공부를 했다. 그러나 중도에 그만 싫증이 나서 아무 말 없이 산을 내려왔다. 계곡의 어느 시냇가에 이르렀을 때 그는 한 노파를 보았다. 노파는 바위 위에다 열심히 도끼를 갈고 있었다. 이백이 노파에게 물었다.
"지금 뭘 하고 계신건가요?"
"도끼를 갈아서 바늘로 만들려고 하네."
"아니, 도끼를 간다고 바늘이 되겠습니까?"
"중도에 그만두지만 않는다면 될 수 있지."
이 말을 들은 이백은 문득 깨달은 바가 있어서, 다시 산으로 올라가 공부를 계속했다고 한다.

《당서唐書》 문원전文苑傳에 나오는 이야기다. '마부작침磨斧作針', 즉 '도끼를 갈아서 바늘로 만든다'는 말은 이렇게 유래되었다고 한다.

세상의 어떤 것도 강한 의지를 대신할 수는 없다. 재능보다 앞서는 것이 열정과 의지이며 끈기다. 실제로 성공하지 못한 사람들이 공통적으로 갖고 있는 것 중 하나가 바로 끈기 없는 재능이라고 한다. 맥도널드 사의 창립자인 레이 크록$^{Ray\ A.\ Kroc}$은 "노력하라. 끈기를 대신할 수 있는 것은 세상에 아무것도 없다. 재능도 그것을 대신하지 못한다. 성과 없는 천재성은 한낱 유희에 지나지 않는다. 교육으로도 그것을 대신하진 못한다. 이 세상은 온통 박식한 직무유기자들로 가득 차 있다. 오직 인내와 결단력만이 전지전능한 힘을 갖고 있다."고 말했다.

일가를 이룬 경영자들은 대부분 비슷한 생각을 갖고 있을 것이다. 필자 역시 직장인으로 경영자로 이 순간까지 살아오면서, 그리고 수많은 선후배들의 삶을 지켜보면서 열정과 끈기만이 궁극의 성취를 가져다준다는 깨달음을 얻게 되었다.

성취는 포물선과 같은 상승곡선이 아니라 계단식으로 온다. 어느 순간까지 정말이지 발전이 너무나 더디고 힘겨운 것처럼 느껴지지만, 그 순간을 이겨내고 나면 비약적으로 성장하게 되는 자신을 발견하게 된다. 마치 나이테가 생겨나며 나무의 밑동이 부쩍 자라듯이 이 성장통의 사이클은 보통 3개월, 1년, 3년, 5년, 10년 등의 획을 그리며 찾아온다.

집요함이 만든 한 편의 드라마 같은 성공

삼성전자에서 전략마케팅 팀장으로 재직하던 시절의 이야기다. 2001년 가을, 필자를 비롯한 우리 마케팅팀은 새로운 드라마 한 편을 쓰기로 했다. 냉장고, 텔레비전, 세탁기, 김치냉장고, 에어컨 등 소위 백색가전이라 불렸던 주요 가전제품의 경우, 당시만 해도 삼성이 가진 브랜드파워는 경쟁사들에게 다소 밀리거나 박빙의 승부를 하는 상황이었다.

당시 김치냉장고의 대명사는 만도의 '딤채'였다. 전문 브랜드숍인 삼성 매장에 와서도 소비자들은 김치냉장고가 아니라 '딤채'를 찾았다. 당시 삼성에서는 '다맛'이란 김치냉장고가 나오고 있었지만 여전히 '딤채'의 아성을 무너뜨리지 못하고 있었던 것이다. 에어컨 역시 삼성의 '블루윈'과 LG의 '휘센'이, 세탁기는 삼성의 '파워드럼'과 LG의 '트롬'이 치열한 경쟁을 벌이고 있었다.

소비자조사를 해보고 상황을 면밀히 분석해보니 소비자들은 어느 가전사냐가 아니라 단품별 개별 브랜드를 기억하고 있었고 그 중 선도적인 제품명이 해당 제품의 대명사가 되어가고 있었다. 당시 삼성의 개별 브랜드는 숙성 기간이 짧아 이미지 측면에서 열세를 면치 못했다. '싸움의 공식', '모래판의 룰'을 바꾸지 않으면 아무리 좋은 제품이 나오더라도 싸구려 취급을 받을 것만 같았다. 어떻게 극복해낼 것인가 고심했다.

이미 개별 브랜드로 절대강자가 되기에는 역부족인 듯했다. 무엇인가 새로운 것을 시도하고 만들어내지 못한다면 국내 제일의 삼성전자 마케팅팀이 큰 망신을 당할 수도 있었다. 심한 압박감에 매일 밤늦게까지 직원들과 토의하고 고민했다. 무엇을 어떻게 해야 브랜드 인지도와 제품에 대한 인식을 고급스럽게 바꿀 수 있단 말인가? 퇴근을 해도 그 생각이 머리속을 떠나지 않았고 식욕까지 사라질 지경이었다.

아무 성과도 없이 몇 날 며칠이 지나갔다. 신제품들은 속속 도입계획이 완료되어가고 있었으나, 마케팅 전략은 확정하지 못하고 있었다. 생산 파트의 전략 마케팅팀과 마케팅 커뮤니케이션 부서의 직원들이 함께 밤을 새워가며 난상토론을 하고 연구를 거듭했다. 그렇게 머리를 맞대서 나온 결론은 '개별 브랜드'가 맞부딪치는 현재의 시장 양상을 '통합 브랜드'로 돌파하자는 것이었다. 즉 회사 브랜드도, 제품별 개별 브랜드도 아닌, 가전제품만의 통합브랜드를 만들자는 아이디어였다. 그렇게 한 번 브랜드 인지도가 생성되면 제품별로 따로따로 들었던 마케팅 비용도 현저히 줄일 수 있을 것이고 노출도 극대화시킬 수 있겠다는 판단이었다. 우리는 마쓰시타의 통합 브랜드인 파나소닉^{Panasonic}과 GE 사의 통합 주방브랜드인 캔모어^{Kenmore} 등 여러 사례들을 수집해서 브랜드 전략구상을 1차로 보고했다.

그러나 반응은 의외로 냉담했다. "마케팅은 잘 모르겠지만 기존에 사용하던 브랜드는 어떻게 할 것이며, 통합브랜드가 제품의 특징과 연결이 안 되어 소비자에게 혼선만 주지 않겠느냐."는 반응이었다. 사내 마케팅 전문가들에게 자문을 구하고 도움을 요청하였으나 그들의 반응 역시 부정적이었다. 소비자들에게 통합브랜드의 제품을 연상시킬 수 있는 대표성을 문제 삼았다. 하지만 여기서 포기할 수는 없었다. 필자는 고심 끝에 지원군을 확보하기 위해 당시 글로벌 마케팅 시장을 전담하고 있던 김병국 부사장을 만났다. 다행히도 그 분은 "통합브랜드 전략은 세계적인 대세"라며 필자의 손을 들어줬다. 국내마케팅을 총괄하던 필자와 해외를 총괄하던 김 부사장이 한목소리로 주장하니 결국 우리 의견에 힘이 실렸다. 우여곡절 끝에 결재 단계에서 윤종용 부회장께서 몇 가지 사항을 조언하신 다음, "꼭 성공하라."는 격려와 함께 기꺼이 승인을 해주셨다

결국 전격적으로 신규 '통합브랜드'를 도입하기로 결정, 브랜드 네이밍을 발주했고, 여러 대안들 중 우리는 독일어로 가정의 중심이라는 뜻을 가진 '하우젠'을 선택했다. 지금은 이미 통합브랜드가 브랜드 전략의 기준이 되었지만, 당시만 해도 대단한 모험이라 할 만한 선택이었다. 마침내 2002년 9월, '하우젠' 브랜드를 단 신제품 군이 출시되었고 전국적으로 광고가 일시에 터져 나왔다. 백색가전의 장르가 바뀐 대전환이었다.

브랜드는 삽시간에 신제품들과 함께 인지도가 올라갔고 판매량도 급증했다. 대성공이었다. 한편의 드라마와도 같았다. 마치 깊은 고뇌와 적막을 깨고 한 생명이 태어나는 것처럼 숙연하고 감동적인 순간이었다. 2003년 초 우리는 하우젠 브랜드 도입에 따른 '글로벌 마케팅 대상'까지 수상하는 영광을 안았다.

새로운 것을 탄생시키는 그 놀라운 비밀의 저력은 윤종용 부회장이 즐겨 쓰는 말처럼 '격물치지格物致知', 즉 말하지 않아도 깨닫는 경지에 이르기까지 몰입하는 것을 통해서 일어난다. 혼과 마음을 담아 작품을 만드는 열정으로 작은 일에서부터 큰일까지 감당하라는 초일류를 향한 이 메시지는 지금도 필자의 마음속에 깊이 아로새겨져 있다.

앞에서 여러 가지 '이기는 습관'을 꼽았지만 필자 개인적으로는 이 '집요함'이라는 녀석이 인생의 숨바꼭질에서 가장 중요한 역할을 한다

고 생각한다. 같은 신문기사를 보아도 거기서 '사업아이템'을 뽑아내는 사람이 있고, '그냥 매일같이 기사들이 나오나보다' 하고 대수롭지 않게 넘기는 사람이 있다. 이들의 차이는 어디서 생겨나는 걸까? 왜 누군가의 눈에는 아무 문제가 없어 보이는 매장이 누군가의 눈에는 개선할 것투성이인 미완의 매장으로 보일까? 바로 그 답은 '집요함'에 있다.

자신의 일을 사랑하고 그것을 어떻게 더 진전시킬 것인가를 고민하는 사람은 그렇지 않은 사람과 똑같은 풍경과 똑같은 정보를 접하더라도 전혀 다른 산출물(out-put)을 만들어낸다. 부디 이 책의 독자들께 당부하고 싶은 것은 '집요한 만큼 보이는' 삶의 이 끈질긴 법칙을 꼭 자기 것으로 만들라는 것이다. 인생에서 우리에게 주어진 시간, 하루 24시간은 모두 동일할지 모른다. 그러나 그것을 50%만 향유하는 사람이 있고, 300%, 500% 향유하는 사람이 있다. 그리고 후자의 삶은 객관적인 평가나 보상을 넘어서 그 삶의 주인인 본인에게도 너무나 짜릿하고 잊을 수 없는 히스토리로 남게 될 것이다.

117번 방문하는 끈기와 집념

삼성생명에서 거의 평생의 커리어를 바친 재무설계사 송정희 팀장은 '자랑스런 삼성인' 상을 받았다. 지금 이 최고의 자리에 오르기까지 송 팀장은 흔히 말하는 산전수전을 다 겪어본 인물이었다. 남편의 사업부도로 설계사의 길에 입문한 이후 무작정 발품을 팔며 돌아다니긴 했지만, 3개월이 지나자 그나마 친척이나 아는 사람 집조차 더 이상 두드릴 곳이 없었다. 그랬던 그녀가 새롭게 변화하게 된 계기는 당시 지점장의 권유로 세일즈 교육을 받으면서부터였다. 그 교육을 통해 들은 인상적인 문구는 바로 '끈기'에 관한 것이었다. '일본의 한 세일즈맨은 117번 방문해서 고객을 얻었다. 그런 끈기가 그를 최고의 판매왕으로 만들었다.'

송 팀장은 이런 가르침을 몸으로 실천하기로 했다. '10번 가서 안 되면 11번 가자'는 심정으로 계속 문을 두드렸다. '내가 돈을 써야 한다면 과연 어떤 사람에게 선뜻 그것을 맡기고 싶을까?' 하는 역지사지의 마음가짐으로, 자신이 고객을 만나는 방식 하나하나를 모두 점검해 보았다. 그리고 어쩌면 자신 안에 남아 있을지도 모를 알량한 자존심까지도 모두 버리기 위해 부단히 노력했다. '반경 1미터 이내에서 만나는 모든 사람을 고객으로 만든다'는 것이 그녀의 실천목표였다.

한번은 군부대 지역인 경기도 연천까지 수금을 하러 갔다 갑작스런 군사작전 때문에 오도 가도 못하고 발이 묶인 적이 있었다. '어차피 집에도 돌아가지 못한다면 무엇을 해야 할까?' 송 팀장은 마을 이장 댁을 찾아갔다. 그리고 이장이 집집마다 돌려야 하는 안내장을 대신 돌려주기로 하고 마을 주민을 찾아다녀도 된다는 허락을 받았다. 그렇게 그곳에서만 여섯 건의 계약을 따냈다. 신출내기 시절의 이런 경험은 그녀에게 큰 용기를 주었고, '117번 찾아가면 어떤 고객도 내 사람으로 만들 수 있다'는 교육에서 얻은 말을 실천을 통해 검증한 셈이 되었다. 그후 이 말은 더욱더 강력한 '원칙'으로 그녀의 가슴속에 자리

잡았다. 송 팀장은 또 목 디스크로 병원에 입원해 있으면서도 의사와 간호사, 심지어 옆 침대의 환자까지 고객으로 만든 것으로 유명하다. 놀랍게도 병원에 한 달간 입원해 있는 동안 70건이 넘는 계약을 성사시켰다. 뿐만 아니라 퇴원 후에도 병원 종사자들이 다른 직원들까지도 소개해주어 그 병원 전체가 단골고객이 되었다.

'고객보다 늦어서는 고객을 만족시킬 수 없다'라는 생각으로 늘 한 발 먼저 정리하고 한 발 먼저 움직이기 위해 송 팀장은 지금도 사무실에 가장 먼저 출근한다. 바깥일 한다고 집안을 소홀히 하는 법도 없다. 매일 새벽기도에 갔다가 가족들 아침상을 차려주고도 항상 제일 먼저 사무실 컴퓨터를 켠다. '자랑스런 삼성인' 상이 수여된 것도 이러한 철저한 직업의식과 프로 근성, 남에 대한 봉사와 희생이 높이 평가된 덕분이라 한다.

그녀는 20년이 넘도록 연속 보험왕 자리를 지키고, 무려 15년 동안 매년 100만 달러 판매기록을 세워 전 세계적으로 유명한 '100만 달러 원탁회의(MDRT, Million Dollar Round Table)'의 종신회원이 되기도 했다. 하지만 송 팀장은 오늘도 여전히 나태해지기 쉬운 자신을 채찍질하며, 처음 설계사 일에 입문했을 때 배운 원칙을 되새긴다고 한다. 뿐만 아니라 팀 내의 다른 구성원들에게도 자신의 원칙과 실천방침을 나누기 위해 노력한다. 프로란 어느 날 갑자기 스타처럼 탄생하는 것이 아니다. 자신이 중요하다고 생각하는 원칙들을 끊임없이 실천함으로써 자기 수련을 멈추지 않는 사람이기 때문이다.

대개 크고 위대한 일일수록 쉽게 이루어지지 않는 법이다. 하지만 장애물과 역경에도 불구하고 그것을 성취한 다음에는 급격하게 성장해 있는 자신을 발견하게 된다. 일본 마쓰시타 전기공업의 창립자인 마쓰시타 고노스케에게 어느 기자가 물었다.

"마스씨타 전기의 비전을 정할 때 어느 정도 멀리 보고 정하셨습니까?"

그러자 마쓰시타는 "250년입니다."라고 대답했다.

다시 기자가 "그 비전을 성취하려면 무엇이 가장 필요합니까?"라고 물었더니 마쓰시타가 대답했다. "바로 끈기입니다."

숱한 실패가 모여 하나의 성공을 이룬다. 실패는 성공을 위한 퇴비다. 돈을 보고 일을 하면 돈이 도망가버리지만 일에 대한 꿈을 갖고 정진할 때 일도 이루고 돈도 굴러 들어오는 모습을 볼 수 있다. 자기 본업, 업의 본질에 대한 자기 열정을 극단에 이르게 할 수 있을 때 감히 성공했다 할 것이다.

마지막으로 보리스 파스테르나크 Boris Pasternak의 '극단에까지 가고 싶다'란 시를 독자 여러분과 공유하고 싶다.

> 모든 일에서
> 극단에까지 가고 싶다.
> 일에서나, 길을 찾거나,
> 마음의 혼란에서나.

살같이 지나가는 나날의 핵심에까지
그것들의 원인과
근원과 뿌리,
본질에까지.

운명과 우연의 끈을 항상 잡고서
살고, 생각하고, 느끼고, 사랑하고,
발견하고 싶다.

아, 만약 조금이라도
내게 그것이 가능하다면
나는 여덟 줄의 시를 쓰겠네.
정열의 본질에 대해서.

오만과 원죄에 대해서.
도주나 박해
사업상의 우연과
척골^{尺骨}과 손에 대해서도.

그것들의 법칙을 나는 찾아내겠네.
그 본질과
이니셜^{Initial}을
나는 다시금 반복하겠네.

• Insight in Story •

한 치만 더

한 청년이 부모에게 물려받은 전 재산으로 금광을 사들였다. 분명히 신념을 갖고 파기만 한다면 노다지를 캘 수 있을 거라는 믿음에서였다. 청년은 모든 열정과 지혜를 동원해 땅을 팠다. 그러나 몇 년이 지나도록 금맥은커녕 그 힌트조차도 찾지 못했다. 파산 위기에 몰린 청년은 광산을 헐값에 팔아 넘겼다.

그런데 금광을 떠나고 채 1년도 되지 않았을 때 청년은 기가 막힌 소식을 들었다. 자신의 광산을 인수한 새 주인이 땅을 한 치 정도 파고들어 갔을 때, 금맥이 기다렸다는 듯이 위용을 드러냈다는 것이다. 새 주인은 노력도 돈도 별로 들이지 않고 큰 부자가 된 셈이다.

청년은 화가 치밀어 올랐다. 자신에게 이런 운명을 안겨준 하늘이 원망스러웠다. 밤마다 '그 광산을 팔지만 않았어도….' 하고 금덩어리가 눈앞에 아른거리는 듯했다. 아무 일도 손에 잡히지 않았다. 그러나 청년은 곧 마음을 고쳐먹었다. '그래, 하늘은 나에게 이 교훈을 가르쳐주려 한 거야. 어떤 일이든 한 치만 더 파고들자, 죽을 때까지 이 교훈을 잊지 말자.'

청년은 그 신념을 마음에 품고 보험판매원이 되었다. 그리고 고객들을 끈질기게 설득해 불가능하게만 보이던 계약을 하나둘 성사시켜나갔다. '한 치만 더'라는 신념으로 일한 결과 그는 1년 만에 '판매왕'의 자리에 올랐다.

- 국민일보 '모퉁이돌', 2000년 10월 30일자

EPILOGUE
현장에서 땀 흘리는 사람을 위한 승리의 정공법

우리는 모두 개인적으로든 조직적으로든 성과나 명예, 우월한 위치를 두고 치열한 경쟁을 벌이고 있다. 그리고 그 경쟁의 목적은 '이기는 데' 있다. 열심히 했으니까, 최선을 다했으니까 하는 말들은 결국 패자의 변명에 불과하다.

100번 슈팅을 해도 1골을 넣지 못하면 헛수고일 뿐이다. 시장은 이미 '2등은 곧 패배'라는 원리를 첨예하게 보여주고 있다. 이른바 매일매일이 전쟁이다. 걸어온 길이 힘들고 세상이 험난하다고 한숨지으며 주저앉을 때가 아니다. 베개 베고 누워서 '아~, 돈이나 왕창 생겼으면 좋겠다.' 하고 한탄해 봐야 아무것도 달라지지 않는다. 현실에서, 현장에서 부단히 푸르름을 유지하기 위해 자가발전을 하고, 그것을 통해 성취의 맛을 본 적이 있는가? 그보다 짜릿하고 행복한 순간은 없다.

조직의 차원에서도 마찬가지다. 1등 점포, 1등 조직이 되려면 개인의 역량을 하나로 결집시킬 강력한 '조직파워'를 형성해야 한다. 리더는 구성원들이 경쟁력을 가지도록 끊임없는 자극과 코칭을 가해야 하며, 직원들끼리도 서로 벤치마킹하고 선의의 경쟁을 할 수 있는 장치를 마련해두어야 한다.

비즈니스든 성과든 사람을 위해 존재한다고 생각한다. 너무나 당연한 얘기 같지만 필자가 누군가를 나무라는 이유는 '성과를 올리지 못했기 때문'이 아니라, '자신과의 약속, 프로로서의 전문성을 보이지 못했기 때문'이다. 우리의 비즈니스는 우리 모두의 성장을 위해 존재하며, 그 과정을 통해 고객과 구성원 모두에게 유익을 주는 것이 우리에게 주어진 미션이라고 믿기 때문이다.

책을 읽으면서 눈치 챘을지 모르지만, 필자는 이 책 《이기는 습관》에 직접적으로 돈을 버는 수완이나 방법에 대해서는 쓰지 않았다. 다만 누구든 이 정공법으로 낭비 없이 비즈니스를 했을 때 반드시 골을 넣을 수 있는 정도正道에 대해서만 썼을 뿐이다. 그리고 그것이 거꾸로 '돈과 고객을 내 편으로 만드는 습관'임을 강조했다. 그것이 필자가 비즈니스를 통해 얻은 교훈이기 때문이다.

그런 의미에서 이 책은 '승리하는 방법', '골을 넣는 방법', '실전의 싸움에서 성공을 맛보는 방법'에 대한 가장 현실적이며 실용적인 해법서다. 사례 중 많은 부분이 마케팅과 판매조직을 기본으로 해서 씌어졌지만, 이 세상에 성과나 수익과 연결되지 않은 조직은 없다는 것을 감안하면 모든 조직의 리더들이 꼭 읽어야 할 책이라고 본다. 또 시행착오를 반복하거나 지름길로 가로질러가고 싶은 안일함이 싹틀 때, 직장에 몸담은 젊은이들로 하여금 자신을 돌아보게 해주는 길라잡이가 되었으면 하는 바람이다.

특히 지금 열심히 현장의 일터에 자신을 투신하고 있는 사람들이 꼭

이 '이기는 습관'을 배워 행복과 성공의 삶을 쟁취하기를 바란다. '현장이 이겨야, 열심히 땀으로 말하는 사람이 이겨야, 대한민국이 이긴다.' 이런 생각에 감히 용기를 내서 지난 3년여 동안 꽁꽁 정리해두었던 원고를 세상에 내놓게 되었다.

부족한 부분에 대해서는 독자 여러분의 넓은 양해를 바라고, 우리 모두의 삶에 행복과 목적을 이루는 커다란 성취만이 있기를 기원한다. 직장이나 일터나 비즈니스 현장에서 이기기를 원하는 이 땅의 모든 사람들에게 감히 이 책을 바치며, 늘 큰 은혜로 도와주시는 하나님께 모든 영광을 돌린다.

전 언론이 격찬한 베스트셀러 《이기는 습관》

이제 이러닝(e-learing)을 통해서도 만날 수 있습니다!

교육 특징 최강의 조직에서 시장을 혁신하고 변화와 성과를 극대화한 명사령관의 '이기는 습관'을 내 것으로 만든다. '조직의 리더가 전 사원에게 들려주고 싶은 최고의 내용'을 엄선한 최고의 교육 프로그램.

교육 효과 동사형 슬로건에서 벗어나 총알 같은 실행력과 '22가지 이기는 습관'으로 무장한 '동사형 조직', 진정한 고객만족과 성과극대화를 가능케 하는 전략의 실천을 통한 '1등 조직'으로 단련시키고, 실전의 싸움에서 성공을 맛보는 방법을 가장 효과적으로 이끌어낸다.

교육 대상
- 1등 조직문화를 원하는 기업 임직원
- '22가지 이기는 습관'을 체화하여 개인과 조직의 변화와 혁신을 원하는 기업 임직원
- 고객 감동을 열망하는 기업 임직원

교육 목표
1. '22가지 이기는 습관'에 대한 정확한 이해와 체화(體化)
2. 위닝 노트(Winning Note) 작성을 통한 적용능력 향상
3. 고객 중심의 사고와 실천력 강화로 고객만족도 향상
4. 조직 구성원의 프로의식 향상과 업무 노하우 구축
5. 조직의 목표 설정 및 분석능력 배양
6. 조직문화의 올바른 규범 형성과 전략적인 업무계획 수립

- 이러닝 콘텐츠 수강 문의 ㈜알엠피 김승훈 부장
  전화 (02)575-5868 / 홈페이지 http://www.thermp.co.kr
- 본 교육과정은 고용보험환급 과정이며 대기업 및 중소기업 임직원은 교육비의 80% 수준까지 환급 받으실 수 있습니다

이기는 습관 1
동사형 조직으로 거듭나라

2007년 4월 17일 초판 1쇄 | 2022년 3월 24일 320쇄 발행

지은이 전옥표
펴낸이 최세현 **경영고문** 박시형

책임편집 최세현
마케팅 양근모, 권금숙, 양봉호, 이주형, 신하은, 정문희
디지털콘텐츠 김명래 **해외기획** 우정민, 배혜림
경영지원 홍성택, 이진영, 임지윤, 김현우
펴낸곳 (주)쌤앤파커스 **출판신고** 2006년 9월 25일 제406-2006-000210호
주소 서울시 마포구 월드컵북로 396 누리꿈스퀘어 비즈니스타워 18층
전화 02-6712-9800 **팩스** 02-6712-9810 **이메일** info@smpk.kr

ⓒ 전옥표 (저작권자와 맺은 특약에 따라 검인을 생략합니다)
ISBN 978-89-958816-0-6 (03320)

- 이 책은 저작권법에 따라 보호받는 저작물이므로 무단전재와 무단복제를 금지하며, 이 책 내용의 전부 또는 일부를 이용하려면 반드시 저작권자와 (주)쌤앤파커스의 서면동의를 받아야 합니다.
- 이 책의 국립중앙도서관 출판시도서목록은 서지정보유통지원시스템 홈페이지(http://seoji.nl.go.kr)와 국가자료공동목록시스템(http://www.nl.go.kr/kolisnet)에서 이용하실 수 있습니다.
  (CIP제어번호:CIP2013010691)
- 잘못된 책은 구입하신 서점에서 바꿔드립니다.
- 책값은 뒤표지에 있습니다.

쌤앤파커스(Sam&Parkers)는 독자 여러분의 책에 관한 아이디어와 원고 투고를 설레는 마음으로 기다리고 있습니다. 책으로 엮기를 원하는 아이디어가 있으신 분은 이메일 book@smpk.kr로 간단한 개요와 취지, 연락처 등을 보내주세요. 머뭇거리지 말고 문을 두드리세요. 길이 열립니다.